2018 年度海南师范大学学术著作出版资助项目（ZZ1817）

现代汉语致使结构的形式与功能

Form & Function of Modern Mandarin Causative Constructions

张 恒 著

·郑州·

图书在版编目(CIP)数据

现代汉语致使结构的形式与功能 / 张恒著. — 郑州：河南大学出版社，2018.10
ISBN 978-7-5649-3530-6

Ⅰ.①现… Ⅱ.①张… Ⅲ.①现代汉语—语法结构—研究 Ⅳ.①H146

中国版本图书馆 CIP 数据核字(2018)第 236199 号

责任编辑 韩 琳 马 静
责任校对 董庆超
封面设计 郭 灿

出 版	河南大学出版社
	地址：郑州市郑东新区商务外环中华大厦2401号
	邮编：450046
	电话：0371-86059701（营销部）
	网址：www.hupress.com
排 版	河南宏运蓝图文化传媒有限公司
印 刷	北京虎彩文化传播有限公司
版 次	2018年12月第1版 印 次 2018年12月第1次印刷
开 本	710mm×1010mm 1/16 印 张 13.75
字 数	247千字 定 价 38.00元

（本书如有印装质量问题，请与河南大学出版社营销部联系调换）

前　言

本书在 Givón 的功能类型学框架下研究现代汉语的致使结构,尤其关注致使结构的形式和功能之间的关系。现代汉语致使结构具体包括:"使"字句、"把"字句、"被"字句、兼语句、V 得句、使动句、动结句和重动句。本研究发现,现代汉语致使结构的形式和功能的对应关系具体表现为形式参数和功能参数之间的对应。形式参数包括句子的形式紧密度、使役和被役的省隐、致使动词的语义粘合力等级;功能参数包括致使效率和多样性。

本书第一章重在明确研究对象,回顾汉语语言学界和西方语言学界已有的致使结构形式-功能对应关系的研究成果,指出其中存在的问题,进而说明本书的理论框架、研究方法和语料来源,提出本书的研究假设。

第二章主要研究致使概念的内涵和外延、致使和操控以及因果等相关概念的关系,区分物理世界和语言学中的致使,定义语言学中的致使,描述致使在人类语言中的几种主要表现形式,如分析型致使、形态型致使、词汇型致使等。致使是一种情景,典型的致使情景可以被描述为:使役对被役发出致使力,使被役发生某种变化、造成某种结果。致使情景的构成要素包括使役、被役、致使力、工具、致使结果等,除工具外其他都是核心要素,致使力和致使结果是必有要素。

第三章界定和描写致使在现代汉语中的具体表达形式(即致使结构),并从形式和功能两方面对这些致使结构进行分类,对各种致使结构的形式特征和功能特征重新进行界定,阐述其相互间的句法语义差别和联系。本书界定的现代汉语致使结构有以下八种:使动句、动结句、V 得句、兼语句、"使"字句、致使义"把"字句、致使义"被"字句和致使义重动句。上述致使结构在表达致使情景时各有侧重,凸显的内容也都不尽相同,正因如此,现代汉语中才会有如此之多不同形式的结构都表达致使功能。此外,该章还归纳了现代汉语致使结构的形式类型和功能类型,分析出它们各自的连续统以及二者的对应关系。从形式类型来看,现代汉语的致使结构包括形态型(声调屈折)、词汇型(使动句)、复合型(动结句)和分析型("使"字句、V 得句、致使义重动句、兼语句、致使义"把"

字句和致使义"被"字句)。从词汇型到分析型,各种句式在形式类型上和形式紧密度上都呈现连续统状态,而且这些句式在语义功能上也呈现从直接致使到间接致使的渐变趋势,形成致使功能连续统,形式和功能这两个连续统存在对应关系。

第四章分析现代汉语致使结构的形式特征和功能特征。第一小节通过对兼语句、V得句和动结句中"使役/被役省隐的可能性"以及"形式紧密度"这两个形式参数的分析,发现这三种句式的上述两种形式参数成正比。第二小节从句式义、致使效率和多样性三个方面对兼语句、V得句和动结句进行了功能特征考察,分析发现,句式义的差异暗含致使效率和多样性的差异,兼语句、V得句和动结句的致使效率依次增高、多样性依次增强,二者成正比例关系。

第五章归纳和总结现代汉语致使结构的形式特征和功能特征,将致使结构的形式-功能对应关系总结为一条对应性规律——"致使结构对应律",并用现代汉语的使动句、"使"字句、致使义"把"字句、致使义"被"字句和致使义重动句等致使结构对"致使结构对应律"进行验证。除了致使义"把"字句、致使义"被"字句和致使义重动句在"使役/被役省隐的可能性"这一形式特征上不符合"致使结构对应律",其他句式都符合该对应律。这说明"致使结构对应律"是适用于绝大多数现代汉语致使结构的,能够反映出现代汉语致使结构的形式-功能之间的对应性关系,具有解释力和预测力。

第六章在批判的基础上借鉴 Givón(1980,1991,2001)的相关理论和研究方法,从致使动词入手,对现代汉语中的致使结构进行了分析。该章考察发现,致使动词的语义粘合力等级和该致使动词所在致使结构的形式紧密度之间存在对应关系——即"致使动词对应律"。这一对应关系和"致使结构对应律"一样也是致使结构的形式-功能对应关系的具体表现之一。"致使动词对应律"和致使动词的语义类别之间存在一定的限制关系。

第七章指出"致使结构对应律"和"致使动词对应律"具有解释力和预测力的前提条件,对英语和独龙语中的致使结构进行了考察,验证了"致使结构对应律"和"致使动词对应律"的跨语言解释力和预测力,证明了在词汇型和分析型致使研究的基础上归纳出来的形式-功能对应性规律也能够适用于形态型致使。

第八章归纳出"致使结构形式-功能对应律",然后将其总结为"致使结构形式-功能对应总律",分析了二者的异同、二者的性质以及二者成立的前提条件。其次,该章根据"致使结构形式-功能对应总律"的具体内容,归纳出了现代汉语中的两种原型致使——最典型的致使和最不典型的致使。从最典型的致使到最不典型致使构成一个致使的典型程度连续统,连续统中的各种典型程度不同的致使在现代汉语中表现为各种致使结构。再次,该章对本书的研究工作进行了总结,既指出了本研究在研究理论和研究方法方面的一些突破,又检讨了本研究存在的不足。最后,该章指出了本研究课题中尚待进一步探讨的问题,并对后续研究工作予以展望。

综上所述,本书在对现代汉语的致使结构进行考察之后,归纳出致使结构的形式-功能对应关系及其规律,并用不同类型的语言对其进行检验,验证了这些规律的跨语言解释力和预测力。本书的研究,是对现代汉语致使结构形式-功能对应关系研究的有益的尝试。

目 录

第一章 绪论 ……………………………………………………………… 1
 第一节 研究对象 ……………………………………………………… 1
 第二节 研究回顾 ……………………………………………………… 2
 第三节 研究方法、理论框架及语料来源 ………………………… 12
 第四节 研究内容概述 ……………………………………………… 14

第二章 致使概念的界定 ………………………………………………… 16
 第一节 致使概念的内涵 …………………………………………… 16
 第二节 致使概念的外延 …………………………………………… 29
 第三节 致使与操控、因果等概念的关系 ………………………… 41

第三章 现代汉语中的致使结构 ………………………………………… 48
 第一节 现代汉语中致使结构的表现形式 ………………………… 48
 第二节 现代汉语致使结构的形式类型和功能类型 ……………… 69
 第三节 致使结构的形式类型和功能类型的对应 ………………… 83

第四章 现代汉语致使结构的形式和功能特征分析 …………………… 85
 第一节 现代汉语致使结构的形式特征分析 ……………………… 85
 第二节 现代汉语致使结构的功能特征分析 ……………………… 95

第五章 致使结构对应律 ………………………………………………… 117
 第一节 致使结构对应律的内容 …………………………………… 117
 第二节 致使结构对应律的性质 …………………………………… 118
 第三节 致使结构对应律在其他致使结构中的体现 ……………… 119

第四节　致使结构对应律的价值 ······················· 136

第六章　致使动词对应律 ······················· 138
　　第一节　对应关系中的致使动词研究 ··············· 138
　　第二节　致使动词语义粘合等级 ··················· 140
　　第三节　致使动词对应律 ························· 150

第七章　对应律的预测力和跨语言解释力 ··············· 157
　　第一节　对应律的前提条件 ······················· 158
　　第二节　对应律在英语中的体现 ··················· 159
　　第三节　对应律在独龙语中的体现 ················· 172

第八章　余论 ······································· 184
　　第一节　致使结构形式-功能对应律及总律 ··········· 184
　　第二节　原型致使和典型程度 ····················· 187
　　第三节　研究总结 ······························· 191

参考文献 ··· 198

第一章 绪 论

第一节 研究对象

致使(causative)是语言学界共同关注的问题①。关于 causative 一词的中文翻译,文献中大致有以下几种:致使、使成、使役、使动等。本研究使用"致使"这一名称,在提及他人文章中的表示 causative 的中文词时也一律写作"致使"。

很多学者认为,致使结构(causative construction)存在着形式(form)和功能②(function)的临摹性③对应关系(isomorphic correlation)(例如 Givón,1980,1990,1991,2001;Comrie,1981,1989;Shibatani & Pardeshi,2002;Dixon,2000等)。本研究围绕现代汉语致使结构的"形式-功能对应关系"展开讨论。文中的现代汉语致使结构只包括普通话中的致使结构,不涉及汉语方言。具体的研究内容如下:致使的概念;现代汉语致使结构的具体内容;致使结构的形式特征

---

① 在西方语法学传统里 causative form 代表两种与汉语的动补结构颇为不同的现象,一种是形态标记,一种是助动词。从意义上看,汉语的动补结构与形态标记和助动词表示的使役式具有相似的功能,但是它们属于不同的结构类型。

② 廖秋中:《也谈形式主义与功能主义》,载《国外语言学》,1991 年第 2 期。根据廖秋中(1991),在语言学里,"形式"一般指语言可以听得着或看得见的外形。它狭义地专指词的语音形式或书写形式,广义地指任何语言单位的外形及其排列顺序、分布、结构等。语言学中的"形式"不同于"形式主义"中的"形式"一词。后者主要是指用公式化、数学化、形式逻辑化的手段来描写语言的结构,而又不限于仅对语言形式结构的描写,这是形式主义观的本质特征。在语言学里,"功能"经常用来指每个语言单位在其相关的语言结构系统中所起到的作用,也就是一般所说的结构功能。而"功能主义"的"功能"指的是语言为满足人类需要所发挥的工具功能。

③ 本书将 isomorphic 译作临摹性。本书所提到的象似性和临摹性都是基于 Haiman(1985)和 Givón(1985,1991)的观点,关于 isomorphism 和 iconicity 的区别和联系本书第八章将有详细介绍。目前,汉语学界的大多数学者是把 isomorphism 和 iconicity 都译作"象似性",本书将二者区别对待,把 isomorphism 译作"临摹性",把 iconicity 译作"象似性",以示不同。

和功能特征;致使结构的形式-功能对应关系的具体表现形式以及其中的对应性规律;对应性规律的跨语言解释力和预测力等。

第二节 研究回顾

西方语言学界的致使研究大多是在一定的理论框架下进行的,通过研究英语或其他语言中的致使结构,来修正某种理论或者提出自己的理论观点;而汉语语言学界的致使研究,大多是对汉语致使结构的分析、描述,理论创新较少。通过回顾英文文献,我们可以了解、掌握最新的研究致使的理论和观念,拓宽本研究的理论视野,为现代汉语致使结构的研究开辟新的途径和方法;通过回顾中文文献,我们可以全面了解现代汉语致使结构的研究现状和成果,找到其中存在的问题和疏漏。将中英文文献进行比照,我们会更全面地了解致使研究的成果和不足,进一步明确本书的研究范围、研究对象和研究理论等。

一、英文文献回顾

就英文文献来看,近几十年来,致使研究是各种语言学理论研究的热门课题之一。Shibatani(1973,1976,2002)、Comrie(1981,1989)、Dixon(2000)、Song(1996,2001)等用类型学理论研究致使范畴,考察它在人类语言中的各种表现形式以及句法和语义的关系。其中,前三位学者还分别对致使的形式-功能对应关系进行了研究。Givón(1980,1990,1991,2001)则将功能和类型这两种研究途径相结合,从功能类型学(functional-typological)的角度研究可以带补足语的动词所在句式的形式-功能对应关系。Lakoff & Johnson(1980)和 Lakoff(1987)等运用认知语言学理论,通过对致使范畴的研究来说明人类的概念在范畴化过程中的典型效应等问题。Johnson(1987)和 Tamly(1976,2000)把致使的语义结构看成是一个动力意象图示(force dynamics),考察致使在语言结构中的基本分布和隐喻扩展现象。Haiman(1983,1985)主要探讨致使结构中语义参数与形式参数的关系,以此来证明语言结构中普遍存在的"距离象似动因"。Shuping Huang & Lily I-wen Su(2005)依从 Croft 的理想化单个事件模型(model of idealized single events)理论,对 Saisiyat 语①中的致使事件语言编码的象似性(iconicity)和致使事件语言编码方式的底层原则进行了研究,证实了语言的象

---

① Saisiyat 语是台湾岛内的一种语言。

似性体现在语言因素及其语法整合顺序上。

就致使结构的形式-功能对应关系的研究现状而言,语言学界对致使结构比较一致的观点有如下两个:一是致使结构的形式特征和功能特征各自形成一个连续统;二是形式连续统和功能连续统之间存在临摹性的对应关系(参见 Givón,1980,1990,1991,2001;Comrie,1981,1989;Dixon,2000;Shibatani & Pardeshi,2002 等)。学者们的主要分歧是致使结构形式-功能对应关系中的形式标志问题,有两种观点比较具有影响力:一种是以致使结构的"致使机制(causative mechanism)"即表层形式特征为形式特征,另一种是以致使结构的"能产性"为形式特征。持"表层形式"观点的学者以 Comrie(1981,1989)、Dixon(2000)等为代表。Givón(1980,1990,1991,2001)对句联(clause union)的形式和功能对应关系进行了深入的研究,他的研究也可以归入"表层形式"这一类。另一方面,持"能产性"观点的学者以 Shibatani & Pardeshi(2002)等为代表。

总的来说,关于致使结构的形式-功能对应关系,学界的主要观点可以归纳为以下三类。

(一)"致使形式"和"直接性"对应说

Comrie(1981:172)认为,从形式上看,"分析型——形态型——词汇型(analytic-morphological-lexical)"的致使形式与致使事件(causing event)和结果事件(caused event)之间联系的直接性相对应。Comrie(1989:158-177;也参见 Dixon,2000:74)又进一步指出,致使结构的形式参数和语义参数存在对应关系,形式参数表现为如下形式特征连续统:"分析型——形态型——词汇型",语义参数表现为致使结构的"直接(direct)——间接(indirect)"连续统(continuum)以及被役的控制程度(degree of control)。

Comrie(1989:165)指出,许多语言中的直接致使和间接致使的区别,都有着与之相对应的形式特征(即分析型-形态型-词汇型)的区别。例如,英语"Anton broke the stick"和"Anton brought it about that the stick broke",前一句是词汇型致使,致使较为直接,后一句是分析型致使,致使不太直接。正如 Comrie(1989:166)所强调的,致使的直接与间接处于一个连续统中,只是程度不同而已,二者并没有绝对的、明确的界限,被役的控制程度也是如此。当被役是无生物(inanimate entity)时,如"John caused the tree to fall"中的被役"tree"没有控制能力,控制程度也就无从谈起;只有当被役是有生物时才有具备控制力的可能,被役的不同控制程度形成一个连续统。如例句(1)中四个句子的被役的控制程度就依次增大,形成一个连续统。(例句引自 Comrie,1989:167)

(1)a. I compelled John to leave.

b. I made John leave.
c. I imposed on John to leave.
d. I persuaded John to leave.

依照 Comrie(1989)的分析,例句(1a)中的被役"John"完全没有控制力、致使是已然的,而后三句中"John"的控制力愈来愈强,(1d)中"John"有较强的控制力,可以决定是否实现致使结果,这四个句子中被役的控制程度形成一个连续统。Comrie(1989:167)也以匈牙利语(Hungarian)中的致使结构为例,证明了被役的多样性使其控制程度连续统在不同的语言中表现各异。

Song(1996:160)指出,Comrie(1989)理论的最大不足在于很少有语言符合他的范式实例(paradigm case)。Comrie(1989)所考察的语言,从类型学的角度来讲,数量不多,没有涉及词汇型和分析型致使,其理论确实需要用更多的语言事实去验证。至于现代汉语致使结构的形式-功能对应关系是否符合 Comrie(1989)所描述的那种对应关系,后文将通过具体分析来验证。尽管 Comrie(1989)的研究范式存在某些缺点,但此种研究范式为后人的研究提供了一种切实可行的、条理清晰的理论框架。而且,在人们以功能类型学为途径探究语言共性(language universals)的历程中,Comrie(1981,1989)在致使研究方面取得的成绩,至今仍然扮演着极为重要的角色。

(二)"意义(meaning)"和"机制(mechanism)"对应说

Dixon(2000)运用类型学理论,从句法(syntax)、形式(form)和语义(semantic)三个方面分析致使结构,提出致使的意义和机制之间存在对应关系。该文根据致使的机制(mechanism,即形式类型),将致使分为形态型(morphological processes)、双动词谓语型(two verbs in one predicate,即复杂谓语型)、迂说型(periphrastic causatives)、词汇型(lexical)和交换助动词(exchanging auxiliaries)等五种类型,并分析出"形式特征的紧密性程度"连续统,即迂说型结构、复杂谓语型、形态型和词汇型这四种致使机制类型的表层形式越来越紧密。不同形式紧密度的致使结构对句中动词、被役和使役的语义参数值的要求也不同,例如紧密度高的致使就要求使役具有直接性,紧密度低的则相应地要求使役具有间接性。在句法方面,Dixon(2000)根据其动词的及物、不及物、去及物等类别对不同类型的致使以及双致使(double causatives)进行探讨。在语义方面,Dixon(2000:62-74)归纳出了九种与紧密性程度相应的语义参数,具体内容如表1-1。

表 1-1 Dixon(2000)的语义参数内容

与动词相关	与被役相关	与使役相关
1. 状态/行为(state/action)	3. 自我控制(control)	6. 直接性(directness)
2. 及物性(transitivity)	4. 意志力(volition)	7. 意图性(intention)
	5. 被影响程度(affectedness)	8. 自然性(naturalness)
		9. 卷入程度(involvement)

基于句法、形式和语义三方面的分析,Dixon(2000:74-75)提出,致使结构的机制(mechanism)和意义(meaning)之间存在对应关系。具体而言,致使的不同机制类型和其形式上的紧密性(compactness)程度是致使结构的形式特征,致使结构的各项语义特征是致使结构的功能特征,二者之间存在对应关系。例如,日语中有词汇型和形态型两种致使机制,与此相对应的语义特征表现为:前一种致使结构中的动词是状态动词,可以是不及物动词或简单及物动词,被役有意愿但没有控制力,被役在某些方面受影响,致使是直接的、有意图的、自然的等等;后一种致使结构中的动词是行为动词,可以是及物动词或去及物动词,被役有控制力但没有意愿,被役完全受影响,致使是间接的、偶然的、需努力的等等。该文还对马来语、希腊语、俄语、韩语等 28 种语言中的致使结构进行了考察,这些语言中的致使结构的意义-机制对应关系的具体内容参见 Dixon(2000:76)文中的表格 2.2。Dixon(2000:77)根据此表内容归纳出两种原型致使(prototype causative)①,具体内容翻译如下:

原型致使 1:使役自然地、有意图地、直接地实现结果,被役或者失去控制或者有控制力、有意愿、仅部分受影响。动词只可用不及物动词(或者仅是不及物动词和简单及物动词),或者动词受限制只能是状态动词。

---

① 这两种原型致使的原文如下:

Prototype 1- Causer achieves a result naturally, intentionally and directly, the cause either lacking control or having control and being willing, and being only partially affected. May only apply to intransitive verbs(or just to intransitive and simple transitive), or be more restricted and apply just to state verbs.

Prototype 2- Causer achieves a result accidentally, or uses effort, or acts indirectly, the cause being in control but acting unwillingly, and being completely affected. It is likely to be used with all types of verbs.

原型致使2:使役偶然地、或者是经过努力地、或者是通过间接行为实现结果,被役处于控制中但行为没有意愿性,完全受影响。动词可使用所有类型动词。

Dixon(2000)所揭示的致使结构的机制和语义之间的对应关系只是一个初步的考察结果,是否具有普遍性(universal)还需要更多语言类型学的考察,某些机制参数和语义参数也还需要用更多的语言来检验。而且,该文归纳的对应关系也有其局限性。例如,该对应关系只适用于具有两种或更多类型致使结构的语言,当一种语言具有两种或更多不同的致使机制时才会有语义对比,如直接/间接、有意图/无意图等;若该语言只有一种致使机制则不足以说这是致使,其语义特征需要根据九种语义参数一一进行考察。当然,这种局限性不仅仅存在于Dixon(2000)的研究结果当中,在其他学者的研究(如Comrie,1981,1989;Shibatani & Pardeshi,2002等)中也存在。

(三)"句法结合程度"和"语义融合程度"对应说

这一观点的代表人物是Givón(1980,1990,1991,2001)和Shibatani & Pardeshi(2002)等,本书将重点回顾他们的致使结构对应关系研究。

1. Givón(1980,1990,1991,2001)致使结构对应关系研究

Givón(1980)用大量的语言事实证明,可以带补足语(complements)的动词,其语义结构和其补足语的句法结构之间存在系统的对应关系,具体表现在约束语义等级和约束节点(coding point)的语法等级两个方面。该文通过对操控动词(manipulation verbs)、情态动词(modality verbs)和感知-认知-话语动词(即CPU动词)(perception-cognition-utterance verbs)所带补足语的分析,建立了一个蕴涵性(implicational)等级,即如果一个语义层面上的节点被一定的句法成分编码,那么,语义性高的节点不能被句法性低的节点编码,但它可以被同样位置的编码点编码或者一个更高位置的编码点(句法编码刻度上的)编码。在语义层面,语义等级在边缘地带有重叠,不是截然分开的。在句法编码层面,也似乎有语义等级的过渡(bridge over)。

Givón(1990,1991,2001)又进一步证实了句联(clause union)在语义(semantic)和句法(syntax)层面存在对应关系。研究指出,在句联的形式和功能对应当中,形式上的标志是主句动词和补足语动词所在子句的整合(clause integration)程度,功能上的标志是主句动词和补足语动词所在子句的事件整合(event integration)程度。前者是主句动词和补足语动词的句法整合的连续统,后者是语义整合的连续统,二者之间存在对应性关系。句联的句法过程是事件

整合的认知语义过程的象似性的反映。具体而言,Givón(2001)提出了一些对应性规律,这里只暂且摘录几条翻译。具体如下:

  两个事件越具有时间同一性,相互之间依赖程度越高。两个事件如果是复杂事件的话,就会整合成一个单独事件。

  操控越成功,被操控者的控制力越小、施事性越少。操控越直接,成功率越高。

  如果一种语言中的迂说型(periphrastic/syntactic)和形态型(morphological)两种致使结构并存,则可做以下预测:迂说型致使更容易表达较弱的致使,并伴有一个施事性、有生命的被操控者;形态型更容易表达较强的致使,有一个非施事性、无生命的被操控者。

  Givón(1980,1990,1991,2001)提出的对应关系对英语来说是适用的,但这些对应性规律在汉语中是否能够找到具体的参数支持还很难确定,至少无法从形态或时体态标记上找到参数支持。该对应关系的分析方法并不能完全适用于现代汉语致使结构的研究。

  2. Shibatani & Pardeshi(2002)致使结构对应关系研究

  前文曾提到,Dixon(2000)认为词汇型致使在形式上比形态型致使更为紧密,因而前者同直接致使匹配,后者和间接致使匹配。Shibatani & Pardeshi(2002)质疑这一观点。该文指出,Dixon(2000)提出的那种对应关系即使是在一种语言内部也不一定能全部适用,日语里就有例外(参见 Shibatani & Pardeshi,2002:110-111)。如果日语中只有规则的词汇型致使和能产性很高的形态型致使(即-sase 形式),那么"表层形式和功能的对应关系"是存在的。但日语中也有不规则的形态型致使,如 kawak-as-"dry(tr.)"和 ake-"open"等。根据 Dixon(2000)的预测,这种不规则的形态型致使,其形式紧密度应当介于词汇型致使和"-sase"形式之间,其功能特征应当介于直接致使和间接致使之间。但日语的实际情况是,这种不规则的形态型致使具有直接致使的功能特征,与词汇型致使相同。

  Shibatani & Pardeshi(2002:111-112)指出,Dixon(2000)提出的对应关系无法进行跨语言的预测。如日语的形态型致使"-sase"形式,它在表层结构上比英语中由"make"构成的迂说型致使更紧密,但是二者表达的致使直接性一样,都表示间接致使和联系致使。基于上述分析,Shibatani & Pardeshi(2002)提出,致使结构的"能产性"才是更为有效的形式标志。能产性是指一种致使机制所能产生的致使结构的数量。不同致使机制的差别体现为一种致使机制比其他致使机制产生更多的致使结构。与能产性相对应的是两个事件(causing event/caused event)的时空情形(spatiotemporal profile)的重合程度,这当中存在一个直接致使——联系致使——间接致使(direct-associative-indirect)的致使功能连续统。相对应的,致使结构在形式上也存在一个连续统,具体内容如图1-1。

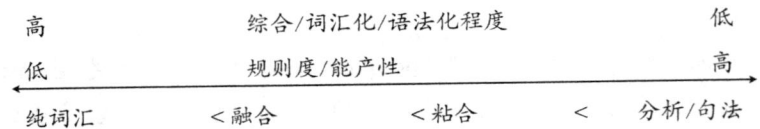

图1-1 Shibatani & Pardeshi (2002)致使结构形式特征连续统

Shibatani & Pardeshi(2002)认为,直接致使中致使事件和结果事件具有相同的时空情形,联系致使中两个事件有相同的时间而无相同的空间,间接致使中两个事件无相同的时空情形。致使结构的能产性,与主动词和补语动词之间的时空情形相对应,这种对应关系比Givón(2001)提出的对应关系更具有普遍性;这种对应标志着形式和意义之间的临摹性关系,比Haiman(1985)提出的象似性关系更抽象。本书将Shibatani & Pardeshi(2002)提出的对应关系概括为图1-2:

    直接致使——词汇形式——非动态不及物动词
    间接致使——能产形式——动态不及物/及物动词

图1-2 Shibatani & Pardeshi(2002)致使结构形式和意义对应关系

同时,文献中存在如下问题。

Comrie(1981,1989)、Dixon(2000)、Givón(1980,1990,1991,2001)和Shibatani & Pardeshi(2002)研究得出的致使结构的形式-功能对应关系的具体表现形式各不相同。

相对而言,Comrie(1981,1989)的观点是影响力较大的,尤其是该文提出的致使的形式类型和语义类型被学界广为接受。Dixon(2000)对致使的形式类型研究则是对Comrie(1981,1989)研究的延展,其致使语义参数的分析也更加细致。对现代汉语而言,Dixon(2000)的研究方法给笔者很大的启发,意义和机制之间的对应关系可以由多种参数特征综合体现出来,不局限于形式类型和致使语义类型(如致使的直接、间接)之间的对应。当然,Dixon(2000)的观点也不完全适用于现代汉语。郭姝慧(2004:14-19)将Dixon(2000)的各种语义参项借用到现代汉语致使结构的分析中,分析发现,"对于汉语中致使结构表达形式的选择,似乎与动词为状态动词还是活动动词没有太大的关系",和动词的及物性也没有太大关联。可见,Dixon(2000)提出的使役、被役的语义特征参数,尚可尝试用于现代汉语致使结构的使役和被役的分析,对动词的语义分类(状态动词和动作动词)就不太适用于现代汉语致使结构了。

Givón(1980,1990,1991,2001)和Shibatani & Pardeshi(2002)各自提出的"致使机制"说和"能产性"说都在一定程度上揭示了致使结构的形式和功能的对应关系,但其局限性也是很明显的。

若用Givón(1980,1990,1991,2001)研究形式和功能对应关系的方法来研究汉语便会遇到以下问题:现代汉语几乎没有严格意义上的形态变化,无法从表示时、体、态的语素或词的形态变化上看出主句动词和补足语小句的整合程度。比如,Givón(2001:59-60)提出了四种从句法手段(syntactic devices)来表示句联整合程度的参数,即词汇化(co-lexicalization)、格标记和句法关系(case-marking and grammatical relations)、有限动词形态(finite verbal morphology)和小句内部间隔(inter-clausal gap)。该文认为这四个手段可以用来判断句中主动词和补足语小句的整合(integration)程度。然而就现代汉语而言,上述四种参数没有一种能有效鉴别各种致使结构的句联整合程度的高低。首先,格标记和有限动词形态这两个参数可以排除,因为笔者尚未在现代汉语里找到该文所谓的格标记和形态变化。其次,分析型致使结构中虽然也有"得"、"使"或被役等成分间隔开主句和补足语小句,但这些都不是严格意义上的Givón(2001:60)提出的间隔方法(该文的间隔手段是指使用从属连接词素或语调停顿)。再次,虽然动结句和Givón(2001)所指的词汇化较为接近,但即使认为它是现代汉语中的一种词汇化现象(即主动词和补足语动词相连形成一个单独的语音词),词汇化这一参数也只能判断出动结句的句联程度高于其他致使结构,不能有效鉴别出其他致使结构的句联程度的高低。可见,该参数的使用范围极为有限。总的来看,这四种参数对现代汉语来说都不适用。

基于上述分析,Givón(2001)提出的主句动词和补足语动词所在子句的整合程度,与主句动词和补足语动词的事件整合(event integration)程度存在对应关系,因缺少可操作的、有效的参数,不适于现代汉语致使结构形式-功能对应关系的分析。但其提出的关于可以带补足语的动词的语义控制等级、句法-语义对应关系等观点和理论,都有许多可以借鉴之处,这些内容尚待后文做具体的分析。

Shibatani & Pardeshi(2002)提出的"能产性"和"直接性"的对应,对现代汉语的致使结构来说似乎也不太适用。例如下面两个句子:A. 我扶她下楼;B. 我劝他读书。根据 Shibatani & Pardeshi(2002)的观点,A 句是直接致使结构,B 句是间接致使结构。但是,这两个句子的"能产性"孰高孰低让人难以判断,因为这两个句子都是现代汉语的兼语句,从句式的能产性来看,二者的能产性不相上下。

上述各家观点或多或少都存在一些问题,都不能够完全适用于现代汉语致使结构的形式-功能对应关系的研究。在上述研究理论的基础上,本书尝试在 Givón(2001)的功能类型学的框架下研究现代汉语的致使结构,力求找到对现代汉语致使结构来说最为有效的、能够体现其形式-功能对应关系的形式参数和功能参数,对现代汉语致使结构的"形式和功能"对应关系做出有效的分析,归纳出其中的对应性规律,并检验这些规律的正确性和跨语言预测能力。

二、中文文献回顾

20 世纪 80 年代以前,汉语语言学界的致使研究主要集中在古汉语的使动用法上,学者们开始界定致使概念的内涵、探讨致使的历史演变、分析致使的语法结构,其研究多是描写性的;20 世纪 80 年代以后,汉语语言学界的学者们不断尝试运用新的理论和方法分析汉语的致使结构,解释致使结构的种种现象,试图揭示其背后的规律,以求建立一个语义语法范畴。现将近几十年来汉语语言学界关于致使的主要理论视角及其成果简述如下。

王红旗(1995)、邢欣(1995)、郭锐(1995)等学者用配价语法的理论研究致使,分析了各类致使结构的配价,探讨集中在致使动词的增价问题、配价结构类型及其与组成成分的配价结构之间的关系。王玲玲、何元建(2002)等学者用生成语法的理论研究致使,依据生成语法的"最简理论"对现代汉语动结句做出句法和语义解释。郭锐和叶向阳(2001)、何元建(2004)、项开喜(2006)等对致使的语义和结构类型进行了探讨。程琪龙(2001)、梁晓波和孙亚(2002)、黄锦章(2004)、周红(2005)等用认知语言学的理论,分别从致使结构所表达的语义概念和语义结构、认知动觉基础和事件象似的动因、形式和语义紧密度在认知上的象似性、致使概念的意象图式等方面研究致使。熊仲儒(2004)则将 Chomsky 的形式语法理论和 Goldberg 的构式语法理论相结合,通过对汉语致使结构的研究提出了"功能范畴假设"。该书虽然用功能范畴假设这一理论统一解释了现代汉语中的致使句式,但却没有深入考察现代汉语中的致使结构有什么样的功能范畴。

综观近几十年汉语语言学界的致使研究,虽然取得了一些成果,但仍存在以下问题:(1)对致使概念的认识还需深入,对致使与其他语法范畴(因果、处置、被动、操控等)的关系、致使各组成要素及其相互关系以及制约致使表达的因素等问题都还需做充分的研究。(2)对致使结构的判定还缺乏严格的标准,致使的语义类型和语法类别还不明确,"把"字句、"被"字句、重动句等句式能否全部归入致使范畴尚无定论。(3)对致使结构的描写较多、解释不足,研究缺乏系统性和理论创建。(4)对致使结构的功能类型、形式类型及其各自内部关系的研究尚显不足,更缺乏致使结构的形式-功能对应关系的研究。(5)不适当地强调汉语的个性,较少语言共性的考察,这样很难看出汉语致使结构真正的个性和特点,致使研究需要更多类型学的视野。(6)重视结构形式分析,较少功能范畴的考察。

三、小结

通过对汉语语言学界和西方语言学界致使研究文献的回顾,本研究取得如下认识。

从理论方面来看,纵观搜集到的近几十年汉语学界的致使研究成果,还没见到有学者从功能类型学的角度研究现代汉语致使结构的形式-功能对应关系,也鲜有学者提出关于此问题的理论或观点。而西方语言学界在致使研究领域、致使结构的形式-功能对应关系问题上,已提出了不少非常有创建的理论和观点,虽大多不能完全适用于现代汉语的致使结构研究,但都有其可以借鉴之处。其次,本书之所以研究现代汉语致使结构的形式-功能对应关系,很大程度上是源于对 Givón(2001)提出的对应关系理论的质疑,是在和该文进行这一问题的探讨,而该文的理论框架正是功能类型学。因此,本研究尝试以 Givón(2001)的功能类型学理论为指导,在此理论框架下,研究现代汉语致使结构的形式-功能对应关系,力求通过对现代汉语致使结构的研究,归纳出其中的形式-功能对应关系,并找出具有跨语言解释力和预测力的规律或规则,以此反观 Givón(2001)的相关理论,以期对其有所修正、补充或突破。

从研究现状来看,汉语语言学界虽已有不少学者研究致使的语义类型和语法形式,但多停留在分类、描写和分析的层面,缺乏系统性的理论建构,缺少类型学视野,而且鲜有学者研究致使结构的形式-功能对应关系,也很少涉及中国境内的少数民族语言或方言当中的致使结构。相比之下,西方语言学界在致使和致使结构形式-功能对应关系等方面的研究颇多,但他们对现代汉语致使结构的研究几乎为零,即使在个别论文或著作中出现一两个现代汉语致使结构的例句,其分析也多半值得商榷①。就本研究搜集的英文文献来看,即使在类型学的研究中,现代汉语致使结构的语料也极少。可见,西方语言学界的这些文献对致使结构的类型学研究是不全面的,提出的理论也是基于非汉语语料的分析,这些理论是否适用于现代汉语的致使结构还尚待探讨。

基于上述认识,不论是从理论研究来看,还是从语言事实的分析来看,现代汉语致使结构的形式-功能对应关系的研究,都是整个语言学界致使研究的重要组成部分。如果缺少了现代汉语致使结构的研究,语言学的致使结构研究是不完整的,单从英语等其他语言的致使结构研究中归纳出来的规律、提出的理论,其跨语言解释力和预测力也是需要商榷的。因此,本研究以Givón(2001)的功能类型学理论为指导,对现代汉语致使结构的形式-功能对应关系做一个系统的研究,是很有必要的,是有一定学术价值的。

本研究的价值具体表现在以下几个方面。首先,本研究对致使概念的分析,对致使、操控和因果等范畴之间关系的探讨,将深化人们对致使概念的认识。其次,本研究在现代汉语致使结构的形式分类上进行了新的尝试。再次,本研究归纳出的现代汉语致使结构的对应性规律,将会对已有的致使结构形式-功能对应关系的相关理论有所补充或修正。最后,本研究对整个现代汉语语法理论体系的构建、现代汉语语法范畴的建构、汉语语法教学以及对外汉语教学研究都将会有一定的参考价值。

第三节 研究方法、理论框架及语料来源

本研究所运用的研究方法主要包括归纳法、演绎法、反证法和类推法等。归纳法主要用于现代汉语致使结构的形式-功能对应关系的分析,归纳其中的规律;而对这些规律进行验证时,则主要使用演绎法;在分析致使结构的致使效率、多样性等特征时,将会涉及反证法和类推法。上述研究方法在文中的使用并不限于上述方面。在个别章节也会用到一些其他的研究方法,这里不再一一陈述。总之,本研究将综合运用这些方法,坚持以描写语言现象、解释现象背后

---

① Shibatani & Pardeshi(2002)这篇文章中对"叫"的用法的解释就值得商榷。具体内容参见 Masayoshi Shibatani and Prashant Pardeshi. The causative continuum. reprinted from The grammar of causation and interpersonal manipulation, Edited by Masayoshi Shibatani, UK:John Benjamins Publishing Company, 2002:85-126.

的原因和归纳语言规律并重。

本研究以功能语法的理论为指导,以 Givón(2001)的功能类型学理论为框架,辅之以认知语言学和构式语法的相关理论,在对致使的本质和致使结构的形式类型、功能类型进行全面研究的基础上,对现代汉语的致使结构进行系统、全面的分析,旨在探讨现代汉语致使结构的形式-功能对应关系。

Givón(2001)的功能类型学理论,是一种将功能(function)、类型(typology)和历时(diachronic)三种研究语法的途径(或称之为方法)相结合来研究语言现象的理论,注重在自然的交际语境中研究语法。功能主义的语言观是从语言外部去寻找解释,着眼于研究语言的功能,认为语言学和生物性更相似,Givón(1991,2001)对语言和生物之间的相似性有具体阐述。Givón(2001:20-26)指出,类型学是研究跨语言的语法的多样性,类型学的研究方法及历时发展过程一直都和功能主义有着紧密的联系,从 Humboldt 到 Greenberg 都是如此。单纯研究跨语言的语法这种类型学是毫无意义的,除非它是基于功能域(functional domain)的、独立的、非建构(non-structural)定义下的"类型"。Givón(2001)的功能类型学理论认为,句法结构(syntactic construction)即小句类型(clause-type)在语法描述中占中心位置。句法结构是一个较为宽泛的概念,不仅包括构成关系(constituency)、等级(hierarchy)、范畴类别(category labels)、韵律(rhythmics)、语序(sequential order),也包括语法形态(grammatical morphology)以及和结构有关的语调模式(intonation pattern),还包括更为抽象的、和结构相关的一些约束(constraint)、管辖(government)和控制(control)等。

本书所涉及的功能类型学的概念主要有:原型(prototype)、标记(markedness)、范畴(categories)、连续统(continua)、象似性(icnoicity)等。后文在论述中涉及这些概念时将对其进行具体说明。

本研究的语料来源主要有以下几种:一是在电子计算机语料库中随机抽取的语料,如北京大学中文系 CCL 语料库(网络版)中的现代汉语语料(主要选取小说语料和北京口语语料)、Corpus Concordance Sampler(CCS)网络语料库和 British National Corpus(BNC)网络语料库。二是笔者自省的语料,这部分语料较少。三是中国现当代白话小说文本中的话语,这部分语料非常少,主要是笔者从津京地区作家的小说中摘抄下来的一些句子。本书选取的津京地区作家的作品一般都是比较规范的现代白话文,受方言或古文影响较小。四是已有文献中引用的小说或口语例句。从这四种语料的数量来看,第一种即从语料库中抽取的语料数量最多,是本书汉语语料及英语语料的最主要来源,相对而言,后三种语料数量都比较少。

此外,本研究还会涉及一些中国境内的少数民族语言、印欧语、非洲或美洲地区的一些语言的语料,这些均取自前人的调查报告、论文或专书,都是二手资料。中国境内的少数民族语言,本研究都是选取的汉藏语系中和汉语有亲属关系的语言,不涉及属于印欧语系或其他语系的少数民族语言。当然,即使如此,限于时间和个人能力,本研究也不可能考察汉藏语系中所有类型的语言,只是选取了藏缅语族中的独龙语进行详细分析,因为独龙语的语料和已有致使研究成果都相对比较丰富。其他少数民族语言也会有所涉及。本书所引用的印欧语(如英语、法语等)、非洲或美洲地区的一些语言的语料,绝大多数都来自前人的研究文献。在对英语的致使动词和致使结构进行相关统计分析时,本书用到了 CCS 和 BNC 网络语料库中的语料。其中,前者是本书主要使用的英语语料库,后者是在前者提供的可分析语料不足时才使用的辅助语料库。

本书的中文例句,不论是从语料库中选取的还是从小说中摘抄的,其后都注明了出处,即该句子所在文本的名称和作者。从已有研究文献中摘取的例句也都在句后注明出处,即作者、年份和页码等内容。非汉语语料都注明语言名称和来源,摘自英语语料库的例句会在文中做统一的来源说明,不再在例句上一一注明出处。引用前人文献中的例句,或在例句前后的段落中统一说明出处,或在各个例句后注明作者、年份和页码等内容。本书作者自省的中、英文例句后面不再做任何标注。

第四节　研究内容概述

从理论上说,任何一种语言,在致使结构的形式-功能对应关系中,形式和功能两方面的标志都有可能具有多种选择;但必有某一种形式标志和功能标志的对应方式是最有效的。例如 Givón(1980,1990,1991,2001)等人的研究表明,印欧语的句联用的是显性编码策略,但这并不排除隐性编码策略在这些语言中也有体现。

本研究提出的假设是:现代汉语致使结构的形式-功能的对应关系是一种以"隐性编码策略"为主的对应关系,这种对应关系更多地体现在各种形式特征参数和功能特征参数之间的对应上。

"隐性编码"是相对于"显性编码"而言的。"显性编码"是指直观显露在外在句法形态上的语言编码,有形态变化的语言多使用这种编码方式;而"隐性编码"是指在句法形态上没有直观显露的、需要通过各种参数分析才能发现的语言编码,无形态变化的语言多使用该编码方式。就现代汉语致使结构而言,形式-功能的对应关系在"显性编码"方面表现不明显,仅表现在句法结构的不同外在形式特征上(如重动句、"把"字句、V得句、"被"字句等都具有明显的形式特征),而与其相对应的各个致使结构的句式义则是"隐性编码"策略的表现。相比较而言,现代汉语致使结构的形式-功能对应关系,更多地体现在各种形式特征参数和功能特征参数之间的对应上,而这种对应关系正是一种"隐性编码"策略。因此,本研究假设:现代汉语致使结构的形式和功能之间存在一种以"隐性编码"策略为主的对应关系。

第二章　致使概念的界定

Comrie(1981)曾指出,"使成结构(causative construction)在近期语言研究的历史中起重要作用,不仅从类型学的角度看是如此,而且它还代表语言学和邻近学科诸如哲学(使成现象的性质)和认知人类学(人类知觉和使成现象的分类)互相交叉的一个重要领域。在语言学内部,使成结构之所以重要是因为对它的研究,即使只在一种语言内,但在跨语言方面也许更明显,涉及整体语言描写中各个不同层面的交互作用,这些层面包括语义、句法和形态"。(转引自郭姝慧,2004:2)

正如 Comrie(1981)指出的,致使不仅是语言学界的热门研究课题,也是诸多学科都在研究的一个重要领域。从已有的致使研究来看,各学科、各学派对致使概念的界定虽有相通之处,但因各自的学科性质、理论背景、研究方法和研究视角的不同而各不相同、各有侧重,即使是在语言学研究领域内部,致使的定义也是多种多样的。若单从逻辑的角度来讲,任何概念都是由内涵和外延两部分构成的,致使概念也不例外。概念的内涵就是概念对事物的特有属性的反映。概念的外延就是具体的、具有该概念所反映的特有属性的那些事物。本章将从内涵和外延两个方面界定语言学中的致使概念。

第一节　致使概念的内涵

一、汉语语言学界对致使概念的理解

汉语语言学界对致使概念的研究始于《马氏文通》,马建忠(1898)指出"内动字用若外动者,则亦有止词矣"。陈承泽(1982)、杨树达(1984)等学者也都对此问题有过探讨。但汉语语言学界最初多是从词语用法的角度来探讨致使,

并没有揭示致使概念的内涵。此后,学者们尝试从语义上研究致使,如王力(1985)、吕叔湘(1982)等。二位学者指出了致使的一些语义特点,虽然分析不够全面,对一些致使现象缺乏解释力,但他们在致使语义上取得的突破为此后的致使研究奠定了基础。

20世纪80年代之后,学者们对致使概念的研究更加深入,力求找到致使内涵的本质。

有些学者从"事物之间的关系"的角度界定致使的内涵。如彭利贞(1996)认为,某事物出现某种行为、变化或状态,总是有另一事物对其施以外力,在这种外力联系下的两种事物,它们之间的关系就是致使。该文强调了外力对事物之间关系的作用,但外力如何作用没有说清楚,也没有解释不是由外力造成的致使现象。范晓(2000)认为致使是"致使主体对实体(致使客体)的作用或影响",并指出"作用或影响"包括外力和内力,但没有指出致使造成的结果。周红(2006)提出致使是一个语义关系范畴,表达的是致使者通过致使力作用于被使者,导致被使者产生一定的致使结果。该定义较之前面两位学者的定义更为全面一些,指出了致使者、致使力、被使者和致使结果等致使概念的构成要素。

有些学者从"过程"的角度界定致使。如程琪龙(2001)认为致使过程始于致使者,致使者影响致使对象并使其发生变化,变化倾向可以有结果也可以没有结果。因此,致使结构可以分解为:致使者、致使方式、致使对象及其变化的倾向。这一说法加强了致使的动态分析,有较强的解释力。

有些学者从"事件"的角度研究致使。如郭锐、叶向阳(2001)通过描写致使的表达条件来界定致使,认为致使反映特定的致使情景,致使情景具有两方面的特点:一是包含两个或两个以上的事件;一是两个事件有效应关系。持相似观点的还有郭姝慧(2004)、宛新政(2005)等。相比之下,项开喜(2006)具体指出了两个事件如何发生联系,进一步深化了对致使概念的认识。

从上述汉语语言学界对致使概念的理解来看,取得的共识是:致使包括使役和被役两个行为主体,二者之间有着某种关系。学界的分歧是:使役和被役之间是怎么样的一种作用关系,致使结果是否必须实现,除使役和被役之外构成致使的基本要素还有哪些。尚待探讨的问题是:致使概念的认知基础是什么,构成致使的必有要素有哪些,致使情景、使役和被役的原型(prototype)是怎么样的,致使、因果和操控等范畴之间的关系是怎样的。

二、西方语言学界对致使概念的理解

熊学亮、梁晓波(2004)曾指出,英语学术文献中有关致使研究的讨论"已涉及相关的语义分解(Goddard,1998)、语义形成(Frawley,1992)、致使语句的转换生成(Lakoff,1965)、致使结构的经验性基础(Clark H. & E. Clark,1977)、致使结构的意向图示基础(Talmy,2000)、致使结构的构式语法基础(Goldberg,1995)、致使结构的心理空间概念合成过程(Fauconnier,1997)等"。

分解语义学被不少学者用来研究致使,相关研究多是对大量的致使词语进行语义分解,找出它们共有的语义特征。例如,"kill"被分解成"cause to die"、"cause to become dead"或者"cause to become not alive"(例句转引自 Shibatani,1976:274)。Moreno(1992:150)用这一方法研究致使后提出,致使的原始语义应该含有三方面特征:目的性(purpose)、过渡性(transition)和施力性(force)。该文认为,目的性是外显的因素、可缺省,而后两者是内含的、不可缺省。

较之分解语义学,生成语义学对致使概念的研究不是孤立地分解致使动词,而是把它们同相应的表始动词(inchoative verb)和形容词联系起来进行研究。Lakoff(1970)从生成语义学出发,为致使研究做出了自己的创建。他为致使概念建立了一个专门的语义标识符"+CAUSATIVE",并指出,致使词语是由所对应的表始动词在语句的深层结构中提升(raising)而形成的,即实现所谓的致使转换(causative transformation);而表始动词又是从所对应的状态形容词转换而来的。例如下面三个句子(见郭姝慧,2004:3):

(2) a. The lights are dim.
  b. The lights dimmed.
  c. They dimmed the lights.

在生成语义学派的学者看来,第三个句子中的致使动词"dimmed"是由第二个句子中的表始动词提升而来的,而表始动词是由第一个句子中的表开始状态的形容词演变来的。生成语义学重视致使语义的生成与句子的转换,但是忽视了人的认知能力。

Jackendoff(1986:175)将致使概念作为很重要的二元函数(常标记为EVENTCAUSE)来代表某一主体造成某一事件。后来他又发展了自己的观点,建立了一个更为抽象的致使概念标识符 CS,并引入了致使结果成功和不成功的参数"+"和"U",从而形成了致使概念的两个形式符号"CS^+"和"CS^U",前者代表致使结果实现(如动词 force 和 prevent),后者代表致使结构的结果未能实现(如动词 impede 和 hinder)。这样,下面的句子就可以表示为(例句及表达式均引自 Jackendoff,1990:132):

(3) Harry impeded Sam's going away.

$$\begin{bmatrix} CS^U([HARRY],[NOT \begin{bmatrix} GO([SAM],[AWAY]) \\ AFF([SAM], \quad) \end{bmatrix}]) \\ AFF([HARRY],[SAM]) \end{bmatrix}$$

Jackendoff(1986,1990)的贡献在于创建了两个致使概念符号,使致使结构可以用以符号构成的结构式来表达,显得更为清晰简洁。

除上述领域之外,在认知语言学领域,也有不少学者研究致使,而且成果颇多。

Talmy(1976)提出,语义上的致使情景(causative situation)是相对于自主事件(autonomous event)而言的,它是由两个或两个以上事件构成的,一个事件引发另一个事件,前者是"致使事件(causing event)",后者是"结果事件(caused event)",这两个事件之间存在紧密的"作用——效应"关系。Talmy(2000)又进一步指出,致使由三个基本要素构成:一个简单事件(a simple event)、直接导致该事件发生的事件(something that immediately causes the event)、二者之间的致使关系(the causal relation between the two)。其中,致使事件和结果事件是不可缺少的,前者是前景、后者是背景。该文把致使看作是一个动力意象图示,是"施力——动态(force-dynamics)"概念的一部分。Talmy(1976,2000)从动力传递的角度为致使研究开辟了一个新的视角,对现代汉语致使研究有着极为重要的参考价值。例如项开喜(2006)等学者就运用Talmy提出的动力意象图式对致使情景中的主动力和拮抗力进行分析,从而进一步论述汉语中的直接致使和间接致使的差别。

认知学派的另一位学者Haiman(1991)通过对致使的语义参数和形式参数的分析,探讨形式和功能的关系并以此证明"象似性动因(iconic motivation)"的存在。本书的后续章节将会对"象似性动因"以及致使的形式-功能对应关系的动因进行详细探讨。

Lakoff(1987:54-55)的贡献在于从认知的角度提出了原型致使(prototypical causation)的特征。该文认为,原型致使是直接致使,它具备十个典型的、相互作用的特征,这些特征构成一个特征束。这十个原型特征是:①有一个发出行为的施事。②有一个经历改变进入新状态的受事。③特征①和特征②构成一个单一事件,它们在时空上重叠:施事和受事相接触。④施事的行为(行动或是意愿)发生在受事的改变之前。⑤施事是能量源;受事是能量的目标;能量从施事向受事传递。⑥有一个单一的明确的施事和一个单一的明确的受事。⑦施事是人类。⑧施事用意志驱使他的行为,并且能够控制该行为;施事对他的行为和变化承担主要责任。⑨施事使用他的手、身体或者其他工具。

⑩施事寻找受事,受事的变化是可以感知的,施事能够感知这种变化。其他致使类型具备的典型特征越多,越接近典型的直接致使。Lakoff(1987:54-55)提出的上述原型致使特征是否适用于现代汉语的致使结构呢?在现代汉语的致使结构中,使动句、动结句等句式都有可能在某些情况下满足上述十个特征,那么,究竟哪一种句式是致使的认知原型,哪一种句式更接近直接致使呢?用这十种原型特征来判定现代汉语中的原型致使,其可行性还需要进一步探讨。

此外,Shibatani(1976)、Comrie(1981,1993)、Song(1996)和 Dxion(2000)等学者从功能语言学和类型学的角度对致使进行了研究。

Shibatani(1976)对致使的定义侧重揭示构成致使情景的两个事件之间的关系,认为具备以下两个事件条件的才是致使情景:条件一,在说话者看来,构成致使情景的两个事件必须具有如下先后关系,即结果事件(caused event)发生在致使事件(causing event)之后;条件二,在说话者看来,结果事件的发生完全依赖于致使事件的发生,根据这种依赖关系,说话者可以断定在其他条件保持不变的情况下,如果致使事件没有发生,那么结果事件也不会在特定时间发生。

Comrie(1989)给致使下的定义和 Shibatani(1976)的较为接近,都是将致使作为一个复杂事件来看待的。Comrie(1989)认为:致使是一个宏观场景,由 A 和 B 两个微观事件组成,"A 导致了 B 的出现"或者"A 使 B 产生",这两个事件之间的关系就是致使关系。此定义虽没有对构成致使情景的两个事件之间的关系做详细地阐述,但仍具有较强的概括力和解释力,对后人的研究也有较大影响。

Song(1996)对 Shibatani(1976)和 Comrie(1989)等人的致使定义提出质疑,认为致使(cause)和结果(effect)之间的距离不足以解释致使本身,致使概念不等于致使者和被使者之间的关系,该关系只是致使情况的一部分。该文认为,构成致使的要素有以下三点:某些愿望或意愿的知觉(perception)、一种有意实现愿望或意愿的尝试、意愿或愿望的完成。该文还指出,"一种有意实现愿望或意愿的尝试"是致使概念中本质的、不可缺少的成分。

Dixon(2000)也对 Shibatani(1976)的观点提出质疑,认为致使结构是在一个基础小句上加入一个具体的附加论元(即使役)构成的,使役是某人或某事(可以是一个事件,也可以是一种状态),可以引发或控制活动。这一观点适用于及物性主语(transitive subject)的句法语义功能(syntactic-semantic function),概括力有限,没有揭示致使概念的内涵。

通过上述回顾不难发现,Song(1996)、Jackendoff(1990)和 Talmy(1976,2000)等都将"意愿或目的(purpose)"纳入致使概念的语义要素。本书认为,这一观点值得商榷。Moreno(1993:163)曾明确指出:意愿是外显因素、可缺省的,尽管"意愿或目的(purpose)"常常伴随着致使的发生,但是它只是构成致使概念的一个外围组成部分,是可以省隐的。汉语的实例也足以证实"意愿或主观目的"不是致使概念的必要要素。诚然,现代汉语或英语中的很多致使结构的使役(causer)是有意愿的,如"一行人催洋车夫赶路"(摘自钱钟书的小说《围城》)中使役"一行人",是有主观意愿发出"催"这个动作,并希望被役"洋车夫"能实现"赶路"这一愿望;再如"John got Bill to stand up"(引自 Shibatani,1976:32)中的"John"也是有意愿的使役。但是,也有一些致使结构中的使役是无意愿的,如"虽然西风还没有吹黄了多少树叶,他已不给鸽子戴上鸽铃,怕声闻九天,招来'鸦虎子'"(摘自老舍的小说《正红旗下》),句中的使役"西风"致使被役"树叶"变黄,"西风"是没有意愿和知觉的;再如"Those lonely New England farm-houses make the landscape lonelier"(摘自 Edith Wharton 的小说 *Ethan Frome*)中的使役"Those lonely New England farm-houses",也没有 Song(1996)所提出的"意愿或目的",但仍表致使。可见,"意愿或目的"并不是构成致使概念的必有要素。

三、本书对致使内涵的界定

(一)物理世界的致使和语言学界的致使

致使是现实世界的一种客观存在,在自然界中表现为物理世界的致使关系,在人类的语言中表现为一种功能范畴——致使范畴。在自然界中,物理致使有多种多样的表现形式;同样的,在不同的语言中,致使也有着不同的表现形式,有其典型和非典型的表达方式(详见本章第二节)。

语言中的致使概念和物理界的致使概念不是完全相同的。在物理世界里,铁球从高处落下是受地球引力的作用,冰融化了是由于温度的作用,这些都属于致使关系。而在语言分析中,"球落下来了"、"冰化了"这样的句子不是表述致使关系而是描述一个自发事件。虽然从物理学的角度看,这些句子描述的现象都是一定外力作用的结果,但这些句子"在语言中没有强化外力的作用",因此并不表现为致使(相关论述参见周红,2005)。

虽然语言中的致使和物理界的致使有差异,但二者是紧密相关的。Miller & Johnson-Laird(1976)认为人们对致使概念的认知是与人们对外界的感知分不开的,致使是从人们可以感觉到的动态运动中分离出的一个概念;致使是人类认知活动的产物,其产生过程源于人们对自己有意愿性的活动(intentional movements)所引发的一系列感知。Miller & Johnson-Laird(1976:105)举例论述,当John想挠自己的鼻子时会引发一系列活动,其中隐含的致使可表示为:Cause(Intend[John,scratch his nose], Travel[his hand])。这种致使概念的感觉只涉及感觉者自身,当他将这种感觉应用到他人、他物(decentricism)时,就会产生普遍的致使概念。该观点的可取之处是,该文看到了致使和人对运动的感知二者之间的关系,并试图解释致使的产生过程;该观点尚可补充、完善的地方是,对致使概念构成要素的具体分析。

基于Miller & Johnson-Laird(1976)等人的研究和人们的观察,致使是人们在对外界和自身运动感知的基础上形成的一种认知。在日常生活中,致使过程随处可见。例如,足球从窗外飞来撞到玻璃上致使玻璃碎了,人对着桌子打喷嚏致使桌上的纸巾被吹走了等等。这些单个的或连续的事件,都是由动作、状态、外界的事物、人或者动物等参与者构成的,形成特定的事件结构(event structure)。人们观察到这些生活情景之后,将其存储在大脑中,通过对这些运动情景的感知和分析,发现这些运动情景都有一些共同的特点。首先,这些情景都是由两个事件或两个以上事件构成的,前一事件的发生导致后一事件的发生,后一事件不可能发生在前一事件之前。其次,这些运动情景中存在一种力的传递,前一个事件的主体发出或造成了一种力,这种力使得后一个事件中的主体发生了某种变化、产生了某种结果,这种力是该情景中不可缺少的要素。人们将这些认知内容综合在一起,逐渐在头脑中形成了一个关于此种运动情景的认知模型,在经过了概念化的过程之后,将此种运动情景概念化为致使事件,并在此认知的基础上,概括提炼出一个抽象的概念——致使。

那么,语言学中的致使该如何定义呢?是什么引发了致使呢?

(二)致使的内涵

从本研究搜集的文献来看,大多数语言学学者都认为致使的内涵可以表述为一种致使情景①(causative situation),如Shibatani(1976)、Talmy(1976)、Dowty(1979)、Comrie(1981)、Li(1990,1995)、Gu(1992,1997)、Dixon(2000)、郭姝慧(2004)、周红(2005)、项开喜(2006)等。本研究也赞同此种观点。下文将从致使情景、致使情景的类型两方面具体阐述致使的内涵。

1. 致使情景

本书认为,致使概念表达的是一种致使情景。典型的致使情景可以被描述

---

① 情景:一般指具体场合的情形、景象,用在语言学中指语义概念所表现出来的特定的形式世界情况,包括实体、事件、时间、处所、方式等因素,这些因素共同构成一个情景。这一概念参考周红:《现代汉语致使范畴研究》,第46页,复旦大学出版社,2005年版。

为:使役(causer)对被役(causee)发出致使力(causative force),使被役发生某种变化、造成某种结果。例如,英语中的"I broke the vase",汉语中的"我用锤子打碎了花瓶",表达的就都是典型的致使情景,使役"我"发出致使力"打",这个致使力通过工具"锤子"传递到花瓶上,导致被役"花瓶"在致使力的作用下产生了"碎"这一结果。

在致使过程中,使役对被役发出致使力是致使事件,被役在致使力的作用下发生变化造成某种结果是结果事件。若从事件的角度来看,致使情景是由致使事件(causing event)和结果事件(caused event)构成的,致使事件和结果事件之间的关系就是致使关系。致使事件只能发生在结果事件之后,如果致使事件没有发生,那么结果事件也不可能发生。

致使情景的构成要素包括使役、被役、致使力、工具(instrument)、结果(result)等,其中致使工具等要素是非核心要素,使役、被役、致使力和致使结果是核心要素,是构成致使情景的核心。使役是致使的引发者、致使力的发出者,如果没有使役发出致使力和致使动作,被役就不会发生变化、产生结果。使役可以是实体,也可以是事件,其中,事件是引发致使的原型使役,因为事件作使役其实也是事件中的实体发出动作传递作用力给被役(参见郭姝慧,2004:9-11)。若用结构式来表达致使情景,如下所示:

<u>致使情景=使役+致使力+(工具)+被役+致使结果</u>

需要指出的是,典型致使情景具备所有或大部分的致使要素,而非典型致使情景只具备部分致使要素,其中可能缺少使役、被役或致使工具等。例如"写失败了一篇文章"中缺少使役,"我写完了"中缺少被役,再如"我打开了锁"中可以补上工具变为"我用钥匙打开了锁"。

郭锐(2003)指出,"被致使者是致使情景中的关键,是把致使事件和被使事件两个事件联系起来的纽带,一方面它是致使事件中承受影响者,另一方面它又是被使事件的主体,正是被致使者的这种双重角色把两个事件联系起来。因此,在致使情景中被致使者是必不可少的,而致使者相对来说没有被致使者重要"。被役固然像郭文所说是致使情景中联系致使事件和结果事件的纽带和关键点,但被役在致使情景中并不是必不可少的成分(被役省隐的内容见第四章第一节)。即使使役、被役和致使工具都没有出现,只有致使力和致使结果,也同样可以表达致使情景。例如"打碎、摔坏"等动结结构,某种致使动作导致了某种致使结果的发生,虽然使役和被役都没有出现,但仍然表达致使情景,即"打这个动作致使某实体碎了","摔这一动作致使某实体坏了"。此外,即使致使结果不一定实现,句子中也一定会有表示致使结果的成分。例如"一行人催洋车夫赶路"中的"赶路",这一结果可能实现了,也可能没实现,实现与否要看被役的主观意愿。但这一成分在句中必须存在,否则无法构成致使情景。

因此,本书认为,致使力和致使结果才是致使情景的必有要素,是不可或缺的,在致使结构中必须出现,而其他要素都是可省隐的。

2. 致使情景的类型

致使情景可分为简单和复杂两类,简单的致使是由一个致使情景构成的,其中只有一个使役、一个被役;复杂的致使可以由多个致使情景构成,其中可以有多个使役和被役,形成致使链。相关例句如下:

(4)a. 董永的叫声终于使铁匠铺里杂乱的叮当声沉寂下来。(苏童《新天仙配》)

b. 灼热的沙砾和难以忍受的饥渴,转瞬便使他恐惧得哆嗦起来。(乔书明《人与狼行》)

c. 他派祥子去催煤气灯。(老舍《骆驼祥子》)

例句(4a)中的使役"董永的叫声"和被役"叮当声"构成一个简单致使,致使力由"董永的叫声"发出,致使结果是"叮当声沉寂下来"。而例句(4b)和(4c)表达的是复杂致使。(4b)的两个使役"沙砾"和"饥渴"发出的致使力都作用于被役"他"。(4c)有多个使役和被役,"他派祥子去"是一个致使过程,在这一过程里,"他"是使役,"祥子"是被役,致使力由"他"发出作用于"祥子";"祥子去催煤气灯"又是一个致使过程,在这一过程里,"祥子"变成了使役,"煤气灯"(催的对象其实是送煤气灯的人)是被役,致使力"催"由"祥子"发出,作用于"煤气灯"。在例句(4c)中,致使力的传递是两个连续的致使过程,两个过程连在一起形成致使链。

(三)致使的构成要素

1. 使役

使役是能够对被役发出致使力的实体①(entity)或事件(event),致使力不一定是使役主动发出的,也可以是客观造成的。实体可以是有生命的人或动植物,也可以是无生命的物体。在一个致使结构中,使役可以是单个的,也可以是

---

① 实体是指现实世界中存在的东西,本书对实体作广义的理解。实体不仅指具体的事物(有生命的和无生命的),还可以指抽象的关系、位置、处所、时间、感觉、等级、距离、观念、原因等。

多个的。相关例句如下(句中的画线部分均为使役):

(5) a. 她洗干净了衣服。
   b. 这是一个明媚的中午,阳光使城市的所有玻璃合唱出闪亮的歌声。(何立伟《永远的幽会》)
   c. 这场病不是才弄坏了我一只眼?(周大新《无疾而终》)
   d. 南京的陷落与武汉的成为首都,已使她相信她可以高枕无忧地做她的事情了。(老舍《四世同堂》)
   e. 多吸人家一支烟卷,买东西使出个假铜子去,喝豆汁多吃几块咸菜,拉车少卖点力气而多挣一两个铜子,都使他觉得满意。(老舍《骆驼祥子》)
   f. 这点难过,这点迷乱,使他把过去的苦处都想了起来。(老舍《文博士》)
   g. 这琴声使老何想到春天的原野,山间的绿树,明净的溪涧和婉转的鸟啼。(何立伟《洗澡》)

从有生性来看,例句(5a)中的使役"她"是有生命的物体,(5b)中的"阳光"是无生命的自然物,其余例句中的使役也都是无生命的。从使役的数量来看,例句(5g)中的"这琴声"是单个抽象的实体,(5f)中的"这点难过,这点迷乱"则是多个抽象的实体,(5c)中的"这场病"是单个事件,(5d)中的使役"南京的陷落与武汉的成为首都"和(5e)中的使役"多吸人家一支烟卷,买东西使出个假铜子去,喝豆汁多吃几块咸菜,拉车少卖点力气而多挣一两个铜子"都是多个事件。从使役是否主动发出致使力来看,例句(5a)中的使役"她"是主动发出致使力的,其他例句中的使役发出的致使力都是客观形成的而非主动发出的。

在致使结构中,使役是动作的发出者,是句子的施事(agent)。Andrews(2007:137)曾对施事做出如下定义:施事即由动词所描述的事件或导致发生的事情中的一个参与者,可能是有意图的(intentionally)。Cruse(1973)、Dowty(1991)、Delancey(1981,1984,1985)和Givón(2001:44)等学者在分析典型施事的特征时,都是将意图性作为施事性的多个特征之一,并没有刻意强调其必有性,可见,意图性只是施事可能具有的角色特征。而且,很多语言中(例如英语)的词语在意图性上都是中立的(neutral)。现代汉语致使结构的使役做句子的施事时,不一定是有意图的,比如无生命的使役自然是没有意图性的。关于施事性特征的问题,第四章将有详细讨论。

2. 被役

被役是致使力作用的对象,多是实体(抽象的或具体的)。有些被役是有生命的实体,有些是无生命的实体。例句(6e)和(6f)中的被役"太太"、"米老师"和"人"都是有生命的实体,而(6f)中的被役"惧怕"、"冰"都是无生命的实体。事件作被役的情况极少见,如例句(6f)中的被役"闭目受死"。大多数情况下,事件是不能充当被役的。例句(6a)中的被役是"他的被忘却了的青春",是一个抽象的、无生命的实体。如果将被役改成一个事件"他忘却青春",原句变成"报纸上的如火如荼的记载唤醒了他忘却青春",句子显然变成了兼语句,被役"他"仍然是一个实体。同样,例句(6c)中是具体的、无生命的实体"几根筷子"作被役,也不能换成事件"洗筷子","*她折断了洗筷子"显然不符合语法。相关例句如下,句中的画线部分均为被役。

(6) a. 报纸上的如火如荼的记载唤醒了<u>他的被忘却了的青春</u>。(巴金《家》)

b. *报纸上的如火如荼的记载唤醒了他忘却青春。

c. 她折断了<u>几根筷子</u>。(余华《现实一种》)

d. *她折断了洗筷子。

e. 他的态度不但使<u>太太</u>惊异,也使<u>米老师</u>动了气,不干就是了。(老舍《牛天赐传》,转引自周红,2005:64)

f. 恨,在合适的地点与时间,是崇高的,因为它会使<u>人</u>从绝望中转回身来另找活路,使<u>闭目受死</u>改成杀出重围,使<u>惧怕</u>变为愤怒,使<u>冰</u>变成火。(老舍《火葬》,转引同上)

在一个致使结构中,可以只有一个被役,如例句(6a)、(6c);也可以有多个被役,如例句(6e)、(6f)。例句(6e)中有两个被役"太太"和"米老师",例句(6f)中有四个被役"人"、"闭目受死"、"惧怕"、"冰"。

被役大多是受事,例如(6a)中的"他的被忘却了的青春"、(6c)中的"几根筷子"等。但有些被役,既是受事又是施事。例如(6e)中的"太太"既是"使"的受事,又是"惊讶"的施事,这样的情况在兼语句中更为明显,例如(4c)中的"祥子"既是"派"的受事又是"去催"的施事。

有的被役有能力抵制使役发出的致使力(例如兼语句中的被役成分),在这种情况下,致使结果能否实现取决于被役的抵制力和主观意愿的强弱。如例(4c)中的被役"祥子"就具有这样的抵制力,可以主动地去"催煤气灯"实现致使结果,也可以有足够的抵制力不去做"催煤气灯"这件事,导致致使结果没有实现。而同样是具有抵制力的被役,(6e)中有两个被役"太太"和"米老师",他们的抵制力小于使役发出的致使力,因此致使结果都是已然的,是实现了的。

抽象的实体没有抵制力，做被役时其所在致使情景的结果必定是已然的。例如(6a)中的被役"他的被忘却了的青春"是一个抽象的实体，不具有发出抵制力的能力，其致使结果是必然可以实现的。

3. 致使力

致使力是一个抽象的概念，是我们能够在致使情景中感知到的、存在于使役和被役之间的一种力。致使力是构成致使情景的必有要素，是致使的核心，不可或缺。例如在"猫咪撞碎了花瓶"中，猫咪碰倒花瓶，导致花瓶碎了，这中间就有一个力的传递，这种力是使役"猫咪"发出并作用于被役"花瓶"的，本书把这种力称作致使力。语言中的致使力有如下特征。

首先，语言中的致使力不同于物理世界的致使力。物理世界的致使力是客观存在的、实际发生的力，而语言中的致使力，除了物理世界客观发生的力之外，还包括一些言语力、心理作用力以及泛力（多用使、令、叫、让等词表致使，具有泛化和抽象性）等。在"使"字句等句式中，致使力显得比较抽象，但是在V得句、动结句等含有较为具体的致使动词的句式中，致使力就显得比较具体。例如(7a)中"擦、扔"等动作所表达的致使力是人为的、具体的物理力，例句(7b)中"说"这一行为表达的致使力是言语力，例句(7c)中的"气"表达的致使力则是心理感受造成的心理作用力，例句(7d, 7e)中"使"表达的则是较为抽象的泛力，例句(7f)中的"吹"表达的致使力则是自然力。相关例句如下：

(7) a. 他擦干净桌子，扔掉一个空烟盒和一些碎纸。（张承志《北方的河》）

b. 豁唇奶的心里被这番话说得轻松多了。（周大新《无疾而终》）

c. 他气得浑身哆嗦，打电话叫公安局把个体户抓起来。（蒋子龙《迷失》）

d. 这个决定，使他心中反觉出点痛快来。（老舍《文博士》）

e. 意外的惊喜使他有点不知所措。（何继青《一段行程》）

f. 虽然西风还没有吹黄了多少树叶，他已不给鸽子戴上鸽铃，怕声闻九天，招来"鸦虎子"。（老舍《正红旗下》）

其次，语言中的致使力可以是由一个使役发出的，也可以是由多个使役发出的，前者如例句(5a-d)，后者如例句(5e-f)。致使力可以只作用于一个被役，也可以同时作用于多个被役，前者如(7a)中的致使力"擦"作用于被役"桌子"，后者如(6e)中的致使力同时作用于两个被役"太太"和"米老师"。

再次，语言中的致使力可以是使役主动地、有意识地发出的，也可以是使役无意识地发出的、客观上作用于被役的。例如(7f)"西风还没有吹黄了多少树叶","西风"没有主动去吹"树叶",而是客观上作用于"树叶"。再如(7e)中的"意外的惊喜"也不可能主动发出致使力到被役"他"的身上,这同样是客观上作用于被役的。

此外,语言中的致使力具有方向性,有正向的,也有反身的(见周红,2005)。例如"他擦干净桌子"中致使力是由使役发出,作用于被役的。这样的致使力周红(2005)称之为正向致使力。再如"他气得浑身哆嗦"中致使力"气"是使役发出的,作用于被役(即使役自身),此时使役和被役同指,被役省隐。这样的致使力周红(2005)称之为反身致使力。

4. 致使结果

致使结果是指使役发出致使力并作用于被役之后,被役在致使力的作用下发生的某种变化、进入的某种状态或事件。

根据致使结果是否出现在句法形态层面,本书将致使结果分为显性和隐性两种。"显性的致使结果"是指,表示致使结果的句法成分出现在该致使结构的句法形态层面,能够直观看到。如例句(7a)中的"干净"是"擦"的结果,这一结果是显而易见的。"隐性的致使结果"是指,表示致使结果的句法成分没有出现在该致使结构的句法形态层面,而是隐含在致使动词的语义当中,需要分析才能得知。在现代汉语中,包含隐性致使结果的动词只有"杀"等少数几个,而且要和完成体标记"了"共现才能在语义上包含隐性的致使结果。例如:

(8) a. 他杀了那条狼。
　　b. 他杀死了那条狼。

例句(8a)的致使结果是隐性的,"杀"这个致使动作的语义中隐含了致使结果"死","了"标明了致使结果是已经实现的。例句(8b)的致使结果是显性的,在句中明确表述了"杀"的结果"死"。现代汉语的"杀"和英语的"kill"不同,英语的"kill"可以表示完整的致使情景,既包含致使动作也包含致使结果。现代汉语的"杀"需要和时体标记共同完成致使情景的表达。而且,现代汉语中的其他动作动词都极少具备这样的特征,即使和时体标记一起也不能表达致使,如"打"。"他打了那条狼"并不包含任何隐性的结果,必须用显性的致使结果,如"他打死了那条狼",才可以表达致使情景。

本书所研究的致使结构都是包含显性致使结果的,即不论致使结果是否实现,在句法形式上,致使结果这一成分都必须出现。

致使结果还可以根据其是否已经实现,分为已然和未然两种。例如:

(9) a. 一行人催洋车夫赶路。(钱钟书《围城》)
　　b. 你喝醉了酒,听见有谁悄悄说到海涛这个名字就跳了起来。(张承志《北方的河》)
　　c. 那天的风很大,站立的男人们都被大风吹得眯起了眼睛,他们的头发和衣领也被风吹得飘飘扬扬的。(苏童《灰呢绒鸭舌帽》)

例句(9a)的致使结果不一定能实现,即致使结果可以是已然的,也可以是未然的。因为当被役是人时,被役有自主决定是否实施动作的能力,被役"洋车夫"可以赶路也可以不赶路,结果是否能实现,取决于"洋车夫"的意愿。也就是说,该被役具有的抵制力足以和使役发出的致使力相抗衡。但当被役是无生命、无意识的实体时,便没有了发出抵制力的能力,只能接受致使力的作用,实现致使结果。例句(9b)和(9c)中的致使结果就都是已然的,而且是显性的,如致使动作"喝"的结果是"醉","大风吹"的结果是"(男人们)眯起了眼睛、(他们的头发和衣领)飘飘扬扬的"。

5. 工具

工具是使役可能会借助的、传递致使力的实体。工具可以是具体的物体,也可以是抽象的实体。工具不是必有的致使构成要素,可以省隐。例如:

(10) a. 我刨下的冻块,她砸不完,我就用镐头帮她捣碎,她用铁锹翻到另一边去就行了。(张贤亮《绿化树》)
　　b. 有一次,我用碗砸破他的头,血从脑门上往下流。(田中禾《最后一场秋雨》)
　　c. 我打开门上的锁。
　　d. 她用真诚感动了我。

例句(10a)中的"镐头"、(10b)中的"碗"都是使役实现致使结果的工具,它们并不发出致使力,只是传递使役发出的力而已。例句(10c)的"打开门上的锁"这一致使情景可以理解为省隐了工具"钥匙"。上述工具都是具体的物体。而例句(10d)中"真诚"则是抽象的实体作工具,句中的"用"明确表示"真诚"的工具身份。

第二节　致使概念的外延

致使概念的外延是指致使这一概念在不同语言中的具体表现形式。不同的语言有不同的致使表达方式,有的用词汇手段来表达,有的用语法结构形式来表达,有的用介词或其他形态标记来表达,等等。本研究把语言中用来表达致使的词称为致使词语(causative words),把语言中用来表达致使的语法结构称为致使结构(causative constructions)。

本节将围绕致使的具体表现形式展开探讨,从类型学的视角看世界语言中的致使,分析和归纳现代汉语中致使的表现形式及其形式和功能类别。

一、汉语语言学界对致使外延的理解

汉语语言学界对致使外延(即致使的具体表现形式)的研究大致可以分为两个方面,一是形式类型研究,二是语义类型研究。

首先回顾汉语语言学界对致使结构形式特征的研究。

有些学者根据标志词这一形式特征来研究致使结构,如彭利贞(1996)、范晓(2000)等。彭利贞(1996)用有无明确的标志性词语这一标准将汉语致使句分为语法结构和零形式两个层次,前者表现为"S 使 OV(P)",后者表现为使动用法和使成式。范晓(2000)根据是否有标志词"使"或是否能自然地变换成"使"字句,将致使句分为显性致使句和隐性致使句,前者又分为"使"字句、"V使"句、"使动"句和带致使义的"把"字句,后者又分为使令句、某些"V得"句和使成句。本书认为,单纯依靠标志词来研究致使结构,难免会遗漏一些没有标志性词语的致使结构。此外,依靠能否变换成"使"字句来给致使结构分类的做法也有待商榷。

有些学者根据致使句的谓语形式特征来研究致使结构,如郭锐、叶向阳(2001)。该文根据表达致使事件的谓词是否带有致使义,把致使句归结为使动型和述补型,又根据综合程度的不同分出汉语致使表达的各种类型。从谓词的语义分类入手研究致使句的方法,给本书很大的启发。在本书探讨的致使结构形式-功能对应关系中,致使结构中的动词的语义和功能的确是一个不容忽视的问题。

有些学者从致使句的句法形式特征来研究致使结构,如黄锦章(2004)、宛新政(2005)、项开喜(2006)等。黄锦章(2004)将汉语中的致使结构分为"形态型"、"词汇型"和"分析型"三类,后者包括带结果补语和情态补语的述补结构和兼语式。这种分类具有一定的类型学意义,较为可取。宛新政(2005)以"三维语法"为指导,从不同的角度对汉语致使句进行分类,勾勒出由三大系统、六个小类组成的汉语致使句系统,并比较全面地分析了它们的句法、语义、语用特征。该分析是比较全面详细的,不足之处在于缺乏类型学的视角,分类过于烦

琐。项开喜(2006)将使成结构式分为句法型使成式、形态型使成式、词汇型使成式,并指出这三个类型之间的融合度逐渐趋小。现代汉语的致使结构只具备其中的两类:句法型和词汇型。这种分类是从当代类型学的角度来进行的,文章把对汉语致使结构的分类纳入整个人类语言的致使结构的框架,有利于找出汉语和其他语言的共性及个性,分类方法较为可取。

其次,我们再来回顾一下汉语语言学界对致使语义类型的研究。

程琪龙(1994)根据主句动词的语义将致使分成三类:由只有致使义的动词构成的,如"这番话令人头疼";由有致使义同时还带有其他词汇义的动词构成的,如"他请我吃饭";由不带有致使义的动词构成的,一般由结果动词、"得"字结构等成分协助动词表达致使义,如"他把车开进了车库"。

而郭锐、叶向阳(2001)则根据语义把致使分为四类:直接致使和间接致使,前者如"我砸破了花瓶",后者如"我让花瓶破了";纯致使和允许性致使,前者如"我叫他爬树",后者如"我不让小孩爬树"。前一种分类的标准是致使事件和结果事件的关系,而后一种分类的标准是词汇意义的差别。用两个不同的标准进行分类,分出的类别难免有重叠的地方,类别之间的区分度不够好,存在同样问题的还有项开喜(2002)。

项开喜(2002)也分了两对致使类型:一对是操作性致使和指示性致使,依据是致使情景的主使者与受使者的关系,前者如"我把他推到河里了",后者如"我命令他躺下来";另一对是现实性致使和认识性致使,依据是致使关系的客观性程度,前者如"我把他打哭了",后者如"这部电影把我看哭了"。项开喜(2006)又从多个分类参项对使成进行了新的语义分类:从时间和空间的关系分为直接使成和间接使成;从主使者的意愿性、目的性分为有意使成和无意使成;从受使者的自控力的大小、自主性的强弱分为使役使成和允许使成。

周红(2005)根据主观变量和致使句式的关系将致使句分为三组:正向致使和反向致使;次第致使和组元致使;主体归因、客体归因和事件归因。又根据客观变量造成的致使的次范畴,将致使句分为五组:有意致使和无意致使、向外致使和反身致使、积极致使和消极致使、泛力致使和非泛力致使、致使程度不同的致使。此种分类是一种多角度、多层面的分类,可谓细致全面,但略显繁琐、缺乏类型学的视角。

宛新政(2005)认为,致使句的深层句含有两个动核结构,其中一个表"致力事件",另一个表"结果事件",致使句就是由致力事件和结果事件整合而成的致使事件。该文还认为,致使句和因果句既有联系又有区别,其主要区别在于是否有"致使力"。此外,文章还指出含有致使语义关系的句式未必都是致使句,例如"被"字句。该文对致使句的界定本书不敢苟同,本书认为"被"字句中有一部分是表示致使的(本书第三章将有具体讨论)。该文对致使和因果的异同的探讨,也可再继续深入探讨(详见本章第三节)。

总的来看,前人对致使结构的形式分类角度各异、标准不一,加之每位学者对致使结构包括哪些具体句式的理解不一,划分出来的形式类型和语义类型自然各不相同。从本研究搜集的文献来看,已有研究较少从类型学的角度分析致使结构的形式类别和语义类别,更少把汉语的致使结构放在整个人类语言的致使结构中去研究,这样就很难看出现代汉语致使结构真正的、类型学意义上的特点,无法进行有效的类型学考察和对比。

二、西方语言学界对致使外延的理解

英文文献中对致使外延即表达形式的研究,主要集中在英语等有形态变化的语言研究上,对汉语致使结构的研究较少。在此,本节主要回顾 Goldberg(1995)、Talmy(2000)、Song(1996)、Comrie(1981,1989)、Dixon(2000)、Wolff(2003)等学者的研究。

Fauconnier & Turner(1996)认为,在众多表示致使概念的句子中,由 Goldberg(1995)对运动性致使概念结构所提出的一般形式"NP V NP PP"(例如"Jack threw the ball into the basket")较为典型地代表了致使句的结构,因为许多语言中都有这种致使结构。Goldberg(1995)从构式语法的角度提出了几种致使句式:致使位移句式(Caused-motion construction,其句式义为 X cause Y to move Z)、双及物句式(Ditransitive Construction,其句式义为 X cause Y to receive Z)、结果句式(Resultative construction,其句式义为 X cause Y to become Z)。从这一角度来看,本书所研究的现代汉语致使结构只包括致使位移句式和结果句式,不包括双及物句式。

和 Goldberg(1995)有所不同,Talmy(2000)是从认知语言学的角度来看致使的。该书把致使按照复杂程度分为基本(basic)致使和复杂(complex)致使。基本致使又可以按控制时间点的不同分为时点延续致使(point-durational causation)和扩展延续致使(extent-durational causation);复杂致使又可以分为起始致使(onset causation)、系列致使(serial causation)、连续和不连续系列致使(continuous and discontinuous serial causation)、使因致使(enabling causation)。此种分类存在的问题是如何界定"复杂程度"。

此外,也有不少学者用功能语言学和类型学研究致使结构的形式特征,研究成果颇为丰富。

Comrie(1981,1989)根据使役和被役的融合程度,把致使结构分为以下三种:分析型(analytic causative)、形态型(morphology causative)和词汇型(lexical causative)。该文指出,这三种类型是一个连续统,在它们中间还存在着各种过渡形式。该文的分类为后来的学者广为讨论,本书也基本赞同这一观点。对于现代汉语来说,致使结构以分析型和词汇型为主,形态型数量极少且都是古汉语的遗留。除此之外,现代汉语致使结构是否还包括其他形式类别,还需要更多深入的探讨。

Song(1996)认为传统的致使分类"分析型→综合型→形态型"这个连续统是一个不可分的整体,反映出分离或融合的程度以及语法化的程度,他将其中的句法型(syntactic)致使分为融合(AND)、并列(COMPACT)和目的(PURP)三种类型,并分析了它们的功能、认知结构以及语用基础,提出这三者之间存在一种发展趋势,即 AND 和 COMPACT 向着 PURP 类型发展。

Dixon(2000)从形式(from)、句法(syntax)和语义(meaning)三个角度对致使进行了类型学的研究。该文按照致使结构的形式机制(formal mechanism)将致使结构分为五类:形态型(morphological)、复杂谓词结构(complex predicate/two verbs in one predicate)、迂说型(periphrastic causatives)、词汇型(lexical causatives)、交换助动词(exchanging auxiliaries)形式。文章集中讨论了论元结构的变化、论旨角色的重新分配以及致使结构的语义参项,归纳了致使结构的语义参数值和形式融合度之间(即功能和形式之间)的临摹性对应关系。

Shibatani & Pardeshi(2002)同 Song(1996)、Comrie(1989)一样,也认为致使在形式层面是一个连续统,但该文指出传统的致使分类(词汇型、形态型、句法型)有很多局限。该文从动词语义的角度,澄清了直接致使和间接致使的区别,并指出了这两种类型的致使和词汇型致使、能产型致使的关系①。Shibatani & Pardeshi(2002)将致使从语义角度分为直接致使、联系型致使(sociative causation)和间接致使。联系型致使又可以细分为参与行动型(Joint-action type)、协同辅助型(assistive sociative type)和监督型(supervision type)三小类。直接致使、联系致使、间接致使三者构成语义连续统。参与行动型致使和协同辅助型致使接近直接致使,而监督型致使接近间接致使。相比较而言,Shibatani & Pardeshi(2002)的分类比 Talmy(2000)的分类标准清晰,而且语义连续统的

---

①Shibatani 认为许多语言都语法化出意义的区别特征,并用词汇致使和能产的致使形式来表达,词汇致使往往表示直接的致使,而能产型致使形式往往表达间接致使。这些在形式上反映出传统的及物动词和致使之间的区别及联系。

观点非常可取,研究方法也值得借鉴。但汉语致使结构当中的语义连续统该如何确定,还需要具体研究。

除上述研究之外,Wolff(2003)的研究为语言学的致使结构研究提供了心理学上的实证支持。该文通过实验研究提出,语言中表达致使的方式有因果连接(causal conjunctions)、介词(prepositions)、结果(resultatives)、词汇致使(lexical causatives)和迂回致使(periphrastic causatives)等,并指出后两种在许多语言当中经常被用于表达致使关系。具体而言,词汇型致使中致使和结果多用一个动词来表达,例如"melt"、"kill"、"sink"。而迂回型致使是用两个小句来表达,致使和结果是在不同的小句里,如"Sarah caused the door to open"。这一观察和Comrie(1989)提出的人类语言中的致使表达方式较为接近。

此外,该假设还指出,无中介物的致使链被视为直接致使,有中介物的则被视为间接致使。事件的断定和语言描述也是一致的:可用单句表达的被分析成单个事件,反之则很少被分析成单个事件。该文的假设给语言学研究提供了心理学上的支持,使得语言学界对致使类型的研究有了更多的理据性。

三、致使在各语言中的表现形式

致使是人类语言中普遍存在的一种功能范畴,其表达方式多种多样,差异的背后却蕴涵着人类语言的共性。本书将依据 Comrie(1989)对致使结构的分类,从类型学的角度,探讨致使在不同语言中的表现。

(一)分析型致使(analytic causative)

分析型致使,也称作句法型致使(syntax causative)、迂说型致使(periphrastic causative)。按照 Comrie(1989)的定义,分析型致使有如下特征:句中的致使事件和结果事件各自的谓语有独立的词汇形式并处于不同的小句当中,致使事件的谓语动词一般是做主句的谓语,结果事件的谓语动词是主句的补足语或者在其他从句当中。Comrie(1989:160)也指出,纯分析型致使(pure analytic causatives)相对而言是比较少见的。该文以俄语中的例子说明,纯分析型致使是一种非常不自然的结构,最自然的结构表达简单的致使。

分析型致使在许多种语言中都有,是较为普遍的一种致使结构,英语(如例句[11a])、巴西土著语(如例句[11b])、葡萄牙语(如例句[11c])、藏缅语族中的独龙语(如例句[11d])、Marathi 语(如例句[11e])、现代汉语(如例句[7e])等许多种语言中都存在分析型致使结构。相关例句如下:

(11) a. 英语：

I caused John to go.

我　使　　约翰　走

我使约翰离开。

（引自 Comrie，1989：160）

b. 巴西土著语（Canela-Kraho，Jê family，Brazil）：

Capi　te　　　　[i-jōt　　na]　　　　　　　i-to

Capi　PAST　1sgS-sleep SUBORDINATIOR　1sgO-CAUS

Capi 让我睡觉。

（引自 Dixon，2000:36）

c. 葡萄牙语（Portuguese）：

Eu　　fiz　　　　　　José　　comer　　　os　　bolos

1sg　make+ PAST+1sg　Name　eat+INFIN　the　cakes

I made José eat the cakes.

我让 José 吃蛋糕。

（引自 Dixon，2000:37）

d. 独龙语：

nɑ³¹ gɔʔ⁵⁵ tɔʔ⁵　　nɑ³¹ -tə³¹-ɕɑʔ⁵⁵-luŋ³¹-ɕɯ³¹.

孩　子　衣服（人称）（使）湿　（体）（双数）

（你俩）把孩子的衣服弄湿了。

（引自杨将领，2003）

e. Marathi 语（a New Indo-Aryan language）：

raam-ne   shaam-laa   patra   lih-aaylaa   laaw-l-a
Ram-ERG   Sham-DAT   letter.N   write-PTCP   make-PERF-N

Ram made Sham write a letter.

Ram 让 Sham 写封信。

（引自 Shibatani，2002：92）

（二）形态型致使（morphology causative）

按照 Comrie（1989）的定义，形态型致使是指致使事件和结果事件融合在一个谓语当中，谓语中添加了某种形态手段来表达致使（例如使用词缀、辅音重复、改变声调、内部转变等手段）。典型的形态型致使有如下两个特点：第一，谓语与相对应的非致使结构之间通过某种形态手段相联系；第二，具有能产性（productive）。

Dixon（2000：34）也归纳了形态型致使的形态手段：内部转变（例如改变元音音质或辅音的转变）、辅音重复、变为长元音、改变声调、相同成分复叠、加前缀、加后缀、加外接缀等等。（中文译文转引自郭姝慧，2004）

形态型致使结构在有形态变化的语言中使用较多，如土耳其语（例句[12a]）、日语（例句[12b]）等。土耳其语中的后缀"-t"和"-dɪr"附加在动词后表示致使，如"öl"表示"die"，"öl-dür"表示"kill"，"göster"表示"show"，"göster-t"表示"cause to show"。汉藏语系中也有不少语言还保留着形态型致使结构，有的语言以形态型致使结构为主要致使表达方式，如嘉戎语（例句[12e]）；有的则主要以分析型手段为主，残留有少量的形态型致使表达，如现代汉语（例句[12c]、[12d]）。相关例句如下：

(12) a. 土耳其语：

Ali   Hasan-i   öl   dür   -dü.
Ali   Hasan-DAT   kill   CAUS   -PAST

Ali killed Hasan.

Ali 杀死了 Hasan。

（引自项开喜，2006：7）

b. 日语：

　　Taroo-ga　　Ziroo-ni　　kabin-o　　　wara-se-ta.
　　NOM　　　　DAT　　　vase-ACC　　break-CAUS-PAST

　　Taro made Jiro break the vase.

　　Taro 使 Jiro 打碎了花瓶。

　　（引自 Shibatani & Pardeshi，2002：87）

c. 骑兵们在河边饮马。
　　（自省例句）

d. 你空间房子给我。
　　（引自牛顺心，2004：21）

e. 嘉戎语：

　　tə-zɐ ka-za ra　ka-　wjo-　sə-mo　mə-wdən.
　　饭　　吃　要（前加）（反身）（使动）饿（否定）好

　　要吃饭，使自己受饿不好。

　　（引自杨将领，2003）

　　例句(12c)中的"饮"表示使动，读去声。汉语中的"饮"有两种读音：读去声表示"使之喝水"，如例句中的"饮马"；读上声时表示"自己喝水的意思"，例如"饮水"。再如(12d)中的"空"，读去声的"空"表示"使之变成空的"，它和读阴平的"空"具有同样的声母、韵母只是声调不同而已。通过声调屈折表达致使，在古汉语中，这种方法是有能产性的，如"王"读去声表示"使之当王"，"饮"读去声表示"使之喝水"等。但在现代汉语普通话中，这种表达致使的方法已经极少使用了。通过声调屈折表达致使的方法仅存于少数几个词语当中，如"饮、空"等。鉴于形态型致使在现代汉语中数量极少，本书不再把它单独列为一类致使结构进行研究。

(三)词汇型致使(lexical causative)

按照 Comrie(1989)的定义,词汇型致使是用谓语动词来表达致使的,致使事件和结果事件都融合在这个谓语当中,整个致使情景是由这一个词来表达的,但是该谓语与相对应的非致使结构之间没有规律性的联系,是不可以预测的,只能看作是一个词。许多语言中的动词都存在及物和不及物的对立,当不及物动词用作及物动词时可以表示致使。例如,英语中的"trip"、"dissolve"、"march"等是不及物动词,但是放在及物小句用的时候就具有了致使义(参见 Dixon,2000:38),例句(13a,13b)中的"kill"和"break"都是这样的动词。俄语中的"ubit"(杀死"to kill")相当于"umeret"(死"to die")的致使用法,也可以构成词汇型致使。

汉语和其他许多语言也都有丰富的词汇型致使(如例句(13c,13d))。古汉语中的词汇型致使很多,现代汉语中的可构成词汇型致使的词并不多。Li & Thompson(1976:478)曾列出了汉语中的此类动词①,并提出词汇型致使有两种,一种是复合型(compound),一种是非复合型(uncompound)。后者从 7 世纪到 20 世纪数量呈递减趋势,由一种能产的形式变得接近消亡;与此趋势相反,前者数量呈递增趋势,从 7 世纪至 20 世纪变为一种能产形式。该文提出的能产是相对而言的,从绝对意义上讲,两种致使的能产性都是极其有限的。但是,该文提出的两种致使的发展趋势在历时中是确实存在的,至于其时间段准确与否,本书这里暂且不予讨论。相关例句如下:

(13) a. He killed the snail.
　　　他 杀-过去式　蜗牛
　　　他杀了那只蜗牛。
　　　(转引自项开喜,2006)

　　b. I broke the vase.
　　　我 打碎　花瓶。
　　　我打碎了花瓶。
　　　(同上)

---

① 该文列举的构成非复合型词汇致使的动词有:来、出、立、红、干、涨、鸣、返、小、走、从、美、死、正、远、富、骄、醉、疑、细、勇、后、入、起、坐、跪、活。原文使用汉语拼音拼写并加英文翻译,本书转引为汉字。

c. 你别再黑我了。
（自省例句）

d. Nivkh 语：
If　lep　seu-d'
He　bread　dry
He dried bread.
他烘干面包。
（引自 Comrie,1989:165）

（四）其他类型致使

Comrie(1989)指出,在致使结构中还有很多介于这三种类型之间的其他致使结构类型。Dixon(2000)对 Comrie(1989)的致使类型进行了补充,做了更为详细的研究。该文指出,除形态型、词汇型和分析型致使之外,还存在两个动词构成一个谓语(two verbs in one predicate)和交换助动词(exchanging auxiliaries)两种致使类型。

两个动词构成一个谓语这种致使类型是指,一个小句中的两个或更多的动词几乎具有单个谓语的全部特征,如用一个单独的时体态标记等。许多语言中都有这种连续动词结构(serial verb constructions)。在这种连续动词结构中,有一种是谓语由两个动词构成的分析型致使。此种分析型致使的表达方式和一般的连续动词结构不同,该结构中的两个连续动词,不仅具有单个谓语的全部特征,而且中间不能插入其他成分。从形式特征上来看,这种类型的致使结构当中的两个动词,它们之间的形式紧密度低于形态型致使,高于分析型致使。此种致使是一种介于形态型致使和分析型致使之间的类型。Comrie(1976:262-263)就曾指出法语中的一个例子,即"faire"和它后面的动词之间不能插入其他名词性成分,但是必须有间接表致使的功能,就像用形态标记致使那样。意大利语、西班牙语也都有相似的致使表达方法。本研究在 Comrie(1981)和 Dixon(2000)的书中均找到这样的例句(如例句[14a,14a']）。除此之外,汉语（如动结句)、壮语(如例句[14b])和载瓦语(如例句[14c])、Kiowa 语(如例句[14d])等都有此种类型的致使。相关例句如下：

(14) a. 法语：
J'ai　fait　courir　Paul.
I　cause　to run　Paul

I have made Paul run.

我已使保罗奔跑。

（引自 Comrie,1981:162）

a'. 法语：

je　　ferai　　　　　manger　les　gâteaux　â　Jean.

1sgA make+FUT+1sg　eat+INF　the　cakes　PREP Name

I shall make Jean eat the cakes.

我要让珍吃些蛋糕。

（引自 Dixon，2000：35）

b. 壮语：

ti^1　ti^2　ta:i^1　tu^2　kuʔ^7　diau^1.

他　打　死　只　虎　一

他打死一只虎。

（引自牛顺心，2004）

c. 载瓦语：

pui^{55} mo^{55} lo̱ʔ^{55} kot^{31} pe^{51}.

被　子　弄　脏　了

被子弄脏了。

（引自杨将领，2003）

d. Kiowa 语（Kiowa-Tanoan family, south-west USA）：

bé-kʰó-ày-ɔ̀m

2sgA-now-start.off-CAUS+IMP

Go ahead and run it （the tape recorder）！ （lit. make It start off）

继续运行它。

（引自 Dixon，2000:35）

例句(14a)中尽管出现"faire"和依附的不定式"courir"两个词语,看上去很像是分析型致使,但它们如同一个单一的复合谓语,其间不可以插入其他成分。(14a')的特征与(14a)相同,不再赘述。拿这种结构和其他有两个谓语的句子比较就很容易看出不同来。在法语中,一般来讲,句中的两个谓语会有各自的名词性论元,例如"J'ai demandé à Paul de courir"（"I have asked Paul to run",意思是"我要 Paul 跑"）,动词"demandé(ask)"有它的主语论元和一个有前置词à的间接宾语,"courir"也有它的名词性论元"Paul"。在法语中,非定指(infinitive)结构式较为常见,这种结构中只有非定指的主语可以省隐,任何宾语成分都是必须出现的。相比之下,"faire"所在的结构就非常不同了,两个动词之间没有其他名词性论元,或者说"fait"后面没有出现宾语成分,这些复杂的表现形式更像是一个简单的复合谓语。

Kiowa 语中的及物动词"ɔ́m"（意思是"do, make"）和另一个动词复合(compound)在一起表达致使,壮语例句中的"ti² ta: i¹"、载瓦语例句中的"lo?⁵⁵ kot³¹"也都是两个动词复合在一起表达致使,这些和汉语的动结句非常相似。汉语中的动结句,如"吃饱、喝醉"等,致使动词和结果补语紧密相连,从表面来看非常像词汇型致使,但二者却还没有组合成词,不能划归词汇型致使。这种致使目前大多被划归分析型,但它和分析型致使也有一定的差别。此类致使结构中的表示致使和结果的两个动词紧挨在一起,并不像典型的分析型致使那样分别处于不同的小句当中。这种致使结构的归类问题,本书将会在第三章第一节具体论述。

第三节 致使与操控、因果等概念的关系

现代范畴理论认为,"范畴"是事物在人们的认知中的归类,是由一组通常

聚集在一起的特征组成的。人们对事物进行分类的过程就是范畴化(categorization)的过程。本书所说的操控(manipulation)和因果(causality)都是指语言学范畴中的概念,而非哲学范畴中的概念。在语言学这一大范畴当中,致使、操控和因果各自又都是一个小范畴。这三个范畴既相互联系又互相区别,理清它们的关系有助于我们更清楚地了解致使概念的外延和内涵。

一、致使和因果的异同

哲学中的因果是指现实世界中现象与现象之间的引起与被引起的关系,其中引起另一现象发生的现象是因,被引起的是果(参见周红,2005)。语言中的因果关系可以完全对应于现实世界的因果关系,如例句(15a,15f);也可以不完全直接对应于现实世界中的因果关系,比如语言中的因果可以顺序倒置,结果在前、原因在后,如例句(15b);语言中的因果关系还可以是情感的或逻辑上的,如(15c-e)。相关例句如下:

(15) a. 因为天下大雨了,所以我没有去公园。
　　 b. 祥子不敢说地名,因为不准知道。(老舍《骆驼祥子》)
　　 c. 她因为相信他的爱,又因为爱他,所以跑到他这里来要求他遵守他的诺言,要求他保护她,要求他把她从冯乐山的手里救出来。(巴金《家》)
　　 d. 因为这两条直线是平行线,所以它们永远不相交。
　　 e. 既然你那么仗义,那我也不能无情。(引自宛新政,2005:53)
　　 f. 她因病缺席。(出处同上)

周红(2005)在论述致使范畴和因果范畴的区别和联系时指出:致使作为一个表述,关系比较紧密;而因果往往是两个表述,关系较为松散。但该文并未提及松散和紧密的标准,本书认为此观点值得进一步商榷。

本书认为,语言范畴里的致使和因果是既有联系又有区别的两个概念,它们都是哲学范畴中的因果概念的下位概念,这两个哲学范畴里的下位概念投射到语言范畴中,表现为因果和致使两个不同的概念。因此,讨论语言中的因果和致使的差异,必须分清二者是语言范畴中的概念还是哲学范畴的概念。在语言范畴中,典型的因果和典型的致使是既有联系又有区别的:语言中的致使和因果一样,都是现实世界中的众多因果关系中的一种,这些因果关系在被抽象为哲学范畴中的因果关系之后,又投射到了语言范畴中,在此范畴中形成了各自的概念表现形式——致使和因果。也正因如此,二者才会形成异中有同、同中有异的复杂关系。

在现代汉语中,典型的因果和典型的致使这两个语言范畴里的概念,表现出了以下区别和联系。

首先,典型的因果和典型的致使的区别有以下几点。

第一,典型的因果是表达原因和结果之间的逻辑推理关系的,即某种原因导致了某种结果,二者之间不一定存在力的作用。如例句(15)表达的因果关系当中,都不存在原因发出某种力作用于结果这一过程。而典型的致使是表达致使情景的,表现的是使役对被役发出致使力、使被役产生某种结果这一过程,其核心是致使力的传递。这种力是多种多样的,可以是具体的物理力,如例句(10c)"我打开门上的锁"中我对锁施加力的作用使之开;也可以是抽象的心理、情感作用力,如例句(10d)"她用真诚感动了我"中的作用力是"真诚"。

第二,典型的因果在语言中往往用复句来表达,用单句表达因果的很少,如(15f)(该句子也可以看作是紧缩复句)。而典型的致使往往用单句来表达,但也有少数用复句表达的,如例句(16)。相关例句如下:

(16) a. 由于乌克兰涉嫌向伊拉克出售"铠甲"式雷达系统的问题没有得到解决,导致库奇马在布拉格出席北约首脑会议时受到冷遇。(引自宛新政,2005:53)

b. 由于SUV车安全系数大,司机易于冒险,致使联邦政府考虑改变对它的分类以提高安全驾驶标准,保护小车司机的安全利益。(同上)

第三,典型的因果概念在语言表达上多用关联词语表示因果关系,如"因为……所以"、"既然……那么"、"因此"等等。而典型的致使概念在语言表达上除使用一些致使词语,诸如"使、令、叫、让、致使、使得"之外,多使用不同形式的句法结构表达致使关系,诸如使动句、动结句、V得句等等。

第四,典型的因果关系在语言表达上是可以逆序的,例如(16b),而典型的致使关系是不可逆的,致使力只可能是从使役到被役这样一个传递过程。如例句(10c)中,"锁"不可能对"我"发出致使力,使"我"产生变化和结果。而且,致使力是可以多次传递的,如(9a)等兼语句中致使力的传递即是如此。

其次,典型的因果和典型的致使是有紧密联系的。

第一,语言中的因果和致使都是客观世界中实体和实体之间的因果关系的反映。第二,典型的致使情景是使役对被役发出致使力,使被役产生某种结果的过程,该过程可以抽象为一种因果关系,使役对被役发出致使力是因,被役产生某种结果是果。周红(2005:108)也持同样的观点,在此不再赘述。

二、操控和因果的异同

哲学范畴中的因果在语言范畴中的表现不仅有因果、致使,还有操控。本书所讲的操控是指这样一种关系:"操控者(manipulator)企图通过施力于被控者(manipulee)的某种状态,如心理状态、智能状态、生理状态、物理状态(空间位置、物质形态和行为方式等)和社会状态(地位、职业和生存状态等),来使后者有意识地进入某种新状态或卷入某种行为或事件。"(参见彭睿,2007)例如,"我派弟弟去寄信",弟弟可能很听话地去寄了信,也可能懒得去,我预期的结果就可能没有实现。这就是一个较为典型的操控事件。在这一事件中,"我"是操控者,"弟弟"是被控者,二者都具有较强的意志力和控制力。"寄信"是操控者预期要实现的结果,我对弟弟施加的操控力不一定能使得预期的结果实现,当我发出的操控力强于弟弟发出的抵制力(即和我发出的力方向相反)时,或者弟弟没有发出抵制力时(即意愿和我相同),操控结果可以实现,反之则不能实现。

现实世界的操控事件在经过人的认知过程之后,概念化为语言中的操控概念。典型的操控是指:操控者有意识地对被控者发出某一种作用力,试图使被控者发生某种变化、产生某种预期的结果,预期结果的实现与否关键在于被控者的意志力。例句(17)表达的就是一种操控关系。相关例句如下:

(17) a. 毕业分配的时候,我们的老师劝我考研究生。(张辛欣、桑晔《北京人——一百个普通人的自述》)

b. 一些好心的同事规劝她改嫁,她无动于衷。(陆星儿《一个和一个》)

c. 学校里现在正缺个语文教员,你叫蓝东阳请大哥来干。(老舍《四世同堂》)

操控和因果的联系是:语言范畴中的操控同样也是哲学范畴中的因果关系的一个下位概念,操控过程也可以抽象为一种因果关系,操控者有意识地对被控者发出某一种作用力是因,使被控者有可能发生某种变化、产生某种结果是果。

操控和因果的区别与致使和因果的区别基本一致,诸如操控也有操控力的传递、操控顺序不可逆、多用单句表达、不用关联词语、不使用标志词等范畴特征。除此之外,操控表达的这种因果关系中的结果不一定实现,重在表达操控者和被控者的主观意愿。而因果关系中的"结果"必定是已经实现的,"原因"

和"结果"之间可能是由于人或有生物的意志力造成的,如例句(15e),也可能是客观造成的或逻辑上的,如例句(15a)。

三、致使和操控的异同

彭睿(2007)对操控和致使进行了区分,指出这二者是既对立又互补的。操控范畴被界定为边缘(marginal)的或非典型(untypical)的致使范畴。该文指出,操控不同于致使的是:操控者和被控者都具有动物性和意志力,且前者对后者的影响并不一定产生结果,操控者对被控者的施力往往需要后者的有意识配合才能实现。操控的认知特征是:操控者企图影响被控者的某种状态,操控者对被控者施加一定形式的力,被控者有控制自身行为的意志力,补足语动词表示的结果未必实现。本书认为,典型的操控应该具备上述所有的特征,而非典型的操控只具备部分特征。彭睿(2007)进一步提出,操控和致使之间存在连续性关系:致使是一种不典型的操控,操控也是一种不典型的致使,从致使到操控是基于一定参数的渐变过程。本书赞同彭睿(2007)对操控的定义,但该文指出的操控和致使的关系还有待商榷。本书认为,典型的操控和典型的致使有以下联系和区别。

首先,典型的致使和典型的操控的相通之处有以下几点。

第一,二者都表现为一种情景,都包含一方通过施力于另一方使之发生某种状态的改变这一过程。第二,二者都可以抽象为因果关系。第三,二者都至少有两个参与者,使役和被役、操控者和被控者。而且在两个参与者之间都有力的传递,前者传递的力本书称之为致使力,后者传递的力本书称之为操控力。第四,致使和操控都多用单句来表达,不能逆序表达。

其次,典型的致使和典型的操控的区别表现在以下几个方面。

第一,典型的操控需要操控者和被控者双方有意识的参与,操控者和被控者都是由有生命有意识的名词来充当的(例如[17a]中的操控者"老师"和被控者"我"都是有生命、有意识的);而典型的致使不一定需要使役和被役有意识地参与到致使情景中,使役或被役可以是有生命、有意识的,也可以是无生命、无意识的(例如[16b]中的使役"安全系数")。Givón(2001:67)也曾指出这一差别,该文以西班牙语为例从研究操控的角度证实,当隐涵"使成(make)"的操控者是非人类或者是没有活动能力的人类时,它被标记为致使态。

第二,使役发出的致使力都强于被役的抵制力,而操控者发出的操控力不一定强于被控者的抵制力。因此,典型致使情景中的致使结果必定会实现,而典型操控情景中的预期结果不一定能实现。如例句(17a)中"我"不一定去考研究生,操控结果能否实现是未知数,而(17b)则通过后续小句中的"她无动于衷"明确表达前一句中"规劝她改嫁"这一操控行为的结果没有实现。关于致使和操控在语言表达形式上的具体差别,后文还将有所论述。

第三,操控范畴在现代汉语中通常用典型的兼语句表达;而致使范畴在现代汉语中通常用多种致使结构表达,其中也包括部分典型的兼语句。

上文分析的都是典型的操控和典型的致使,二者较为相似。而非典型的操控和致使则有较大差别。例如按照彭睿(2007)的观点,"施爷有个儿子当兵"也是一种兼语句,此句也表操控关系,但此关系和致使有着极大的差别,不再有致使力的传递,"有"所表达的操控力也非常微弱,该句表达的概念已经没有任何致使的特征,只具备一部分操控的特征,只能说它是非典型的操控。可见,不能笼统地说"操控也是一种不典型的致使"(参见彭睿,2007)。

本书认为,操控和致使之间存在的连续性关系是:从致使到操控是一个渐变的过程,从致使的角度来看,典型的操控是非典型的致使,而非典型的操控不能看成是非典型的致使,非典型的操控只表达操控关系。

Givón(2001:59)根据事件整合的补足语等级将操控分为三类:成功的致使(successful causation)、企图性操控(attempted manipulation)和弱操控(weaker manipulation)。Givón(2001)是从操控的角度去看致使和操控的关系,将致使作为事件整合度最高的一种操控。这也从另一个角度印证了本书观点的正确,本书的分析结果(图中斜体字部分)和他的分析是相对应的。

现将本书对操控和致使关系的分析结果和Givón(2001)的分类等级相对照,展示如图2-1。

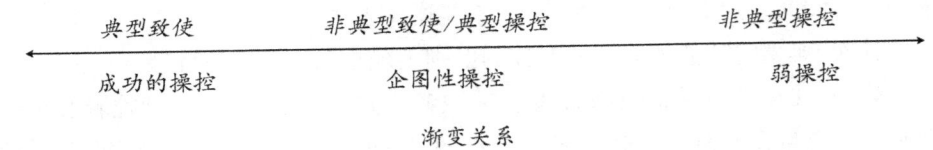

图 2-1　操控与致使的关系

从现代范畴理论来看,致使、因果和操控都是因果这个大的范畴中的成员,因果是因果范畴中非常典型的成员,具有所有因果关系的典型特征。而致使和操控是两个非典型的成员,除具有大部分因果关系的特征外,还具有一些其他的特征。正因如此,人们才会给这两个范畴另起他名,没有用因果这一名称统而称之。

综上所述,哲学范畴中的因果投射到语言范畴中,形成了因果、操控和致使等多种语言范畴。语言范畴中的这些概念和它们在现实世界中的表现既有联系又有区别。语言范畴中的因果、操控和致使都可以抽象为哲学范畴中的因果关系,三者既有相通之处,又各不相同。本书用图2-2将上述三者的关系综合表示如下:

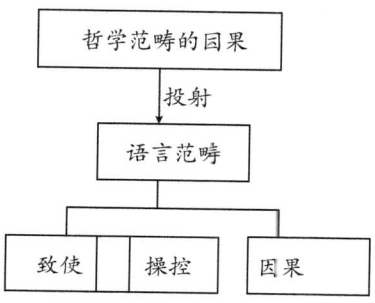

图 2-2　因果、操控和致使的关系

第三章 现代汉语中的致使结构

本章主要探讨现代汉语致使结构的具体表现形式。本书延用已有文献中出现的、被大多数学者所接受的致使结构的名称,并对这些名称所指代的具体句式进行界定,以明确本书的这些名称具体所指称的内容,并对这些致使结构各自侧重表达的致使内容(即句式义)进行分析(动结句、V得句和兼语句的句式义将在第四章详细讨论)。此外,本章还将探讨这些致使结构的形式类型、功能类型以及两种类型之间的关系。

第一节 现代汉语中致使结构的表现形式

一、汉语学界的研究成果

汉语学界最早提出"致使句"概念的是吕叔湘先生(1982:92-97),该文将表达同样意义的"使"字句、使动用法和动结句作为"繁句"的一部分合称为"致使句"。该文还指出,"使"字句中的"使、令、叫"等"都有使止词有所动作或变化的意思,所以后面不但跟一个止词,还要在止词后面加一个动词。这个止词合上后面的动词也构成一个词结"。此后的学者多从形式特征的角度研究致使结构,例如赵元任(2001)提出的"兼语"说,王力(1985)提出的"递系式"等等。汉语学界对兼语句和动结句的认识分歧较多,讨论也很多。对兼语句的讨论,其分歧多源于形式上的内容,较少联系语法意义。学界对动结句的讨论主要集中在动结句的种类和语法意义上(参见牛顺心,2004),对这种句式的意义和句法形式认识还不够明确。

20世纪90年代以后,学者们才开始对语法功能有深入的认识,发现了不同句式的共同语法意义——致使。此后,汉语学界对诸多句式的讨论有了系统的观念。尤其是进入21世纪以后,学者们开始更多地关注使动句、兼语句之外的其他表达致使的句式,研究视野大为开阔。例如范晓(2000)将汉语中的致使结构分为三大类七小类,郭锐(2001)把致使结构分为使令句、使字句、间隔述补式、隔宾述结式、粘合述结式、同根异性型、同形型、隐含型、结果述宾式、致使宾语式等十类。熊仲儒(2004)将生成语法和构式语法相结合对致使功能范畴进行研究,牛顺心(2004)用类型学等理论研究致使结构的历时发展,宛新政(2005)从三个平面语法理论出发研究致使结构,周红(2005)则是用认知语言学的理论系统地研究了致使结构。

上述研究都力求构建一个较为完整的致使范畴的形式表达系统,不再是单一地研究某一种致使结构。纳入致使范畴的句式越来越多,不一定说明我们对这一范畴的认识越来越深入。总的来看,汉语语言学界对汉语致使结构的研究,最初多是针对单个句式进行的个案研究,分析各个句式所表达的内容,句式之间的异同和转换关系等问题,后逐渐从整体上较为系统地对这些句式进行全面、深入的研究。研究表明,在现代汉语中确实存在多种致使结构,它们共同构成了一个致使表达系统。这印证了类型学的研究调查结果,即在世界语言中,致使结构的表达形式并不局限于某一种句法结构或语法手段。

二、致使结构的判定标准

分析现代汉语中的致使结构,首先必须要明确致使结构的判断标准。而判断某种句法结构的类属的办法大致有两种:从形式特征来判断、从功能特征来判断。致使是一种功能范畴,该范畴是依据其表达功能划分出来的,并非是依据语言的形式类型划分出来的。因此,本书主张依照功能的标准来界定现代汉语中的致使结构。也就是说,凡是具有致使功能的句子本书都判断为致使结构。致使结构在句法形态上的表现形式可以是多种多样的,但这些不同形式的句法结构都表达同一种语法功能——致使。

需指出的是,本书对致使结构的讨论仅限于句法形态层面(即单句),不包括复句和篇章中的致使。

三、现代汉语中的致使结构

本研究所谓的现代汉语致使结构,包括如下句式:使动句、"使"字句、V得句、兼语句、动结句、致使义"把"字句、致使义"被"字句和致使义重动句。之所以将上述八种句式归为致使结构,是由于它们都具有相同的语法功能——表达致使。形态型致使结构因其数量极少,本书不再单独列为一种致使结构进行研究。

Bolinger(1977)曾指出"语言的自然状况是维持一个形式对应一个意义,一个意义对应一个形式"①。若该论断完全正确,为何在现代汉语中同一种致使功能却需要如此之多不同形式的致使结构来表达呢?可见,Bolinger(1977)提出的观点并不完全正确。Haiman(1985:21-22)也针对Bolinger(1977)的观点提出质疑,认为该观点过于宽泛(over extended),因为语言中的一词多义(polysemy)和同音异义的现象非常普遍,同义的却很少。

语言表达存在有标记和无标记两种状态,Bolinger(1977)的观点只适用于无标记状态下(即他所提出的自然状态下)的语言表达。无标记状态是大多数情况下的状态,但语言也存在有标记的状态,这种状态是少数的、特殊的。现代汉语中的致使表达就是一种有标记的状态,在这种状态下,用有标记的意义和有标记的形式组配成无标记配对,一种意义可以用多种形式来表达,形式和意义形成了既对称又不对称的扭曲关系。具体说来,各种致使结构是有标记的形式,而这些结构所表达的致使意义也必然同样是有标记的意义,这样一来,各个致使结构的形式和意义才可以构成无标记组配。形式上的有标记是显而易见的(如"使"、"V得"、"把/被"等),而意义上的有标记则表现为各种致使结构表达的致使意义各有侧重。例如,"使"字句、V得句等都是有标记的句式,它们所表达的意义也都是有标记的。当然,各种致使结构的有标记程度也有差异,后面将会对此进行详细论述。

除标记理论外,语言中的其他原则也可以对现代汉语中的多种结构表达同一功能的现象进行解释。

从语言的经济原则来看,用多个不同形式的句式来表达同一句法功能是在重复同一功能表达,不但不经济反而增加人们学习和使用的负担,不符合经济原则。然而,存在即是合理的,现象背后必定有其原因。从另一个角度来看,这或许是象似性(iconic)原则(Haiman 1980,1983,1985)在起作用。"形式和意义总体上的对称也就是语言结构的'象似性'","按照功能主义语言学的观点,一定的结构体现一定的功能,语言的结构是语言为实现语音的功能而自我调适的结果,语言结构是经验结构或概念结构的模型,因此形式和意义之间的联系不是任意的,是'象似的',有理可据的"。(引自沈家煊,1999:325)Haiman(1983)根据象似性动因提出:如果在一种语言中有两种致使在结构上相互对应,那么它们各自在语义上也相互对应,而且,致使和结果之间的概念距离将对应于二者的形式距离。Haiman(1985)在象似性假设中进一步指出,不同的形式

---

①沈家煊:《不对称和标记论》,第327页,江西教育出版社,1999年版。

(form)往往具有不同的交际功能(communicative function)。

由此可见,致使的形式和意义之间应该是符合"象似性原则"的,不同的致使结构表达相同或非常接近的致使意义,这一现象是基于象似性动因的,并非汉语特有的、偶然的现象。各种致使结构的句法形式有区别,它们在语义或语用上也一定存在差异。

Langacker(1987)曾指出,人类语言对同一个情景可以通过凸显其中的不同方面予以不同的表达。基于此观点,从认知的角度来看,如果把致使情景比作是一个多面几何体的话,各种致使结构就是这一几何体的不同的面,每一面都凸显这个几何体的某一侧面及其具备的特征,佴无论从哪一个侧面看,我们看到的都是这个几何体,只是观察角度不同、凸显的方面不同而已。即使凸显的是同一个方面,凸显的程度也会有差别。

综上所述,现代汉语中存在多种形式的致使结构的原因是:不同形式的致使结构在表达致使这一功能上不是同一的、匀质的;它们虽然都表达致使但各有侧重,有些侧重凸显致使的使役、被役,有些更侧重凸显致使力,有些侧重凸显致使结果,有些可能更侧重凸显两个致使事件之间的关系,等等。多种形式的致使结构并存是有其认知基础的,是符合"象似性原则"和标记理论的。

本节将首先分析词汇型致使结构——使动句,而后依次分析各种分析型致使结构,比较各种致使结构在功能表达上的差异,找出各种致使结构表达致使的侧重点,概括其句式义,以印证前文对不同致使结构表达同一功能这一现象做出的解释。本节只对动结句、V 得句和兼语句进行重新界定,它们的句式义将在第四章第二节具体分析。

(一)使动句

1. 使动句的界定

本书的"使动句"是指"部分动词、形容词或名词带上宾语,以动宾形式表示'致使'意义的句子"①。句子的语义结构可以表示为:使役+致使动作/致使结果+被役。句子结构的线性表达式可以表示为:$(NP_1)+V/R+NP_2$。致使力的传递和致使结果都由 V/R 即动词或形容词来表达。相关例句如下:

(18)a. 上海三大产业拉起手来,共同"活跃上海市场,促进市民消费"。(转引自宛新政,2005:229)

b. 分厂厂长缓和了一下语气说,要说手艺……(转引自宛新政,2005:229)

---

① 王力:《龙虫并雕斋文集》第三册,第4页,中华书局,1982年版。

c. 但是到了20世纪90年代初,央视的春节晚会就逐步成了"造星工厂",想出名的、已经出名的都尖着头往里钻。(转引自宛新政,2005:232)

例句(18a)中的"活跃"是"使某事某物变得活跃",(18b)中的"缓和"是指"使某事物缓和下来",(18c)中的"尖"是"使头变尖",这些词语既包含了致使动作也包含了致使结果。

据宛新政(2005:231)考察,出现在使动句中的动词用作使动的情况要远远少于形容词用作使动的情况。在该文收集的259条语料中,及物动词用作使动的仅占5.8%,不及物动词用作使动的占32.4%,形容词用作使动的占61.8%。而且用做使动的多是单音节的性质形容词,双音节和多音节的形容词用作使动的比较少见。状态形容词则一般不能构成使动句。

现代汉语使动句中的动词或形容词的使动用法,是古汉语使动用法在现代汉语中的遗留。其中,有些是常用的基本用法,而有些则是临时活用。根据使用情况的不同,我们可以将使动句分为典型使动句和非典型使动句(宛新政,2005:229),前者如例句(18a,18b),其用法已经相当固定了;后者如例句(18c),这种用法还是临时活用,离开了特殊的句法环境,词的致使意义就不存在了。本书研究的使动句,包括典型使动句和非典型使动句这两种,在举例分析时不再细加区分。

2. 使动句的致使表达

使动句是现代汉语中唯一的"词汇型"致使结构,用一个词语表达一个完整的致使意义。如"活跃"是"使某事某物变得活跃",同时"活跃"又是致使力作用下产生的结果,这个词涵盖了致使力作用于被役、被役发生变化产生结果这样两个致使环节,但致使力从使役传递到被役这一环节并没有在句法层面上表现出来,只有被役发生变化的结果在句法层面得以表现,这使得致使结果在致使情景中得到凸显。即使动句这一词汇型致使结构在表达致使的功能上,较之其他致使结构更侧重凸显致使结果。

(二)"使"字句

1. "使"字句的界定

"使"字句的句式义是表达致使,这一观点在汉语语言学界几乎没有异议。学界的分歧集中在"使"字句外延的界定上。目前,学界对"使"字句的定义有广狭之分(宛新政,2005:66-67):狭义的"使"字句是指由"使"带宾语充当句子谓语中心词的状语的句子,如例句(19a);广义的"使"字句是指由"使、令、叫、让、致使、导致"等词构成的句子,如例句(19b-d)。

本书从广义的角度出发,将"使"字句界定为由"使、令、叫、让、致使"等词构成的表致使的句子,如例句(19a-f)。"使"有时还用"促使、驱使、迫使、使得"等形式,本书不再细加区分。句子的语义结构式可以表示为:使役+使/令/叫/让/使得/致使+被役+致使结果。句子结构的线性表达式可以表示为:NP_1+使+NP_2+V/VP。V 主要是谓词性词语(动词或形容词),光杆动词和主谓短语以及其他复杂形式比较少见。宛新政(2005:83)对此有过调查,统计数据显示,在"使"字句中,充当 V 的成分76%是谓词性词语,10.5%是光杆动词,7%是主谓短语,其他复杂形式仅占6.5%。相关例句如下:

(19) a. 您这一席话真使人豁然开朗。(王朔《编辑部的故事》)
  b. 苏杭有时候的大胆令人吃惊。(余华《在细雨中呼喊》)
  c. 那地方叫他心里恶心。(余华《河边的错误》)
  d. 这雪水融化的声音让人们心里轻松又愉快。(余华《一九八六年》)
  e. 是这盼望使得林先生依然能够抖擞着精神,坐在账台上守候他意想中的下午的顾客。(茅盾《林家铺子》)
  f. 我才知道,小草把她荷包里的草籽,偷偷撒在我家园子的角落里,致使鸭舌草得以延续和繁殖。(宋学武《干草》)
  g. 这双筷子不好使。
  h. 我朝她偷偷使了个眼色。
  i. 听到这使人开心的消息,大家欢呼雀跃。

"使"除表致使义之外,还表示"使用、递"等,如(19g,19h)这类句子都不是本书所指的"使"字句,(19i)这种"使人开心的"做定语的情况也不在本书的"使"字句范围之内。此外,"令、叫、让"除了表致使义之外,还可以表示命令、允许、任凭等义,这些词也和"使"在句法语义上有很多不同的表现。正如李临定(1986)所指出的:"尽管'让'、'叫'和'使'都有致使义,但是侧重方面则有所不同:前者侧重于人,后者则侧重于事件;前者经常表示某人致使了某种动作,后者则总是表示由于某个事件而引起了什么结果;前者常和人的主观意志相联系,后者则不和人的主观意志相联系。"(郭姝慧,2004)这一分析是较为准确的,但遗憾的是,该文没有对"致使"和"使令"做一个明确的界定。牛顺心(2004:22)也和李临定(1986)持相近观点,提出"致动式与使令式之间并不是泾渭分明的。在普通话中,'使'已经完全失去了使令用法。'令'只是偶尔在正式场合具有使令意义",而"叫、让"则是既有使令义的用法又有致使义的用法。① 排除上述这些差异,"使、令、叫、让"等词还是具有"纯粹表使动义"这一共性的(吴竞存、梁伯枢,1992:238-239)。基于此,这里须明确指出,本书所界定的"使"字句当中的"使、令、叫、让、导致、致使"等都是只表达致使义的词语。

2. "使"字句的致使表达

学界对"使"字句的致使义是由"使"表达的还是由句式表达的,一致存有争议。本书认为,"使"字句的致使义是由整个句式来表达的,而非由"使、令、叫、让、使得、致使"这些词单独表达的。

首先,虽然这些词表达致使义,但是它们并不像"活跃"、"缓和"这一类词本身就可以表达一个致使情景"使之活跃"、"使之缓和",而是要和前后的句法成分结合在一起表达一个致使情景。如例句(19c)表达的致使情景是使役"那地方"作用于被役"他",使其产生致使结果"心里恶心"。显然,这一完整的致使情景不是一个"叫"字就可以独自完整表达的。

其次,如果某个句子没有表达致使情景,该句子就不能用"使"作为句中的致使动词。例如,"你叫他闹去,别管他"是表示任凭义,此句就不能改成"使他闹去"。可见,虽然"使、令、叫、让、使得、致使"这些词也具有"使变"的意思,但这是句式义赋予的。某种句式想要表达致使就必须具备相应的句法条件,单有表致使义的词语是远远不够的。"使"字句的致使义不是单独由"使"表达的,而是由整个句式表达的。"使"字句不是词汇型致使,而是分析型致使结构。

虽然"使"字句的致使义不是由"使、令、叫、让、导致、致使"来单独表达的,但是它们是联系句中使役和被役的关键点,这些致使动词承载着致使力的表达,使致使力在句子中得到了最大程度的凸显。致使力连接起致使情景的两个参与者——使役和被役,使后者在其作用下产生了某种结果,从而构成一个完整的致使情景。如(19a)中的"使"连接起了使役"您这一席话"和被役"人",凸显了致使力在这二者之间的传递,表明是前者对后者施加了致使力量,使后者产生了"豁然开朗"这一结果状态。可以说,"侧重凸显致使力的传递"是"使"字句在致使表达上的突出特征,是其不同于其他致使结构的致使表达之处。

此外,"使"字句表达的多是一种没有主观意愿的致使。"使"字句中的被役则多是人或有生命的实体,如例句(19a-f)的被役;使役多是一个事件或无生命的实体,如例句(19a)、(19c-f)中的使役。这些句子中的使役都是没有生命、

---

① 该文的"致动式(periphrastic causatives)"即本书的"使"字句,"使令式"即表使令意义的"使令句"。

没有意识的实体,都不具有主观意愿。例句(19b)的使役"苏杭"虽是可以具备意愿的实体,但是他的"有时候大胆"这一行为并不存在"令人吃惊"的主观故意,因此,这些使役发出的致使力都是非主观意愿的。可以说,绝大多数"使"字句表达的都是一种"无意"(即使役没有主观意愿)致使。

综上所述,"使"字句大多都是在表达一种"无意"的致使,侧重凸显的是致使情景中致使力的传递关系。

(三) 致使义"把"字句

1. 致使义"把"字句的界定

目前,汉语语言学界关于"把"字句句式义的主流观点有三种。一种是"处置说",持此观点的学者有王力(1985)、潘文娱(1978)、沈家煊(2002)、王红旗(2003)、孙朝奋(2008)等。一种是"致使说",持此观点的学者有薛凤生(1994)、戴浩一(1989)、叶向阳(2004)、周红(2005)等。一种是"位移说",如张旺熹(1999,2001)等。上述观点都在不同程度上尝试解释所有"把"字句的句式义。然而,"把"字句这个名称下包含了几种不同结构的含"把"的句子,笼统地说"把"字句的句式义是不科学的。即使都是含有"把"的句子,构式稍有不同,其句式义也会有差异。对于这样一种复杂的句式,本书不期望能给出一种可以涵盖一切包含"把"的句子的解释,本书只对表示致使的"把"字句进行界定和研究。

"把"字句的内部并不是匀质的,只有一部分"把"字句表致使。宛新政(2005)、项开喜(2006)等学者均持此观点。正如宛新政(2005:114-117)指出的,有些"把"字句可以直接变换成"使"字句,即句中的"把"可以变为"使",如例句(20a,20d-m);而有些不能直接变换成"使"字句,如例句(20b,20c)等。相关例句如下:

(20) a. 你把她们神秘化了。(王朔《空中小姐》)→ 你使她们神秘化了。

　　b. 把他往死里打!(引自项开喜,2006:32)→ *使他往死里打!
　　c. 他把保罗打了,怎么好,怎么好?(引自宛新政,2005:115)→ *他使保罗打了,怎么好,怎么好?
　　d. 我把窗户打开:"你从这儿跳下去。"(王朔《浮出海面》)
　　e. 方鸿渐也把沦陷的故乡里那所老宅放大了好几倍。(钱钟书《围城》)
　　f. 一个大浪把船身晃得左右摇摆。(自省例句)
　　g. 她把习惯和怀念融为了一体。(余华《在细雨中呼喊》)

h. 小马先生是学着伊牧师,把腿落在一块儿,左手插在裤兜里。(老舍《二马》)

　　i. 这不是把"闲话"坐实么?(钱钟书《围城》)

　　j. 老马先生也笑开了,把这几天的愁闷全笑出去了。(老舍《二马》)

　　k. 马老先生忽然扑哧一笑,倒把温都太太吓了一跳。(老舍《二马》)

　　l. 手脚一出血,可把我娘心疼坏了。(余华《活着》)

　　m. 恨不得今儿晚上就把事情弄个水落石出。(陈建功、赵大年《皇城根》)

　　因此,本书主张将"把"字句两分,一类表致使,一类表处置。这两类"把"字句在句法形态上的表现有明显的差异,差别主要表现在两个方面。

　　首先,表致使的"把"字句和表处置的"把"字句在形式上有明显的差别。可以变换为"使"字句的"把"字句,其线性结构式可以表示为:(NP_1)+把+NP_2+V_1+(得/个)+V_2/A(补语),补语的类型①包括趋向补语、结果补语等 10 种,如例句(20d-m)。N_1 可以是实体(如例句[20a-i]),也可以是事件(如例句[20j-l]),N_1 在具体的语境中常常可以省隐(例如[20i,20m])。不可以变换为"使"字句的"把"字句其线性结构式为:(NP_1)+把+NP_2+V+时体标记。此类结构由于和本书讨论的"致使"无关,因此,其具体特征暂不讨论。

　　其次,表致使的"把"字句和表处置的"把"字句在语义功能上也有差别。前者的语义结构式可以表示为:施事(使役)+把+受事(被役)+动作(致使力)+动作结果。后者的语义结构式则为:施事+把+受事+动作。显然,前者的语义功能符合本书对致使功能的定义,包含有使役、被役、致使力和致使结果四要素,并且使役对被役施加致使力造成某种致使结果,即 V_2/A 的语义指向 N_2。而后者的语义结构中没有包含结果成分,也没有显示受事发生了什么变化,因此不能理解为表致使的结构,将其理解为表处置较为合理(即 N_1 对 N_2 施加了某种动作)。基于上述分析,本书将表致使的"把"字句称作致使义"把"字句,将表处置的"把"字句称作处置义"把"字句。

---

① 宛新政:《现代汉语致使句研究》,第 126 页,浙江大学出版社,2005 年版。该书根据动词后补语类型的不同将致使性"把"字句分为以下 10 种:动趋式、动结式、动得式、动宾式、动体式、动介式、光杆式、动量式、状动式、动副式。其中,动趋式和动结式占优势地位。

和处置义"把"字句相比,致使义"把"字句的数量较少,在整个"把"字句中处于弱势。根据宛新政(2005:117)的考察,在2355条"把"字句中,致使义"把"字句共207条,只占总数的8.79%。邹洪民(2001)在百万字的《毛泽东选集》一至四卷合订本的正文中找出了648个"把"字句和124个"将"字句(与"把"字句同功能),共772个。其中,致使义"把"字句仅15个,占总数的1.95%。即使除去"将"字句,致使义"把"字句也仅占总数的2.86%。通过上述学者对致使义"把"字句所占比例的考察,本书认为,致使义"把"字句在"把"字句中处于弱势地位的观点是可以成立的。

再次,正如项开喜(2006)指出的,处置一定是有意(意志性)的,但不一定是已然(现实性)的,而致使则必定是已然的,但不一定是有意的。如例句(20c)中的"他"打"保罗"一定是有意的,"了"表明动作已经完成。例句(20b)中的"打"的行为同样是有意的,但结果不一定实现。而致使则相反,例句(20d-l)中的致使结果都是已然的,有些致使是有意的(如例[20d,20e]),有些致使是无意的(如例句[20f,20l])。

现将上述两种"把"字句的线性结构和语义结构对比如下,详见表3-1。表中"+"表示具有该特征,"-"表示不具有该特征,"±"表示可以具备该特征也可以不具备该特征。

表3-1 致使义"把"字句和处置义"把"字句的各项特征

句式名称	致使义"把"字句	处置义"把"字句
线性结构	N_1+把+N_2+V_1+(得/个)+V_2/A	N_1+把+N_2+V+时体标记
语义结构	施事+把+受事+动作+结果	施事+把+受事+动作
已然	+	±
有意	±	+

综上所述,本书的致使义"把"字句的线性结构式为:(NP_1)+把+NP_2+V_1+(得/个)+V_2/A,语义结构式为:施事(使役)+把+受事(被役)+动作+结果。致使义"把"字句表达的致使都是已然的,但不一定是有意的,如例句(20a,20d-m)。

2. 致使义"把"字句的致使表达

致使义"把"字句和其他致使结构相比,一个突出特点就是"把"和被役依次在施事名词之后、主动词之前,这一句式特点使得"把"字句在表达致使情景这一功能上更侧重凸显了被役。如例句(20f)"一个大浪把船身晃得左右摇摆"也可以不用"把"字句来表达,而用V得句表达为"一个大浪晃得船身左右摇摆"。后者的表达顺序是使役、致使力、被役、致使结果,符合致使情景的发生顺序和致使力的传递顺序。相比之下,致使义"把"字句对这一常规致使力传递顺序做了一定的改变。句中的被役"船身"从位于致使动作"晃"之后,变为处于"晃"之前、"把"之后。这样不仅使致使力和致使结果之间的距离更近,更使得被役在句中得到了凸显。

在现代汉语的致使结构中,只有致使义"把"字句将被役放在使役之后、致使动作之前,这一句法形式特征反映了其致使功能表达和其他致使结构的不同之处,即致使义"把"字句在表达致使时,更侧重于凸显被役。

(四) 致使义"被"字句

1. 致使义"被"字句的界定

关于"被"字句的句式义,王力(1985)的"被动说"(即主语是谓语动词的承受者)和"贬义说"比较有代表性,但这一说法没有有效揭示"被"字句的本质。后来王力先生又进一步解释说"被动式所叙述,若对主语而言,是不如意或不企望的事,如受祸,受欺骗,受损害,或引起不利的结果等等"[①]。但这一说法无法解释"他被选为优秀学生代表"这样的表示如意、开心的事情的"被"字句。较早对"被"字句做出致使解释的学者薛凤生(1994)将"被"字句的线性结构表示为"A 被 B+C",把句式义解释为:由于 B 的关系,A 变成 C 所描述的状态。蚁坤(2000)认为,"被"字句表示致使性语义,该语义结构里面含有一个事件导致另一个事件,这两个事件组成一个情景。熊学亮、王志军(2002,2003)提出,"被"字句是从受事的角度来描述致使性事件,表达的是受事在外力的作用下形成一种结果性状态的过程。周红(2005)提出,所有的"被"字句都是表达"反向致使",即被役受使役的作用引发某一结果的产生,因其从被役的角度观察致使情景,与致使情景的发生顺序刚好相反,称之为"反向致使"。该文认为,"被"字句表达的致使义不是该句式的某一部分所表达的意义,而是整个句式表达的意义。

上述研究仅以标志词"被"作为判断句式的标准,没有对其结构类型进行细分,各家提出的句式义都不能解释所有的"被"字句。本书认为,不同结构的"被"字句有不同的句式义。本书不期望提出一种可以涵盖一切"被"字句的句式义,本书只对表示致使的"被"字句进行界定。

本研究发现,和"把"字句相似,"被"字句的内部也不是匀质的,只有一部分"被"字句表致使。这种"被"字句表达的是,某实体在另一实体的作用下发

[①] 王力:《中国现代语法》,第 88 页,商务印书馆,1985 年。

生变化,产生了某种结果,如例句(21a-c),本书称其为致使义"被"字句。致使义"被"字句的线性结构式可以表示为:NP_1+被+(NP_2)+V_1+(得)+ V_2/A, V_2/A 可以是动词短语、形容词短语或主谓短语(如例句[21a,21g,21h])。语义结构式可以表示为:受事(被役)+被+(施事[使役])+动作(致使力)+结果,其中"被"也可以是和"被"同义的"叫、让、给"等词语。致使义"被"字句中的使役常常可以省隐,如例句(21c)。致使义"被"字句还可以和 V 得结构、"把"字句套用表致使,如例句(21a,21g)。而那些只是表示某实体受到另一实体的某种力的作用,没有显示结果的"被"字句,不表致使,只表被动,如例句(21d,21e),本书称其为被动义"被"字句。被动义"被"字句的线性结构式可以表示为:NP_1+被+(NP_2)+V_1+体标记(了/过),语义结构式可以表示为:受事+被+(施事)+动作,施事可以省隐。相关例句如下:

(21) a. 杜宁被亮光刺得睁不开眼,随即又陷入一片暗黑中,两个耳膜呜呜直叫。(邓友梅《我们的军长》)

b. 接着,我就被他们按进了一个泥水坑。(王朔《永失我爱》)

c. 流速愈来愈快,温度愈来愈高,我简直被灼疼了。(王朔《空中小姐》)

d. 钱被小偷偷了。

e. 他被人打了。

f. 神父本也想笑一下,可是被一点轻蔑的神经波浪把笑拦回去。(老舍《四世同堂》)

g. 街头绿地的草坪浸泡在白花花的水中,马路、车辆、路灯、楼厦都被雨水冲刷得十分洁净。(王朔《永失我爱》)

h. 我们站在跨院门口边抽烟边说话,银幕后边的木结构小楼被银幕透射过去的白光照得轮廓浮现……(王朔《许爷》)

2. 致使义"被"字句的致使表达

现代汉语里大多数致使结构都是使役位于句首,从使役的视角来表述致使情景。而致使义"被"字句不同,它把被役放在句首,而且有时使役可以省隐。这一句法形态特征使得它在表达致使情景时,更侧重凸显致使情景中的被役成分和"反向致使"这种视角,即从被役的角度观察致使情景。如例句(21a)中的"杜宁被亮光刺得睁不开眼",若用一般陈述句来讲是"亮光刺得杜宁睁不开眼",观察的视角是使役"亮光"。很明显,在致使义"被"字句中,被役"杜宁"被放在句首,整句话是从被役的视角来观察和表述致使情景的。使役"亮光"可以省隐,即"杜宁被刺得睁不开眼"。而且在特定语境中,句中的使役和被役都可以省隐,即"被刺疼了"。可见,致使义"被"字句在表达致使的功能上,侧重凸显被役,凸显从被役观察致使这一视角。

相比较而言,致使义"被"字句和致使义"把"字句是从两个不同的视角描述致使情景的,前者是从被役的视角来描述的,而后者是从使役的视角来描述的。正是因为视角的不同,人们才会选择不同的句式来表达同样的致使情景,即前者对致使情景的描述顺序是:被役+被+使役+致使动作+致使结果,后者对致使情景的描述顺序是:使役+把+被役+致使动作+致使结果。致使情景发生的一般顺序(无标记状态)是:使役+致使动作+被役+致使结果。显然,不论是致使义"被"字句,还是致使义"把"字句,它们都在致使情景的表达和致使情景的无标记表达形式上有一定的差别,都是有标记的形式。虽然致使义"被"字句和致使义"把"字句对致使情景的观察视角不同,句法形态特征不同,但是二者侧重凸显的成分是相同的,即都是凸显被役。如例句(21a)所表达的致使情景也可以用致使义"把"字句来描述,即"亮光把杜宁刺得睁不开眼"。所不同的是,用致使义"被"字句描述该情景时,被役位于句首位置,用"被"引介使役,而用致使义"把"字句描述该情景时,被役位于使役之后,主动词之前。

周红(2005:175-177)也认为致使义"把"字句和致使义"被"字句这两种句式的观察视角正好相反,前者以致使者为观察的出发点,致使者处于主语位置;后者以被使者为观察的出发点,被使者处于主语位置。该文将致使义"把"字句称为"正向致使",将致使义"被"字句称为"反向致使",并指出"正向"和"反向"是指观察视角的相反而不是致使力方向的相反。该文认为,"把"字句属于正向致使,表达的是致使者导致被使者产生某一结果的过程;"被"字句属于反向致使,表达的是被使者受到致使者的影响而产生某一结果的过程。该论述为本书的分析提供了有力的佐证。

综上所述,致使义"被"字句在表达致使这一功能上,侧重凸显被役,凸显从被役观察致使这一视角;而致使义"把"字句虽然也侧重凸显被役,但它是从使役的视角来观察的。

(五)致使义重动句

1. 致使义重动句的界定

重动句的研究最早见于王力(1985)、吕叔湘(1982)等,但重动句只是在这些著书中被提及而已。根据王力等人的解释,重动句的价值在于解决了动词和补语、动词和宾语都不能分开的问题,使得动词和宾语、补语可以在一个句子里共现。直至20世纪80年代,才有学者刘维群(1986)把"动词+宾语+动词+补语"这种结构命名为"重动句",并将其界定为"谓语部分重复使用了同一动词的单句格式"。此后,对重动句的研究逐渐增多,其名称也多了起来,如"动词照抄现象"(Huang[黄正德]1982,1988;Ta[戴浩一]1990,1991;胡文泽,1994)、"动词重出"(吴竞存、梁伯枢,1992)、"复动句"(范晓,1993;温锁林,1996)、"复制动词句"(高更生、王红旗,1996)、"动词拷贝结构"(李讷、石毓智,1997)等。虽然名称不同,但都是指同一种句法现象。

根据本书搜集到的研究材料,较早从致使的角度研究重动句的是唐翠菊(2001)。该文将句中重复出现的两个动词标记为 V_1 和 V_2,根据 V_1 和 V_2 的语义联系把重动句分为致使性和非致使性两大类,前者如例句(22a),后者如例句(22h)。文章指出,致使性重动句表达的是,V_1 代表的动作行为直接导致了 V_2 所代表的语义内容的产生。致使义重动句都可以变换为"把"字句,而非致使义重动句不行。

孙红玲(2004,2005)提出,致使性重动句表现的是一个以"常量→小量/大量→超常量→质变"为典型量变过程的量变图式。该文用"S+VO+VC"来表示重动句,对重动句进行了"致使/非致使"意义类型的重新划分,"划分的意义标准主要是看 VO 与 C 之间是否存在致使关系"。该文还指出,致使性重动句一般都能变换为"(S)C 是 VOV 得"或"C 是(S)VOV 得"的格式,而非致使性重动句不可以。

张旺熹(2002)将重动句分为致使性和描述性两类,该文认为,致使性重动句侧重表现结果的偏离性,关注动作行为由始到终的全过程。

总的来看,上述学者都认为重动句只有一部分表示致使义。本书赞同对重动句进行致使和非致使二分,但前人对致使性重动句的语义表述和形式概括都尚有继续探讨的余地。因此,本书尝试在前人的研究基础上,对致使义重动句重新界定。

本书所指的致使义重动句,是指谓语动词后带有宾语性成分,再重复动词而后带上补语性成分的一种表达致使情景的句式。在致使义重动句中,使役和被役可以并且常常同指,此种情况下,致使力由使役发出并作用于使役自身。致使义重动句的语义结构式可表示为:施事(使役/被役)+动作+受事(致使工具)+动作(致使力)+被役+致使结果。当使役和被役同指时,被役在句法形态层面是不出现的;当使役和被役不同指时,被役在句法形态层面必须出现,并且被役和致使结果的线性先后顺序会依照具体句法形式的不同而有所不同。

致使义重动句的线性表达式有以下几种基本结构。当使役和被役同指时,有两种基本表达形式:第一种是$(NP_1)+V_1+NP_2+V_1+$得$+V_2$,如例句(22a);第二种是(NP_1)+V_1+NP_2+V_1+V_2+了,如例句(22b,22d)。当使役和被役不同指时,也有两种基本表达形式:第一种是(NP_1)+V_1+NP_2+V_1+得+NP_3+V_2,如例句(22g);第二种是(NP_1)+V_1+NP_2+V_1+V_2+了+NP_3,如例句(22e,22f)。前两种基本结构还有各自的变体形式。第一种线性表达式可以变换为:V_1+NP_2+V_1+得+(NP_1)+V_2,例如"想孩子想得她睡不着觉";第二种线性表达式可以变换为:V_1+NP_2+V_1+V_2+了+(NP_1),例如"走路走累了他"。在上述线性结构式中,NP_1在某些语境下可以省隐,但NP_2(即致使工具)和NP_3(即和使役不同指的被役)都必须出现。补足语动词即V_2必须是V_1的结果补语,V_1必须是NP_1发出的动作,V_2的语义必须指向NP_1,只有符合这些条件的重动句才表达致使。若重动句中的V_2不是V_1的结果补语,V_2的语义不指向NP_1,即使其他条件都符合,该句子也不是致使义重动句,如(22h)等。相关例句如下:

(22) a. 她想孩子想得睡不着觉。
　　 b. 他吃快餐吃胖了。
　　 c. 他走路走累了。
　　 d. 今天人没来齐,抽签抽不成了。(《动词用法词典》)
　　 e. 盼你们都盼瞎了眼睛。(同上)
　　 f. 他们吵架吵醒了邻居。
　　 g. 别人说笑说得自己插不进嘴去。(浩然《新媳妇》)
　　 h. 他吃快餐吃多了。

致使义重动句的不同线性结构在使用范围上也是有差别的。就上文分析的致使义重动句的这四种基本线性结构而言,前两种只适用于NP_1是使役且使役和被役同指的情况,后两种则只适用于NP_1是使役、NP_3是被役,使役和被役不同指的情况,此种情况下被役必须出现且线性表达式没有变换形式。

从功能的角度来看,致使义重动句的施事NP_1和受事NP_2之间不是使役和被役的关系,因为,施事发出的致使力并不作用于受事而是反向作用于使役自己[①]。如例句(22b)的意思是他吃快餐致使他变胖了,"他"是使役,发出致使动作"吃",而"吃"的对象是"快餐","吃"的结果是"胖了"。"快餐"只是致使情景中的工具,即"吃"的对象,而非被役。被役是"胖"的语义所指向的"他"(即使役)。相反,例句(22h)中的"多"语义上指向"快餐",是"快餐"多而不是使

[①] 周红称之为"反身致使"。具体内容参见周红:《现代汉语致使范畴研究》,第92页,复旦大学出版社,2005。

役"他"多,因此该句子表述的不是致使情景,不表达致使义。

此外,本书只研究致使义重动句,暂不涉及其他类别的重动句。诸如"吃螃蟹把他吃吐了"①、"洗这衣服把人洗怕了"这类句子,本书把它们放在致使义"把"字句里面进行研究。使役"吃螃蟹"、"洗衣服"等都是一个事件,这些句子都是由一个事件来充当使役的致使义"把"字句。因此,这类句子不纳入本书致使义重动句的范围。再如"叫那些吃大锅饭吃伤了心的人都提起劲儿来"这样的重动结构做定语的句子,也不在本书的考察范围内。

2. 致使义重动句的致使表达

项开喜(1997)提出"汉语重动句式的语用功能就是突出强调动作行为的超常性。VP_1在功能上主要是为表示超长量的VF_2提供常量参照"。本书赞同该文提出的"超常性"这一观点,加之前文提到的孙红玲(2004,2005)提出的量变观点,综合二者的看法,致使义重动句侧重表达的是一种具有超常的量变结果的致使情景。

致使义重动句的形式特征是,动词后引入动作对象并再次重复动词,此后再加结果补语。句中第一个动词V_1的作用在于引入动作对象,即致使情景中的工具成分。如果去掉第一个动词后的名词,该句子仍然表致使。例如(22b)这句话中,如果去掉句中的"吃快餐",剩余的成分"他吃胖了"这一动结句仍然具有表达致使的功能。二者的差别就在于,前者用动词重复这一手段引入了致使工具并把它放在致使结果之前,使之得到凸显,并且为后面的超常的量变结果提供参照。如果没有"吃快餐"这一动作作为常规参照,"吃胖了"是没有超常可言的,"吃快餐"的正常结果是"吃饱了"而不是"吃胖了"。正是和前者的对比,才使得后者显示出其超常性。这里所说的超常是指语用的而非逻辑的,是以人的主观认识为标准的。关于这一问题项开喜(1997)有更多详细论述,本书在此不再赘述。

综上所述,和其他致使结构相比,致使义重动句在表达致使情景时,侧重凸显致使情景中的可有要素——致使工具以及致使结果的量变超常性。

(六) 动结句

1. 动结句的界定

"动结式"也称"述结式"、"使役复合词(causative compound)"、"结果复合动词(resultative V-V compound, resultative verb compound, complete verb com-

---

① 本书将"吃螃蟹把他吃吐了"归属于致使义"把"字句,"吃螃蟹"这个事件是使役,致使被役"他"产生致使结果"吃吐了"。

pound)"、"结果复合词(resultative compound)"等。这一术语是吕叔湘(1980：11)先生提出来的："有两种短语式动词需要特别提一下：一类是主要动词加表示趋向的动词，可以叫作动趋式；一类是主要动词加表示结果的形容词或动词，可以叫作动结句。"王力(1985)、丁声树(1961)、朱德熙(1982)、袁毓林(2000,2001,2002)、郭锐(2002)、何元建和王玲玲(2002)、施春宏(2008)等诸多学者对其进行了多角度研究。王力提出的"使成式"这一名称影响力很大，但他所指的"使成式"是动结句中最为典型的一类，只包括"打死、赶跑、涂黑"等主动词的宾语和补语动词的宾语同指的情况，而不包括"写累、吃胖"这些主动词的宾语和补语动词的宾语不同指的情况(参见施春宏,2008:5)。而本书所谓的动结句则包括上述两种情况，因此，鉴于"使成式"这一名称的上述局限，本书采用"动结句"。

目前学界对动结句的界定有广义和狭义之分，广义的动结句中的两个动词并不一定是动作和结果的关系，而狭义的动结句中的这两个动词必须是动作和结果的关系。本书采用狭义的理解来界定动结句，对狭义动结句内部存在的语义关系的差异不再做更细的分类。

本书的动结句是指含有动结结构的句子(如例[23a-c])，动结结构即由两个具有动作和结果关系的成分构成的动词复合结构(参见施春宏,2008:5)。动结句是指称一种句式，动结结构是指称一种短语或词组。典型的动结句表达的是致使关系，这种致使是直接致使[①]。动结句的线性结构式可以表示为 $NP_1+V_1+V_2/A+NP_2$，V_2/A 是由 V_1 导致的结果。V_1 的数量和具体内容，本书后续章节在分析致使动词时将具体阐述。V_2/A 表达致使结果这一点是需要强调的，有些结构从形式上来看和动结句非常相似，但那些结构中的 V_2/A 不表致使结果，它们和动结句在表义功能上有很大差别，那些结构都不是本书所指的动结句。例如，"买贵了"、"挖浅了"这类结构中，动词后面的"贵"和"浅"，表达的都是对预期结果的偏离；"雨下大了"、"他们来迟了"这类结构中的"大"和"迟"，都是伴随着动词所表示的动作的一种状态，而不是该动作造成的结果。此外，包含有动结结构的"把"字句、"被"字句和重动句不纳入本书动结句的范围，而分别

---

①这里的直接致使是指致使事件和结果事件具有共同的时空情形的致使，参见 Shibatani & Pardeshi. The causative continuum [C]. reprinted from The grammar of causation and interpersonal manipulation, Edited by Masayoshi Shibatani, John Benjamins Publishing Company, 2002：85-126. 项开喜(2006)也对直接致使和间接致使做过论述，提出现代汉语中的动结式和带"得"动补式等表达直接致使，兼语句表达间接致使。具体内容详见项开喜：《汉语使成表达研究》，第9-11，41-63页，中国社会科学院研究生院博士论文，2006年。

纳入致使义"把"字句、致使义"被"字句和致使义重动句当中。动结句的相关例句如下：

(23) a. 凤霞像是听懂了二喜的话，不再摇头。(余华《活着》)
　　 b. 一支马队横冲直闯踏坏了那片野罂粟。(路远《白罂粟》)
　　 c. 如果我们中间有个同学打碎了玻璃，我有没有错。(余华《在细雨中呼喊》)

2. 动结结构和使动动词

典型的动结结构表达的是致使关系，前一个动词表达致使动作，后一个动词或形容词表达致使结果，如"打碎、吃完、洗干净"等等。有些动结结构非常接近使动句中的致使动词，如"放大、推翻、改进、改正、翻新、革新"等等，其中两个成分之间的致使关系几乎已经凝固在一起，和使动句中的动词非常相似。如果人们忽略这些动结结构内部的致使关系，就可以把它们看成是本身具有使动用法的动词。也许有一些动结结构正处于向使动动词转变的过程中，当动结结构中的动词和补语结合得非常紧密，人们很难在语感上将它们分开的时候，这些动结结构就很可能变成了具有使动义的动词，用于使动句。"放大、推翻、改进、改正、翻新、革新"等词或许是正处在这一变化的过程中，所以才会让人觉得它们既是动结结构又像是使动动词，这也恰好证明动结结构和使动动词有着密切的联系。

(七) V 得句

朱德熙(1982)、牛顺心(2004,2008)、周红(2005)、宛新政(2005)、项开喜(2006)等诸多学者都对 V 得句做过较为详细、深入的研究，大多数学者都是将其作为一种致使结构来考察的。当然，并非所有的 V 得句都表致使。宛新政(2005:197)对此进行过统计调查，在 100 万字的作品中共发现 V 得句 908 条，其中表示致使的 218 条，占总数的 24%。而且，各学者在界定表示致使 V 得句的形式特征上也存在分歧，有的学者认为句中"得"后必须有名词性成分(即"得"后是小句形式)才是表达致使的 V 得句(如牛顺心,2004；郭姝慧,2004；宛新政,2005 等)，而有的学者认为"得"后有名词性成分的句子和没有该成分的句子都存在表达致使的情况(如张璐,2003；周红,2005 等)。鉴于学界的上述分歧，本书重新对 V 得句进行界定是非常有必要的。

本书的"V 得句"确切地讲是"表致使的 V 得句"，为行文简便将其记做 V 得句。V 得句是指含有"动词/形容词+得+结果补语"结构的表致使的句子(如例句[24])，线性结构式可以表示为：$NP_1 + V/A + 得 + (NP_2) + VP/AP$。$NP_1$ 和

NP$_2$ 同指的时候 NP$_2$ 可以省隐,如例句(24d)。NP$_1$ 一般来讲是名词性词语或者主谓短语(如例句[24h]),NP$_2$ 通常是名词性词语,V/A、VP/AP 一般都是动词或形容词,VP 少数时候也可以是主谓短语(例如[24b]中的"手腕都疼木了")。从致使关系来看,NP$_1$ 和 NP$_2$ 分别是使役和被役。但若从动作的施受关系来看,NP$_1$ 可以是 V/A 的施事,如例句(24a)中的"你";也可以是受事,如例句(24f)中的"这首曲子";或者不是它的论元,如(24g)中的"一席话"。V/A 可以是及物动词,如例句(24a)中的"打"、(24c)中的"扯"等;可以是不及物动词,如例句(24d)中的"惊";也可以是形容词,如例句(24e)中的"冷"。有些 V/A 和"得"结合地比较紧密,如"使得、弄得、搞得",使用频率较高,这些动词的语义比较虚化(参见牛顺心,2004),和"得"在一起时,其功能接近一个单一的致使动词。相关例句如下:

(24) a. 你打得我后背现在还疼呢。(王朔《空中小姐》)

　　b. 他去宾馆找阿眉的父母,他的手劲那么大,攥得我手腕都疼木了。(王朔《空中小姐》)

　　c. 这手扯得牛凤章直叫,那手的酒壶也歪了,酒打壶嘴溜出来,滴滴答答溅满菜盘子。(冯骥才《三寸金莲》)

　　d. 欣然再往前行,三人不约而同止住脚步,都惊得倒吸一口冷气……(尹全生《一步难行》)

　　e. 一听到这个声音我就冷得牙齿打得得,头皮也突然短了,遮不住大脑一阵阵发紧,以为接着会宣布:第三次世界大战爆发。(王朔《看上去很美》)

　　f. 这首曲子听得我凄然而又悚然。(引自牛顺心,2004;转引自李临定,1963)

　　g. 一席话说得在座的几位都挺尴尬。(王朔《刘慧芳》)

　　h. 你们这么一个个仰脸瞪着我,弄得我都不自信了。(引自宛新政,2005:200)

需指出,"得"后补语不是结果补语的 V 得句不表致使。例如,带程度补语的"这个主意好得很",带可能补语的"他修得好这辆车",带状态补语的"脸洗得很白"等等,此类句子不纳入本书 V 得句的范围。包含了 V 得结构的"把"字句、"被"字句和重动句也不纳入本书 V 得句的范围,而是分别纳入致使义"把"字句、致使义"被"字句和致使义重动句当中。

当然,也有学者(如牛顺心,2004;郭姝慧,2004 等)认为,只有"得"后面的补语是句子形式(sentential complement)时,"V 得"句才具有致使意义。之所以有学者持此观点,大概是因为他们以形式作为判断致使结构的唯一标准。

本书以句子的功能作为判断标准,即以是否表达致使作为标准来判断一个结构是否是致使结构。当"得"后补足语小句中的名词性成分(即被役)和主句主语(即使役)同指时,被役虽然在句法形式上没有出现,但因其和使役同指,所以被役在语义上是存在的。此时整个句子仍然表达一个完整的致使情景,仍然是由两个事件——致使事件和结果事件构成的,符合本书对致使结构的定义。因此,使役、被役同指时,被役省隐的、带结果补语的 V 得句也是表示致使的。前文在定义 V 得句时就已经指出,从形式上来看,带结果补语的 V 得句其实是有两种形式的,一种是 $NP_1+V/A+得+VP/AP$,一种是 $NP_1+V/A+得+NP_2+VP/AP$。后一种形式就是本段开头提到的补语是句子形式的 V 得句。

张璐(2003)指出,"我写得很烦"、"一巴掌打得他站不起来了"都是"'得'字结果补语句"。可见,该文也观察到有些结果补语前面是没有名词性成分的。该文根据"得"后补语的复杂程度把"'得'字结果补语句"分为简单式和复杂式两类。前者的线性表达式即 V+得+VP/AP,例句如"他喝得酩酊大醉";后者的线性表达式即 V+得+NP+VP/AP,例句如"这酒喝得他酩酊大醉"。本书的观点与该文对带结果补语的 V 得句的判断和分析不谋而合。张璐(2003)对带结果补语 V 得句的研究分析,为本书的观点提供了有力的支持。

此外,牛顺心(2004)从语音停顿的位置和 NP_1 与 NP_2 分离后补足语小句是否有致使义这两个方面进行了讨论。该文认为像(24e)这样的句子不是致使结构,因为它的停顿在"得"之后而不是在"得牙齿"之后,"我"和"牙齿"的领有关系不可让渡,分开之后这类"得"字补语结构没有致使意义。而本书认为,从停顿和两个名词性成分的关系来判断是否表致使,这种方法是值得商榷的。本书坚持从功能的角度来判断一个句式是否是致使结构。该文认为不是致使结构的例句,在本书看来其实也是表达致使情景的,致使事件是"我冷",结果事件是"牙齿打得得",致使力在"我"的身体内部传递。该句子所表达的内容符合本书对致使的定义,是致使结构。

(八) 兼语句

自赵元任(1952)提出"兼语"说之后,兼语句一直被学者们研究讨论,不少学者将典型的兼语句和致使范畴相联系(如朱德熙,1982;邓守信,1991;范晓,2000;邢欣,2004;宛新政,2005;项开喜,2006 等),但很多问题至今还没有得出一致的观点。邓守信(1991)是较早提出兼语句表达致使义的学者。他认为,只有"主语+使成动词+状态动词"里的动词"使、使得、叫、让"等才是使成动词,由它们构成的句子才是致使句。邢欣(2004)对兼语句的定义是,"指某些由使令意义动词构成的句子,即由'使、叫、让、请、命令'等动词构成的句子"。该书定义的兼语句的范围较宽,包括存在空语类的十种结构类型。在本书看来,该范围包括了一些不表致使义的结构,如"动词短语做宾语"等。谭景春(1997)将兼语句和致使句进行了区分,并讨论了致使句和兼语句之间的转换。刘永耕(2000a,b)对兼语句中的使令动词进行了较为全面的考察,并以使令度的强弱划分出使令动词的小类。

前人的研究虽多,但对兼语句的界定仍有许多值得商榷之处。仅就本书的考察而言,以往文献中的兼语句主要有以下类型:

(25) a. 一行人催洋车夫赶路。(钱钟书《围城》)
 b. 公社常派人来通知他去县里开三级干部会议。(余华《活着》)
 c. 张三让去。(该例取自邢欣,2004)
 d. 玲子伺候二小姐洗漱。(以下4例取自彭睿,2007)
 e. 老师允许我们晚点儿去。
 f. 小王羡慕小李有车。
 g. 我有一个朋友很仗义。

人们通常认为(25a,25b)是具有"致使"特征的,因为句中的第二个动词可以被理解为是由第一个动词引起的,而且可有多个被役,形成致使链(如[25b]),而例句(25c-g)则不表致使只表操控。(参见Peng,2006;彭睿,2007)可见,并非所有类型的兼语句都表示致使。本书已经在第二章第二小节对致使和操控的区别和联系进行了分析,明确了典型的操控即是非典型致使,操控在现代汉语中概念化为兼语句。也就是说,典型的兼语句表达的是典型操控(即非典型致使)。这也正是本书将兼语句纳入现代汉语致使结构的原因。如果只是研究使动句、动结句等这些致使范畴的典型成员而忽略了非典型成员,那么,本书对现代汉语致使结构的研究将会是不完整的。

本书所说的兼语句是由具有使令意义的动词构成的表达致使的兼语句(如[25a,25b]),即彭睿(2007)文中定义的兼语句中的典型兼语句。为行文简洁,本书均使用"兼语句"而不用"典型兼语句"这一名称。

兼语句的语义结构式可以表示为:使役+致使动作+被役+致使结果。兼语句线性结构式可以表示为:$NP_1+V_1+NP_2+V_2/VP$,NP_1在一定的语境下可以省隐,但NP_2必须出现。NP_2兼任V_1的宾语和V_2/VP的主语(参考赵元任,

1952:19),V_1 是表使令义的动词,V_2/VP 必须是 NP_2 发出的动作。

邢欣(2004)将出现在兼语句中的动词分为以下十类:1. 使、叫、让类;2. 命令、禁止、强迫类;3. 布置、安排、分配类;4. 教、交、给类;5. 嘱咐、通知、告诉类;6. 推荐、称……为、选、调类;7. 帮、扶、送类;8. 嫌、喜欢、讨厌类;9. 有、是、没(有)类;10. 打、找、吹。本书认为,兼语句中包含的动词只包括除第 8、第 9 两类之外的那些动词。第 8、第 9 两类没有使令意义,由它们构成的句子不表操控或致使。例如"有个村子叫张家庄"、"在路上,五婶怪燕燕说错了话……"①等就不是本书所说的兼语句。其他 1—7 类和第 10 类动词都可以出现在表示致使的兼语句中,只是各类动词所具有的使令意义依次变弱,使所在句子表达的致使也依次变弱,典型性依次减弱。也就是说,由使令意义强的动词(如第 1、第 2 类动词)构成的兼语句是典型的兼语句,由其他具有使令意义动词构成的兼语句是非典型的兼语句,其典型性根据句中动词的使令意义的递减而递减。使令意义最弱的动词构成的兼语句就是最不典型的兼语句。

由"使、令、叫、让、要"等词构成的兼语句虽然表致使,但这些词都已经语法化,失去了典型动词的特征。因此,本书不将由这些词语构成的兼语句纳入本书兼语句的范围,而是将其单独列为一类进行研究(详见本章第一节)。万莹(2001)也持相似观点,该文认为由"使、令、叫、让、使得"等词构成的句子是显性单纯致使句并非兼语句。彭睿(2007)研究表明,"使、叫、让、要"已经语法化,失去了典型动词的特征,由这些词构成的句子虽符合致使结构的标准,但不再是典型的兼语句。

至于类似例句(25c)这样的句子是否可以看作是"存在空语类的兼语句"(参见邢欣,2004),本书认为还值得商榷。本书界定的兼语句是不包括所谓"存在空语类的兼语句"的。

第二节 现代汉语致使结构的形式类型和功能类型

Comrie(1981,1989)根据使役和被役的融合程度把致使结构分为分析型(analytic causative)、形态型(morphology causative)和词汇型(lexical causative),又根据"纯使成/允许"这组语义参数把致使结构分为"直接致使"和"间接致使",并指出致使结构不论从形式上还是语义(功能)上看,都是一个连续统。从

---

① 这两个例句引自邢欣:《现代汉语兼语式》,第 55 页,北京广播学院出版社,2004 年版。

形式上看,从词汇型致使到分析型致使呈连续的渐变状态;从功能上看,从直接致使到间接致使也是一个连续的渐变状态。

在现代汉语中,致使结构也有不同的形式类型和功能类型,也存在形式连续统和功能连续统。下文将从形式和功能两个方面来具体分析现代汉语中的致使结构类型。

一、致使结构的形式类型及形式紧密度连续统

(一)致使结构的形式类型

根据 Comrie(1981,1989)的研究,人类语言中的致使结构大致可以分为分析型、形态型和词汇型,三者形成连续统,在它们中间还存在着各种过渡形式。Comrie(1981,1989)的致使分类为后人的研究打下了坚实的基础,对后来的研究者而言,要想有所突破,要么印证其分类的正确性、可行性并对其做更细致的分类,要么指出其中的疏漏,对该致使类型框架进行修正或补充。本书将尝试在 Comrie(1981,1989)的致使分类的基础上,对现代汉语致使结构的形式类型做出划分,以期有所创新或突破。

1. 四种致使类型

本书认为,现代汉语中的致使结构可以分为四大类型:分析型、复合型、形态型和词汇型,具体内容参考表3-2。

表3-2 现代汉语致使结构的形式类型

类型	现代汉语致使结构	例句
分析型	V得句	你打得我后背现在还疼呢。
	兼语句	我劝你鼓起勇气奋斗。
	"使"字句	意外的惊喜使他有点不知所措。
	致使义"把"字句	人墙把他挤得动也动不得。
	致使义"被"字句	杜宁被亮光刺得睁不开眼。
	致使义重动句	他想儿子想得都要发疯了。
复合型	动结句	有个同学打碎了玻璃。
形态型	声调屈折手段	你空(去声)间房子给我。
词汇型	使动句	她一直冷着脸。

前人的研究表明,在现代汉语的致使结构中也存在分析型、形态型和词汇型三种类型,但形态型致使数量极少,属于古汉语的遗留(第二章第二小节已有论述),只有"饮、空"等少数几个词语可以通过声调屈折这一形态变化来构成形态型致使。也许正因为这个原因,分析型和词汇型等其他致使类型,尤其是分析型致使,才会显得特别发达。在现代汉语中,词汇型致使只有使动句这一种句式,复合型致使(compound causative)也只有动结句这一种句式,而分析型致使则有 V 得句、兼语句、"使"字句、致使义"把"字句、致使义"被"字句和致使义重动句等六种之多。

2. 复合型致使

本书将动结句单独列为一类——复合型致使,首先是因为它的"三不像"特征。正如施春宏(2008:3)指出的,动结句不属于形态型也不属于词汇型,但也不同于其他分析型致使结构。V 得句等其他六种分析型致使结构都是由两个独立的动词分开表述致使情景的,而动结句是两个紧密相连的动词合在一起表述致使情景的。确切地说,动结句中的两个动词整合进入动结句这个构式之后,其作用更接近两个动词性语素(verbal morpheme)(参见施春宏,2008:6),二者已经复合(compound)成一个比较固定的结构。

其次,Comrie(1981,1989)对致使结构的分类只是基于语言类型学的研究,并没有具体对某一种语言做更为细致的分类研究。该文也指出,在分析型、形态型和词汇型连续统中间还存在着各种过渡形式。Lien(1995)在研究台湾闽南方言中的致使结构时,对 Comrie(1989)的分类体系做了进一步的分析,指出了分析型、形态型和词汇型等三种类型的各种下位类型。例如,该文将词汇型致使结构又细分为无派生形态的、隐性的致使结构(covert causatives)和异干互补的致使结构(suppletive causatives)两种;将形态型致使结构分为通过添加词缀派生和通过语音变化派生两类;将分析型致使结构分为致使动词加上及物或不及物动词形成的致使结构和结果构式(resultative constructions)等。该文划分出的结果构式,指在语义上是编码一个复杂观念,包含一个事件及其引发的结果情景。例如现代汉语中的 V-R 短语(参见黄锦章,2004),即本书所说的动结结构。由此可见,动结句和其他分析型致使结构的不同之处,不仅在现代汉语的普通话中有所体现,在闽南方言中也有体现。动结句不同于其他分析型致使结构,这是一个普遍存在的现象,并非某种语言或方言特有的。

鉴于动结句这种致使结构的形式特点,有必要将动结句作为现代汉语中处于分析型和形态型之间的一种中间形式单独列出。由于动结句中的两个动词(或者是动词和形容词)是动作和结果的关系,二者复合在一起表达致使关系,因此，本书暂且将动结句这种致使类型命名为复合型致使（compound causative）。这一名称并非本书首创，牛顺心(2004:22)就曾将使动句称作复合式致使①。

其实，复合型致使结构并非汉语所特有，Dixon(2000:34-35)就指出过一种和现代汉语的动结句相类似的复合型致使结构，称该结构为复杂谓语（two verbs in one predicate）。在这种类型中，两个动词在一个小句的谓语中，具有几乎所有的单独谓语的特征，两个动词中间不能插入被役成分，也不被其他成分隔开，但严格来讲不能把它们作为一个单独的致使动词看待。例如，在 Yimas 语中（见 Dixon, 2000:68），"tar- ~ tal"②（hold）和"tmi-"（say）能和其他动词复合在一起表示致使。其中"tar- ~ tal"标记直接致使，"tmi-"标记间接致使，见例句(26a,26b)。再如 Dixon(2000:35)转引 Comrie(1976:262-263)的法语例子，转引自 Watkins(1984:153)中的 Kiowa 语（Kiowa-Tanoan family, south-west USA）的例子，都与现代汉语的动结句相似，见例句(26c,26d)。相关例句如下：

(26) a. na-ŋa-tar-kwalca-t

3sgA-1sgO-CAUS$_1$-rise-PFV

She woke me up.（**directly**, e.g. by shaking me）

她叫醒我。

b. na-ŋa-tmi-kwalca-t

3sgA-1sgO-CAUS$_2$-rise-PFV

She woke me up.（**indirectly**, e.g. by calling me）

她唤我醒来。

c. je   ferai   manger les gâteaux à   Jean

1sgA make+FUT+1SG eat+INF the cakes   PREP   Name

I shall make Jean eat the cakes.

我要让珍妮吃些蛋糕。

---

① 牛顺心(2004)对复合式致使的定义是：使事和成事虽然有各自的词汇形式，但二者的谓语动词已经复合为一个较为固定的结构，因此本书称之为复合式。详细内容见牛顺心:《汉语中致使范畴的结构类型研究》，第 22 页，上海师范大学博士论文,2004 年。

② "tal"是"tar"的变换形式，其意义是相同的，差异只是出现在不同语音的词前面。

d. bé-kʰó-ày-ɔ̀m

2sgA-now-start.off-CAUS+IMP

Go ahead and run it（the tape recorder）!（lit. make it start off）

继续运行。

例句（26a,26b）中的"tar"和"kwalca"有共同的体标记,这表明二者关系紧密,这一点和动结句很像。例句（26c）中的"ferai"和"manger"之间不能插入被役等其他成分,两个动词紧挨在一起表示致使。（26d）中及物动词"ɔ̀m"（do, make）可以和别的动词复合（compound）在一起表示致使。同样的,现代汉语动结句中的两个动词之间也不能插入被役,只能插入有限的词语,如"不、得"等;二者也有共同的体标记,比如完成体标记"了"就只能出现在动结句中的动结结构之后,不能插入其中。例如,表 3-2 中的例句"有个同学打碎了玻璃"中的"了"只能在"打碎"之后,而不能在二者之间。Dixon（2000:35）还指出,不仅是法语,在意大利语、西班牙语以及西班牙的加泰罗尼亚语（Catalan）语中都存在类似的表达致使的方式。因此,将动结句单独列出作为复合型致使,是有其类型学基础的,并非任意的划分。

3. 形式连续统

从形式上来看,现代汉语形态型致使数量极少,但其他致使类型特别发达。使动句属于典型的词汇型致使,动结句属于复合型致使,"使"字句、V 得句、致使义重动句、兼语句、致使义"把"字句和致使义"被"字句都是分析型致使。依据 Comrie（1981,1989）的观点,词汇型、形态型、复合型和分析型这四种致使类型也构成一个连续统。现将现代汉语致使结构的形式连续统展示如图 3-1：

使动句	声调屈折	动结句	V得句	"使"字句	兼语句	致使义重动句
				致使义"把"字句	致使义"被"字句	
词汇型	形态型	复合型	分析型			

图 3-1 现代汉语致使结构形式连续统

（二）致使结构的形式紧密度

1. 前人研究回顾

形式紧密度这一概念是 Dixon（2000）提出的。该文在分析致使结构的形式（即机制）参数时,发现不同形式类型的致使结构当中的致使事件（致使动词）

和结果事件(结果成分)的距离远近不同,即二者结合的紧密程度有差别。二者距离越近,则该致使结构的形式紧密度就越高;二者距离越远,则该致使结构的形式紧密度就越低。也就是说,形式紧密度的高低也是一个相对的概念,是程度问题,不存在绝对的高低之别。

Dixon(2000:74)总结指出,词汇型、形态型、复杂谓语型和分析型致使的形式紧密度依次趋小。具体内容引述如图3-2:

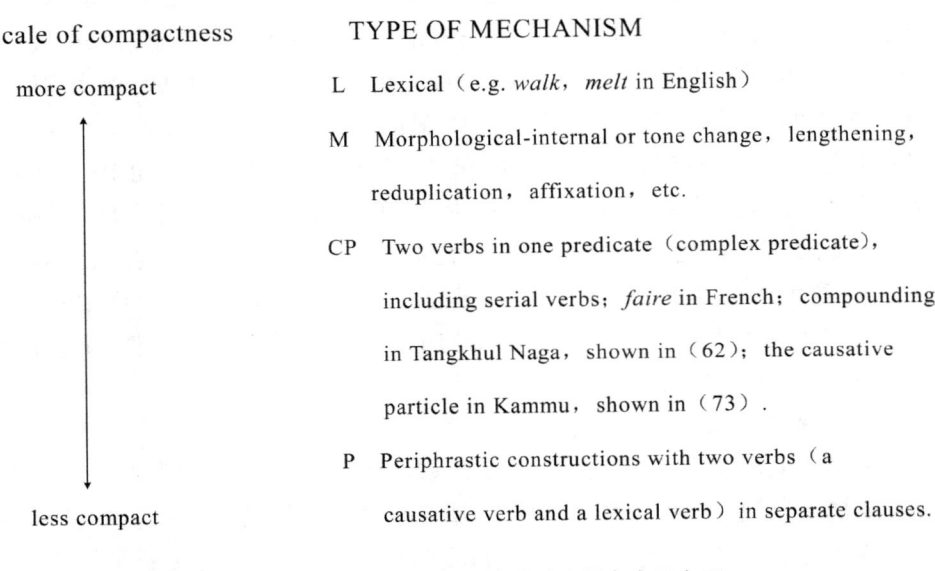

图3-2　Dixon(2000)致使结构形式紧密度示意图

汉语学界的不少学者也对现代汉语致使结构的形式紧密度进行了分析,例如黄锦章(2004)、周红(2005)、项开喜(2006)等等。

黄锦章(2004)以"形式距离"和"能产性"为标准,测定了汉语致使结构的紧密度等级,如图3-3。

达成动词> 致动词> V_2R复合词> V_2R短语> V_2得2R(B类)> 兼语式(含V_2得2R[A类])

图3-3　黄锦章(2004)文中的汉语致使结构紧密度等级

周红(2005:369-372)指出,致使的紧密程度存在差异,依次表现为长距离致使即分句型致使句,较长距离致使即递系句和"得"字外向致使句,较短距离致使即动结句、"得"字返身动结句和致使性重动句,短距离致使即致使宾语句。该书不仅列出了致使形式紧密度的级差,并且指出这些"语法形式影响致使度",即致使度(致使的强度)和致使形式的紧密程度二者之间存在对应关系。① 周红(2005:373)提出的对应关系具体内容转引如下。

```
分句型致使   递系句 "得"字外向致使句   动结句 "得"字返身致使句   致使性重动句 致使宾语
←─────────────────────────────────────────────────────────────────→
    弱              较弱                     较强                    强
```

图3-4 周红(2005:373)提出的对应关系

周红(2005:373)只是简单地列出致使度(致使的强度)和形式紧密程度之间的对应,没有做更为详尽的论述,其致使度也只是从作用力和反作用力的角度分析出的致使的一种功能特征,形式距离的长短需要更具体的界定。该文揭示的这一对应关系只是致使结构的形式-功能对应关系中的某一部分的表现形式,不完全等同于本书所要研究的现代汉语致使结构的形式-功能对应关系规律。

项开喜(2006)也提出现代汉语中的致使结构存在一个融合度(即形式紧密度)趋小的连续统,如图3-5。

单动句→动结句→带"得"动补式→"让"字句→使令句

图3-5 项开喜(2006)提出的现代汉语致使结构融合度连续统

虽然上述学者由于研究所用的理论、研究视角、研究方法的不同,各自提出的形式紧密度等级也略有不同,但可以肯定的是,现代汉语中的致使结构确实存在形式紧密度等级。这一形式紧密度连续统的具体表现形式是怎样的,下文将展开具体分析。

2. 现代汉语致使结构的形式紧密度

从形式距离来看,形态型致使、使动句、动结句中的致使事件和结果事件是由一个词(如"空"、"活跃"、"尖"等)或两个紧密相连的词(如"洗干净"等)来表达的,两个事件的形式距离远远小于其他致使结构,三种句式的形式紧密度

---

① 以上术语均延用其原文中的名称,其内容详见周红:《现代汉语致使范畴研究》,第369-373页,复旦大学出版社,2005年版。

都是程度较高的。相对而言,其他致使结构的形式紧密度虽然存在差异,但都低于前面提到的三种句式。

其中,兼语句中的致使动词和结果补语由被役隔开,被役可以和前后成分各自形成小句,如"一行人催洋车夫赶路"可以形成两个小句"一行人催洋车夫"和"洋车夫赶路"。兼语句中的致使动词和结果补语的距离大于其他间接致使结构(形式紧密度小于它们),是典型的间接致使。

"使"字句的致使动词和结果补语虽然也是由被役隔开,但是被役不能和前面的成分构成小句,只能和其后面的成分构成小句,如"这件事使他非常为难"不能分成小句"*这件事使他",但可以分出小句"使他非常为难"。相比而言,"使"字句中两个事件的距离小于兼语句,大于动结句(即形式紧密度小于动结句,大于兼语句)。

V得句的致使动词和结果补语由"得"和被役隔开,如(24a)中"打"和结果补语之间有致使性后缀"得"(参见黄锦章,2004)和被役"我";当被役和使役同指且被役省隐时,致使动词和结果补语之间只隔"得"。不论哪种情况,被役都不能和其前面的成分构成小句,例如"*你打得我/*你打得";被役只能和其后面的成分构成小句,例如"我后背现在还疼呢"。可见,V得句的形式紧密度也是小于动结句,大于兼语句。V得句和"使"字句相比,前者的致使动词和结果补语之间的距离大于(被役出现时)或等于后者(被役省隐时),总的来看,V得句形式紧密度略小于"使"字句。

情况比较复杂的是致使义"把/被"字句和致使义重动句,要对其做二分处理。这三种句式要么包含了动结结构,要么包含了V得结构。包含动结结构的这三种句式中的致使事件和结果事件的距离和动结句相同,形式紧密度都是很高的,而包含V得结构的这三种句式中的致使事件和结果事件的距离和V得句相同。但致使义"被"字句中"被"后面的使役常常省隐,被役和致使动词之间的距离较之致使义"把"字句中的就更小了一些,因此,致使义"被"字句的形式紧密度稍稍大于致使义"把"字句。

综上所述,现代汉语致使结构存在形式紧密度的渐变等级差别,形成形式紧密度连续统,如图3-6所示。

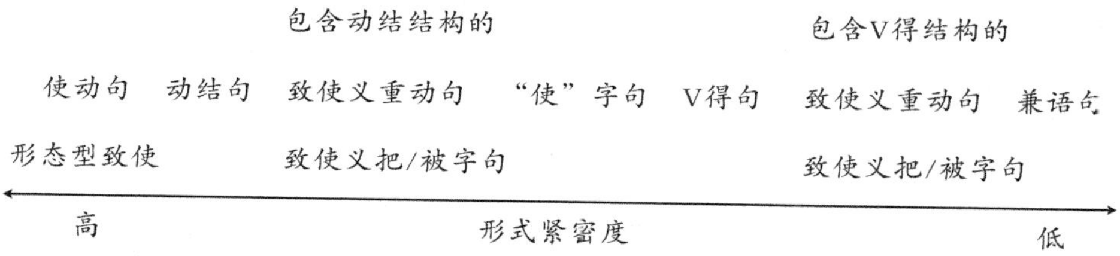

```
                   包含动结结构的                      包含V得结构的
  使动句   动结句   致使义重动句   "使"字句   V得句   致使义重动句   兼语句
  形态型致使          致使义把/被字句                  致使义把/被字句
←─────────────────────────────────────────────────────────────────→
  高                        形式紧密度                         低
```

图 3-6 现代汉语致使结构形式紧密度连续统

回顾前文提到的黄锦章(2004)、周红(2005)和项开喜(2006)提出的形式紧密度连续统,对比之下不难发现,除形态型致使之外,本书分析出的形式紧密度连续统和前人的有一处不同,即"使"字句的位置。本书的研究结果是,"使"字句的形式紧密度大于 V 得句,小于动结句。黄锦章(2004)的分析没有涉及"使"字句,周红(2005)分析出的致使的形式类型也和本书的研究对象存在差别,缺少各个句式形式紧密程度的比较。而项开喜(2006)提出的形式紧密度连续统中,"让"字句(即本书所说的"使"字句)在带"得"动补式(即本书所说的 V 得句)和使令句(即本书所说的兼语句)之间。项开喜(2006)在论述时只是用动结句和 V 得句比较,动结句和"叫"字句比较,使令句和"让"字句比较,之后便列出了前文所引述的该文的形式融合度连续统。这一比较方法是否能够全面地比较上述致使结构的形式紧密度的大小,论证是否严密,本书认为这些都还值得商榷。

二、致使结构的功能类型及连续统

(一) 功能类型及连续统的判定

Comrie(1981,1989)从语义功能上将致使区分为直接致使和间接致使。但是,关于 Comrie(1981,1989)提出的直接致使和间接致使这一对概念到底是指什么,学者们一直有不同的意见。

Shibatani & Pardeshi(2002)认为,直接致使中致使事件和结果事件具有相同的时空情形,联系型致使(sociative causation)中两个事件有相同的时间而无相同的空间,间接致使中两个事件无相同的时空情形。项开喜(2006:9)也认为判定直接致使和间接致使的一个比较客观的标准是时间与空间,但该文对 Shibatani & Pardeshi(2002)的观点稍做修正,提出"使因事件和结果事件在时间、空间上越接近,也就越是可以看成'直接致使',使因事件和结果事件在时间、空间上越是距离远,也就越是可以看成'间接致使'"。项开喜(2006:47-63)还指出,汉语直接致使表达形式与间接致使表达形式的根本差别,在于被役的语义特征和语法地位不同。直接致使中的被役或者其他相关角色表现出较低的自控力和施力性,如现代汉语中的动结句、单动句式和带"得"动补式等;间接致使中的被役有较高的自控力和施力性,如现代汉语中的兼语句。本书较为赞同项开喜(2006)的观点。

直接致使和间接致使是一组相对的概念,不存在绝对的分界线,直接和间接都是程度问题。在区分直接致使和间接致使时,时空关系和形式距离都要考虑进来。当然,相同时间是个相对的概念,用不同的时间单位来衡量就会有不同的结果。本书以时间点来衡量两个事件是否具有相同的时间。如果两个事件是相继发生、没有时间间隔的,本书认为二者发生在同一时间;如果两个事件的发生中间隔了几分钟、几小时甚至几天或更久的时间,本书认为二者不在同一时间。由不同实体发出的不同动作发生在同一时间的可能性,要大于同一实体在同一时间发出不同动作的可能性。因为一个实体在同一时间发出多个动作的能力是有限的。空间关系就相对比较容易判断,若两个事件中有较大距离的位移发生,则二者必定不在同一个空间。

固然,正如Givón(2001)指出的那样,致使事件和结果事件越是具有相同的时空情形,致使就越直接。但除此之外,形式上的距离远近也同样反映致使的直接程度。因为依照Haiman(1985)提出的距离象似动因(distance iconicity motivation),在概念上越接近的东西在语言表达形式上也越接近。Croft(1990:175)将Haiman(1985)这一观点概括为一条蕴含性特征:如果某种语言有两个语义相近的构造,其结构在语言距离上有所区别,则它们在概念距离上也有平行的语义区别。Givón(2001:40)也更明确提出了句联(clause union)和事件整合(event integration)之间的关系:若两个事件在语义上连接得越紧密,则两个小句整合为一个单独的复杂小句的程度越深。如果上述观点成立,那么,本书可以由此推知,句法形式上的距离远近可以在一定程度上反映出语义结合上的紧密和疏散。具体到致使结构来说,致使事件和结果事件在句法形式上的距离越近,则二者在语义上也越接近,致使越直接。

首先,从形式距离来看,使动句的形式紧密度最大,即致使事件和结果事件的距离最近,致使最直接,而兼语句则恰恰相反,是最典型的间接致使。其他句式依次呈现渐变状态,即动结句以及包含动结结构的致使句、"使"字句、V得句以及包含V得结构的致使句,这些句式的形式紧密度越来越小,即致使事件和结果事件的距离越来越大,致使越来越不直接。

其次,从时空情形来看,形态型致使结构、使动句、动结句中的致使事件和结果事件是必定具有相同的时空情形的。例如,"他把衣服洗干净了",句中致使事件"洗"和结果事件"(衣服)干净"是不可能发生在不同时空环境下的,"干净"是伴随着"洗"这个动作产生的结果。这再次验证了形态型致使结构、使动句、动结句是典型的直接致使,包含动结结构的致使义"把"字句、致使义"被"字句和致使义重动句表达的也都是直接致使。而兼语句、"使"字句,包含 V 得结构的致使义"把/被"字句和致使义重动句中的致使事件和结果事件不一定在相同的时空情形下,是间接致使。例如(25b)兼语句"公社常派人来通知他去县里开三级干部会议","派"和"去县里"就是发生在不同时空情形的两个事件。再如(24a)"你打得我后背现在还疼呢","现在"一词明确表明了"打"和"疼"发生在不同的时间里。又如(20f)"一个大浪把船身晃得左右摇摆",浪拍打船之后船才开始摇晃,这个大浪过去之后船身还是在摇晃的,二者也有发生在不同时间的可能。包含 V 得结构的致使义重动句也和上述例句情况相同,不再一一列举。

本书在北京大学 CCL 语料库中随机选取了符合本书定义的兼语句、"使"字句、V 得句、致使义"把"字句、致使义"被"字句和致使义重动句各 100 条,并分别对这些致使结构中致使事件和结果事件之间的时空情形所有可能出现的情况进行了统计。统计结果汇总如表 3-3。

表 3-3　现代汉语致使结构中致使事件和结果事件的时空特征

句式	不同时空	不同时间相同空间	不同空间相同时间	相同时空
兼语句	56%	38%	0	6%
V 得句	1%	72%	2%	25%
致使义"把"字句	0	65%	0	35%
致使义重动句	0	63%	0	37%
致使义"被"字句	0	23%	2%	75%
"使"字句	0	12%	0	88%

限于语料数量有限,表 3-3 中的数据虽然不一定特别精确,但大体可以反映各句式之间的差异。从表中我们可以清楚地看到,兼语句是典型的间接致使,句式中的致使事件和结果事件都是具有不同时间的,其中不同时空关系的占 56%,远远高于 V 得句。V 得句中两个事件发生在不同时间、相同空间的占 72%,较为接近典型的间接致使。而致使义"被"字句(数据 75% 代表的都是包含动结结构的"被"字句)和"使"字句中具有相同时间情形的百分比远远高于

其他句式,较为接近典型的直接致使。

致使义"把"字句、致使义重动句和致使义"被"字句的数据主要集中在不同时间相同空间和相同时空这两列,其实前者就是包含有V得结构的上述三种句式所占的比例,后者就是包含有动结结构的上述三种句式所占的比例。也就是说,含有动结结构的上述三种句式比含V得结构的上述三种句式更倾向于表达直接致使。从统计数据来看,致使义"被"字句更倾向于用含有动结结构的句式表达较为直接的致使,而致使义"把"字句和致使义重动句则更倾向于用含有V得结构的句式表达较为间接的致使。

总的来看,从兼语句到"使"字句,具有相同时空情形这一栏的百分比依次增加,表明它们依次越来越接近典型的直接致使。与此相反,从V得句到"使"字句,致使事件和结果事件具有不同时间相同空间的百分比大致呈递减趋势。综合前文对动结句、使动句的分析,本书将现代汉语致使结构的功能连续统用图3-7展示如下。如图3-7所示,在现代汉语中,形态型致使表达较为直接的致使,而分析型致使(如"使"字句、V得句、兼语句等)表达较为间接的致使,致使越直接,强度越大。无疑,直接致使的强度应该是大于间接致使的。这也印证了Givón(2001:75)的观点:如果一种语言既有句法型致使也有形态型致使,则前者更倾向于表达较弱的致使,后者更倾向于表达较强的致使。①

使动句	含动结结构的		V得句	含V得结构的	
形态型致使	致使义重动句	"使"字句		致使义重动句	兼语句
动结句	致使义把/被字句			致使义把/被字句	
	直接致使		联系型		间接致使

图3-7 现代汉语致使结构功能连续统

---

① 原文如下:"If a language has both a periphrastic(syntactic) and a morphological(co-lexicalized) causation, with an agentive human manipulee, while the latter is more likely to code stronger causation, with an non-agentive inanimate manipulee." 具体内容参见 Givón, Talmy. *Syntax: An Introduction. volume1/2*, Amsterdam/Philadelphia: John Benjamins Publishing Company, 2001. 本书分析的致使功能的强弱只能证明Givón上述观点中的部分内容,至于被控者的相应情况,本书这里没有分析,因此不在正文陈述致使类型和被役所具有的特征的关系。关于不同致使结构中的被役的特征,如施事性和生命性等,本书第五章、第六章将有具体分析。

Shibatani & Pardeshi(2002:102)将现代汉语中的"叫"字句(属于本书所讲的"使"字句)分析为一种非常接近间接致使的表达方式。但本书的分析结果显示,"使"字句是分析型致使结构,在形式连续统中其形式紧密度小于动结句,大于V得句(参见图3-6),在功能连续统中,它介于直接致使和间接致使之间,较为接近直接致使(参见图3-7)。因此,Shibatani & Pardeshi(2002)对"让"字句的分析和理解存在某些语义上的偏差。该文的"叫"字句①并不同于本书所说的"使"字句,该文的"叫"是表示命令义的词语,不是本书"使"字句中只表致使义的"叫"。该文把由表命令义的"叫"构成的"叫"字句归入间接致使,这一归类是值得商榷的。

(二)联系型致使

Shibatani & Pardeshi(2002:97)对联系型致使的定义是:1. 在一个致使事件当中,使役的行为和被役的行为之间存在时空重叠;2. 在多数情况下,使役和被役在执行致使事件时表现出相同的行为;3. 卷入事件中的两个施事和间接致使的形式相似。联系型致使的致使事件和结果事件具有相同时间、不同空间的情形。该文又进一步从语义上将联系型致使区分为参与行动(joint-action)、协助(assistive)、监管(supervision)三小类。其中,参与行动型致使更接近直接致使,监管型致使更接近间接致使。

本章表3-3中的统计数字显示,只有一小部分V得句和致使义"被"字句符合Shibatani & Pardeshi(2002)所定义的联系型致使,而且这种类型在这两种句式表达的所有时空情形中所占比例很小。相比而言,从兼语句到致使义"被"字句,每种句式都可以表达致使事件和结果事件具有不同时间、相同空间的致使情形。而且,除表达间接致使的兼语句和较为接近直接致使的"使"字句和致使义"被"字句之外,V得句、致使义"把"字句和致使义重动句表达不同时间、相同空间这种致使情形的比例都比较高。因此,本书将那些由具有不同时间、相

---

①Shibatani & Pardeshi(2002:102)文章中的例句为:
  Māma jiào háizi kàn shū.
  Mother make child read book
  Mother made the child read a book.

参见 Masayoshi Shibatani and Prashant Pardeshi. The causative continuum [C]. reprinted from The grammar of causation and interpersonal manipulation, John Benjamins Publishing Company, 2002: 85-126. 该例句中的"叫"是表示命令或呼唤,而不是"使"字句中表致使的"叫"。例如"这件事叫他很为难"中的"叫"可以替换为"使",是纯粹表致使义的。这样的"叫"字句才是致使结构,表达的是较为直接的致使。而上边引述的 Shibatani & Pardeshi(2002:102)的例句"妈妈叫孩子读书"是表示妈妈命令孩子去读书或者把孩子从别处喊来读书。因此,这样的句子是不表致使的,说它表达间接致使是不合适的。

同空间的致使事件和结果事件构成的致使结构,归入现代汉语的联系型致使这一功能类型(暂且延用 Shibatani & Pardeshi[2002]的名称)。Shibatani & Pardeshi(2002:102)也曾提出,联系型致使的形式和意义的对应并不能用直接的方式获得,不同语言表达联系型致使的致使形式是不同的。具体到现代汉语的联系型致使,从时空情形的特征来看,可以分为两小类,一类是致使事件和结果事件具有不同时间、相同空间,该类致使是介于直接致使和间接致使之间的主要类型;一类是致使事件和结果事件具有不同空间、相同时间,该类致使极少见。前者如例句(27a-e),后者如例句(27f-g)。相关例句如下:

(27) a. 日本兵打着电筒,搜了上房,把老奶奶吓得抖成了一摊泥。(邓友梅《别了,濑户内海!》)

　　b. 从连长那里回来就连连地吸烟,一根接着一根,弄得洞子里满是烟雾,小菜油灯的灯光越来越弱。(老舍《无名高地有了名》)

　　c. 车灯前面不断地闪出一张张苍白惊讶的面孔,这却使瓦洛加更加激动,大踩油门。(邓刚《俄罗斯酒鬼》)

　　d. 狮子和老虎也是小家子相得很,不知道吃饭的礼貌,吃牛肉吃得抢起来,打作一团,结果老虎死了,狮子负伤到溪边去喝水。(钱钟书《上帝的梦》)

　　e. 文德在旁边劝他不要乱讲话。(巴金《家》)

　　f. 坛上大喊大叫:地狱,魔鬼,世界末日……震得小教堂的顶棚上往下掉尘土。(老舍《正红旗下》)

　　g. 那对青年也不晓得犯了什么罪,而被日本人从电车上把他们捉下来。(老舍《四世同堂》)

例句(27a)中的日本兵的行动吓到了老奶奶,致使她抖成了一摊泥,前后事件之间有时间上的承接,是在同一空间先后发生的两个事件。同样的,例句(27b-d)中的致使动作和致使结果之间也是具有时间上的先后顺序的,是同一空间发生的不同事件。而例句(27f)的"坛上大喊大叫"和震落棚上的东西也是发生在同一时间的,但是在不同的空间,一个发生在坛上,一个发生在教堂的顶棚。(27g)中的地点转换更为明显,致使事件日本人捉青年是在电车上发生的,致使结果是使他们"下来",同一时间发生了两件处于不同空间的事情。

从上述例句和统计数据来看,现代汉语致使结构中的联系型致使,主要是指致使事件和结果事件具有不同时间、相同空间的致使,具有相同时间、不同空间的联系型致使非常少。综合 Shibatani & Pardeshi(2002)对联系型致使的时空特征的研究,本书认为,联系型致使的时空特征是有多种可能的,或者是以相同时间、不同空间为特征,或者是以不同时间、相同空间为特征;不同语言中的联系型致使对时空特征的选择可能不同,也许某种语言中的联系型致使只具备一种时间特征,也许上述两种特征都具备,或者还有其他的可能性。因此,笼统地界定联系型致使的时空特征是不严谨的,必须在具体的语言中,分析该语言是否有联系型致使,然后才能界定该语言中的联系型致使的时空特征的具体表现。

第三节 致使结构的形式类型和功能类型的对应

Comrie(1989:217)曾注意到,致使结构形式类型和语义功能类型之间存在对应关系:在句法型、形态型、词汇型这个致使的形式类型连续统上,各个致使结构表达的致使的直接程度和其形式类型形成对应,越是接近分析型一端的致使结构越适用于表达间接致使,而越是接近于词汇型一端的致使结构越适用于表达直接致使(参见本书第一章第一节)。那么,现代汉语的致使结构是否存在此种对应关系呢?将现代汉语致使结构的形式类型连续统(图3-1)和功能类型连续统(图3-7)拿到一起进行比较发现(如下所示),只有一部分致使结构在形式类型和功能类型上存在对应关系。

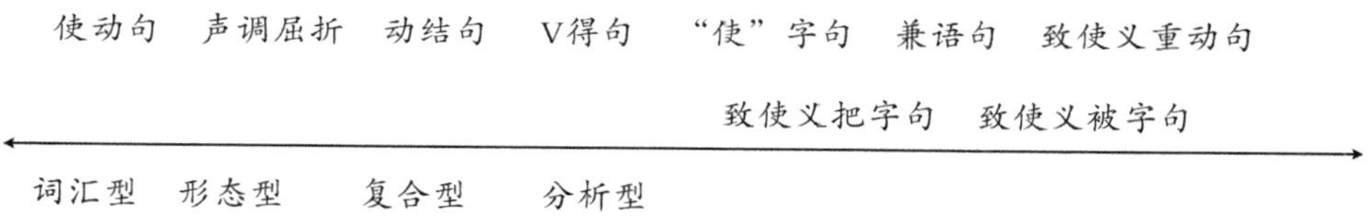

使动句　声调屈折　动结句　　V得句　　"使"字句　　兼语句　致使义重动句
　　　　　　　　　　　　　　　　　　致使义把字句　致使义被字句

词汇型　　形态型　　复合型　　分析型

图3-1　现代汉语致使结构形式连续统

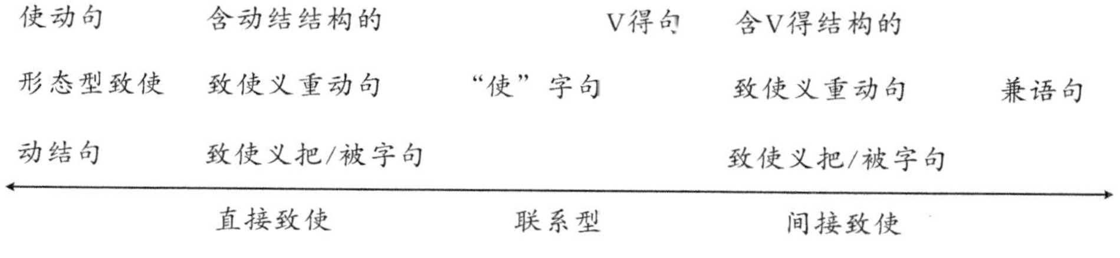

使动句　　含动结构的　　　　　　V得句　　　含V得结构的
形态型致使　致使义重动句　　"使"字句　　致使义重动句　　　　兼语句
动结句　　致使义把/被字句　　　　　　　　致使义把/被字句

直接致使　　　　　　　联系型　　　　　　间接致使

图3-7　现代汉语致使结构功能连续统

使动句是比较典型的词汇型致使,表达较为直接的致使,兼语句是比较典型的分析型致使,表达较为间接的致使,这两种致使结构在形式和功能类型上表现出的对应关系都符合Comrie(1989)的观点。但是,其他致使结构的形式类型和功能类型都不符合Comrie(1989)理论中提出的对应关系。例如,"使"字句是分析型致使,但它并不表达典型的间接致使,而是表达联系型致使且较为接近直接致使;致使义重动句、致使义"把"字句和致使义"被"字句的形式类型和功能类型之间的关系则更为复杂,并非Comrie(1989)提出的那种简单的对应关系。可见,以Comrie(1981,1989)为代表的"致使形式和直接性对应说"只适用于一小部分现代汉语的致使结构,并不能对所有现代汉语的致使结构的形式-功能对应关系进行非常有效的阐释,对现代汉语而言其解释力和适用性较为有限。

第四章　现代汉语致使结构的形式和功能特征分析

本章旨在探讨现代汉语致使结构的形式特征和功能特征,以期归纳出其中的规律,为致使结构形式-功能对应关系的探讨提供依据。本章只在句法形态层面研究致使结构,即仅限于单句,不涉及复句和篇章层面。

第一节　现代汉语致使结构的形式特征分析

本节主要分析现代汉语致使结构的形式特征,集中讨论使役/被役的省隐(default)、致使结构的形式紧密度(degree of compactness)等问题。抽象的组合关系具体到现代汉语的致使结构中,就表现为上述形式特征。这两方面特征是相互影响、紧密相关的。

由于现代汉语的致使结构有八种之多,本章以及第五章都仅仅选取有代表性的三种结构来研究,即动结句、V得句和兼语句。说它们具有代表性,是基于以下原因:动结句是复合型致使结构,致使较为直接,致使结果必定实现(已然的),表达的是较为典型的致使(直接致使);兼语句是分析型致使结构,致使较为间接,致使结果不一定实现(未然的),表达的是最不典型的致使(操控);V得句也是分析型致使,但其致使结果必定实现(已然的),致使的直接性和典型程度都处于动结句和兼语句之间。相对于其他致使结构来说,上述三种句式各自在形式和功能上都具有较为显著的差异。而且,不论是在形式连续统上还是功能连续统上,它们都相应地处于前、中、后三个不同的位置,各自的形式特征和功能特征都具有一定的代表性。如果把致使结构分为典型致使、中间状态、不典型致使三类的话,这三种句式恰好可以作为这三类致使结构的代表,它们之间在形式和功能上体现出的规律性的东西也应该是具有一定代表性的。

因此，本章力求通过对动结句、V得句和兼语句的形式分析，找出它们的形式特征及其规律，为后文致使结构形式-功能对应关系的分析打下基础。

一、使役/被役的省隐

(一)"省隐"的含义

在致使结构中，使役或被役有时没有在句法形态层面出现，但其存在于致使的完形(gestalt)语义结构之中，本书把这种情况称作"使役/被役的省隐"。例如"打破了花瓶"这个致使结构，被役是"花瓶"，致使动词是"打"，致使结果是"破"。虽然使役没有在句子当中出现，但是在我们人脑概念化了的致使情景里，这个致使事件是有使役的，而且该使役只能是有行为能力的人或动物，只是没有在句法层面出现而已。在中文文献中，使役或被役的"省隐"也被称作"隐现"(周红,2005)、"缺省"(宛新政,2005)等。在英语文献中，与此相对应的词语有"deletion、omit、default"等。"default"与本书的"省隐"意义较为接近。

"省隐"包括两种情况，一种是使役或被役可以出现但没有出现，是偶然性的省隐；一种是使役或被役无法出现，是必然性的省隐。偶然性的省隐是由语篇造成的，是因为该成分在前文已经出现，无须重复，或者因为该成分是不言而喻。如例句(28e)中"砍光"一定是人发出的行为，使役虽没有出现但却不言而喻，而被役则隐含在前文中，即"封山育林"中的"林"。必然性的省隐是由句法限制造成的，即使役和被役同指时(使役和反身代词"自己"同指的情况除外)，为避免冗余和重复，被役就不能再出现，必须省隐。如例句(28a)，使役和被役都是"小河"，致使动词"变"之后本该出现的被役由于和使役同指，为了避免重复必须省隐。

宛新政(2005:192-194)在谈到动结句主语省隐的问题时指出：主语的省隐和句类有关，在陈述句中主语一般要出现，而在疑问句、祈使句和感叹句中则可以省略。该文的这一观察是正确的。基于此，在分析使役或被役的省隐问题时，为使分析结果更准确，本书只选取陈述句进行考察。

本书从北京大学CCL现代汉语语料库的小说语料以及北京口语语料中随机抽取一定数量的动结句、V得句，从搜集到的研究文献中抽取一定数量的兼语句，并分别对其中的使役/被役省隐的情况进行考察。由于语料库中抽取的例句有可能不能反映全部的语言现象，我们也加入了一些从现当代白话小说中摘录的句子和自省的语句。考察结果分述如下。

(二)动结句、V得句和兼语句使役/被役的省隐

1. 动结句使役/被役的省隐

通过对北京大学CCL语料库中随机抽取的200条动结句例句的分析，本书

发现,存在使役/被役省隐情况的动结句有93条,占总数的46.5%。具体而言,动结句的使役/被役省隐有以下五种情况:二者同指时,被役或使役必须有一个省隐,或者二者都省隐(这两种情况分别占例句总数的12.5%和3%,总计15.5%);二者不同指时,或使役省隐,或被役省隐,或者二者都省隐(这三种情况分别占总数的29%、0.5%和1.5%,总计31%)。相关例句如下:

(28)a. 走到南温泉尽头,小河变宽了。(老舍《鼓书艺人》)

b. 吃饱、喝足、玩够、睡醒了后,有点空虚了。(王朔《你不是一个俗人》)

c. 写失败了一本书是小,让世界上最大的事轻轻溜过去才是大事。(老舍《火葬》)

d. 他听着直摇头叹气,说全是"大跃进"搞坏的。(张贤亮《肖尔布拉克》)

e. 队里头派我领着人搞封山育林,就后头那些山,大炼钢铁砍光了,又一棵棵栽。(张辛欣、桑晔《北京人——一百个普通人的自述》)

例句(28a)中小河"变"致使小河"宽",使役、被役同指,此时被役必须省隐。例句(28b)中的"吃饱"、"睡醒"和(28a)中的"变宽"情况相同。当使役和被役不同指时,例句(28c)中"写"这个动作的发出者(即使役)没有出现,而例句(28d)中"坏"的对象(即被役)没有出现,例句(28e)中谁去"砍"和谁变"光"这两个对象都没有出现,即使役和被役都没有出现。可见,动结句中使役/被役省隐的情况相当复杂。

2. V得句使役/被役的省隐

通过分析北京大学CCL语料库中随机抽取的200条V得句,本书发现,存在使役/被役省隐情况的V得句有98条,占总数的49%。V得句使役/被役省隐的情况有如下三种:二者同指时,被役和使役必须有一个省隐(如例句[29a]),或者使役和被役都省隐(如例句[29b]),这两种情况分别占总数的37.5%和0.5%;二者不同指时使役省隐(如例句[29c,29d]),这种情况占总数的11%。相关例句如下:

(29)a. 欣然再往前行,三人不约而同止住脚步,都惊得倒吸一口冷气……(尹全生《一步难行》)

b. 晚上做梦也在跳,为误场着急,早晨醒来累得又立即睡了过去。(王朔《浮出海面》)

c. 那个平房里面呢,可以隆着火,故意把火拽倒了,弄得满屋子

全是烟,都没法儿上课。(北京话口语,作者:柳家旺)

  d. 要烘了,弄得特别麻烦,弄得屋里特味儿。(北京话口语,作者:柳家旺)

  V得句的使役和被役同指时,二者不能同时都出现在句子中,必须省隐其一。如例句(29a)中,"三个人"既是受惊吓的对象,也是"惊"这一状态的经历者,同时也是"倒吸一口冷气"的施事。"惊"的是使役"三个人",而造成致使结果"倒吸一口冷气"的也是这"三个人",在这种情况下,被役是无法出现的,被役若在"得"后再次出现,"*三个人惊得三个人倒吸一口冷气"是不被接受的,只能说"三个人惊得倒吸一口冷气"或者"惊得三个人倒吸一口冷气",两个"三个人"同时出现会造成信息冗余,违反语言的经济原则。

  V得句中的使役和被役不同指时,被役必须出现,使役一般情况下也都是出现的,省隐的情况极少。二者不同指而且使役省隐的情况,我们只在CCL语料库北京口语语料中发现了两例,即例句(29c,29d)。

  3. 兼语句使役/被役的省隐

  本研究所考察的兼语句共218例,其中有163例取自宛新政(2005),其余55例来自周红(2005)。本小节列出的例句都是典型的兼语句,句中致使动词都有较强的使令意义。根据本书第三章对兼语句的界定,兼语句的被役必须出现,不能省隐。如例句(30a)中的使役"一行人"可以省隐,而被役"洋车夫"是必须出现的。如果后者没有出现的话,该句就不再构成兼语句,表达的事件也从由两个事件构成的复杂事件变为一个简单事件,不再表操控义(即非典型致使)。例句(30b)的被役"小福子"也同样必须出现。总的来看,兼语句的使役可以省隐,但此种情况很少出现。就本章考察的语料来看,取自宛新政(2005)的163例兼语句中使役省隐的只有6例,占总数的3.68%;取自周红(2005)的55例兼语句中使役省隐的有5例,约占总数的9.9%;综合上述两方面的统计结果,使役省隐的兼语句总计11例,仅占总数的5%。总的来看,兼语句使役的省隐是极少发生的。相关例句如下:

  (30)a. 一行人催洋车夫赶路。(钱钟书《围城》)
    催洋车夫赶路。
    *一行人催赶路。

  b. 她力逼着小福子还上欠着她的钱。(老舍《骆驼祥子》)
    力逼着小福子还上欠着她的钱。

＊她力逼着还上欠着她的钱。

兼语句中的使役可以省隐,被役必须出现这一特点,不仅体现出兼语句和其他致使结构的不同之处,也体现出操控和致使的差异。本书第二章已经论述了操控和致使的关系,并指出操控在现代汉语中的表达方式是兼语句,所有的兼语句都是表达操控关系的。其中,只有典型的兼语句表达的操控关系才会被认为是非典型的致使关系。在致使结构中,即使使役或者被役省隐,致使关系的表达也不会受影响,因为致使关系的核心是致使力的传递(前文已有论述);而操控则不同,若被役(即被控者)省隐,则该结构无法表达操控关系。可见,操控关系中操控力和被控者都是必不可少的成分。

4. 使役/被役省隐的可能性连续统

比较动结句、V得句和兼语句中使役/被役省隐的情况,兼语句的使役/被役省隐的情况只有一种,V得句和动结句的使役/被役省隐的情况分别有三种和五种,从省隐发生的概率来看,这三种句式中使役/被役省隐的可能性依次增高。另外,从绝对数量来看,三种句式中使役/被役省隐的可能性也依次增高。为了使数据更具有可比性,本研究不用使役和被役同指时使役(或被役)省隐的情况来做比较。这样做一是因为这种省隐是句法强制要求的,二是因为兼语句不存在使役和被役同指时的省隐,无法和其他两种句式的可能性比较。基于此,在使役和被役不同指时,仅就本书的考察,兼语句、V得句和动结句中使役/被役发生省隐的例句的数量,依次占各自总例句数的3.68%、11%、31%。很明显,三种致使结构中使役/被役省隐的可能性依次增大,形成一个连续统,如图4-1所示。

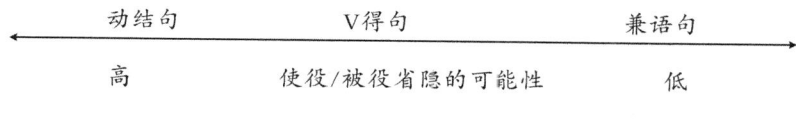

图4-1 使役/被役省隐的可能性连续统

(三)"省隐"的制约条件

前文已经指出,现代汉语致使结构中使役/被役的"省隐"有两种情况,第一种是被役和使役同指,二者必须有一个省隐;第二种情况是二者不同指时,被役或使役的省隐。"省隐"相对于"出现"来说有标记的现象,有其发生的具体限制条件。

要分析使役/被役省隐的限制条件,就不得不提到和它们息息相关的致使动词。以往有很多学者认为致使动词出现的句法环境受到严格的限制,诸如受事论元必须出现(Browne,1971;Grimshaw and Vikner,1993;Brisson,1994;Rappaport Hovav et al.,1998),致使动词不能和伪宾语共现(Rappaport Hovav et al.,1998),致使动词不能出现在路径或结果短语中(Dowty,1979;Rappaport Hovav et al.,1998)等(参见 Goldberg,2001)。但 Goldberg(2001)的研究推翻了上述观点。该文研究发现,在英语中,致使动词可以出现在上述情况中,而且当受事论元不表达话题信息时,不仅是英语,其他许多语言都允许省隐受事论元,例如汉语、日语、韩语等(Li and Thompson,1981;Huang,1984)。可见,致使结构中被役的省隐不是现代汉语特有的情况,英语、韩语等其他多种语言中都存在。例句(31)就是韩语和英语中致使动词所在句子的受事论元省隐的例子(转引自 Goldberg,2001)。相关例句如下:

(31) a. 韩语例句:

A: I ran across a big fat rat in the kitchen this morning.

B: kulayse, cwuki-ess-e?

So, kill-PAST-SententialEnding?

So, did [you] kill [it]?

因此,你杀了他?

b. 韩语例句:

A: Ani, tomanka-key naypelie twu-ess-e

No, run away-comp leave let-PAST-SE

No, [I] let [it] run away. (Woo-hyoung Nahm, pers. comm., 16 February 1999)

不,我让它跑了。

c. I heard Pat cut.

我听说 Pat 砍伤了。

d. The tiger killed.

老虎杀死了。

Goldberg(2001)提出了几点制约致使动词的受事论元(即宾语)省隐的因素,并指出只有在致使动词满足这些条件时,受事论元才可以省隐。这些条件是：第一，受事论元是可以根据致使动词和具体的语境预见到的、不定指的、不具体的；第二，动作是可重复的。该文又进一步归纳出受事论元在低话语凸显条件下省略的原则（the principle of omission under low discourse prominence），即当受事论元在话语中相对于动作来说不再被强调时有可能省略。也就是说，当受事论元不是话语篇章中的话题或焦点，而且动作受到强调的时候（例如动作是可重复的、强影响力、话语中的话题、对比焦点等），受事论元有可能省略（omit）。这一原则也可以从 Talmy（1996）的"注意窗（windowing of attention）"的观点中得到印证，即当动作成为焦点，前景信息被凸显的时候，话语中的受事论元就不再受到凸显而成为背景信息，这时受事论元就可以不再出现。

Hiromi Onozeuka（2007）也对英语中的致使动词的标记以及宾语删略（object deletion）问题进行了讨论，该文进一步论证了 Goldberg（2001）提出的"受事论元在低话语凸显条件下省略原则"的正确性，并做了一些修正，扩展了该原则的解释力，认为原则中的多个内容都适用于非致使动词所在的句子。该文强调，不论句子中的动词是否是致使动词，"凸显（prominence）"都是该动词的定指宾语删略（deletion）的普遍适用条件，"强调（emphasis）"不是必需的。

就本章所分析的兼语句、V 得句和动结句的情况来看，出现在致使动词后面的受事论元不一定是致使事件中的被役。例如（28b）中的"吃饱"，致使动词"吃"的受事论元并非被役，再如"他们喝醉了酒"中致使动词"喝"的受事论元是"酒"，也不是被役"他们"。不过，这种情况只限于使役和被役同指时，二者不同指时，受事论元和被役是相同的。例如"猫咪打碎了花瓶"中，致使动词"打"的受事论元"花瓶"同时也是被役。可见，受事论元和被役并不是完全相同的。

既然如此，Goldberg（2001）提出的受事论元省隐的条件是否能够适用于现代汉语的致使动词呢？

本书考察发现，Goldberg（2001）的受事论元省隐的条件是基本适用于现代汉语的致使动词的。

首先，前文的现代汉语例句中，使役和被役不同指时，省隐的使役或被役大都是可以预见的、不定指的、不具体的。如例句（28e）中的被役没有出现，但从句子提供的语境读者可以预见到"砍"的应该是"树木或森林"，被役是不具体的、不定指的。这里的被役同时也是致使动词的受事论元。当被役和使役同指时，被役是明确的，但为了避免重复和信息冗余没有出现。例如（29a）中的"惊"的被役是"三人"，是确定的、具体的。这似乎违反了 Goldberg（2001）提出的规律，但 Cote（1996）指出，省隐的被役是在对举的语境中或者较近的话语中出现过或者被凸显①,而例句(29a)中的被役正是在前面较近的话语中出现过的(即使役和被役同指)。可见,使役和被役同指时,被役/使役的省隐也可以用Goldberg(2001)提出的规律来解释。英语中也有同样的情况,如例(32),该例转引自 Goldberg(2001:515)中的例句。

(32) A：Let's get all of these ugly dishes out of here before your date arrives.
B：OK, you break and I'll sweep.
C：You wash, I'll dry. (Rice, 1988; Resnik, 1993; Cote, 1996)

例(32)B、C 两句中都没有出现受事论元,但是受事论元都是可以预见的,而且在 A 句中出现,由于二者在话语中距离较近所以不再重复出现。"you wash"和"I will dry"是对比强调(contrastive emphasis),强调一对动作的发生②。当然,对比强调并不是受事论元省隐的必要条件,这一点 Hiromi Onozeuka(2007)已有论述。

其次,在使役/被役省隐的句子中,动词所表示的致使动作是可以重复的。例如"惊"可以说"被惊吓了好几次","吃"可以说"一天吃三次"、"吃了两回"等。而且,致使动词表达的致使动作在句中都是受到凸显的,是句子表达的中心,致使动词都是必须出现的,是致使表达的核心。上面分析了致使结构中被役省隐的制约条件,同样的,使役省隐时也是满足上述条件的。如例句(28c)中的使役没有出现,但根据语境我们可以预见到是某个人,只是这个预见是不具体、不确定的。句中的致使动词"写"也是可以重复的动作,可以说"写了好几遍了"、"写完一笔再写一笔"等。

综上所述,现代汉语的致使结构中使役/被役发生省隐时,其所在致使结构需要满足如下制约条件:第一,使役/被役是可以预见的、不定指、不具体的成分,定指的、具体的使役/被役必须是在较近的话语中出现过的才能省隐;第二,致使动作是可以重复的。不论是使役和被役同指的致使结构,还是二者不同指

---

①原文如下:"such omitted arguments must be very recently mentioned or very salient in the discourse."

②Goldberg(2001:515)对该问题的解释是:"a narrow emphasis on the paired actions is necessary to license this type of omission(the omission of apparently, highly topical definite patient arguments-H. O.)."具体论述见 Goldberg, A. E. Patient arguments of causative verbs can be omitted: the role of information structure in argument distribution [J]. Language Sciences, 2001 (23):503-524.

的致使结构,只要该致使结构满足两个制约条件中的任何一个,便有可能出现使役/被役省隐的情况。

二、形式紧密度

致使结构的形式紧密度(参见 Dixon,2000)是指致使事件和结果事件在句法形式上的紧密程度,二者距离越接近,紧密度越高。在现代汉语致使结构中,致使事件和结果事件之间的距离往往表现为致使动词(主动词)和结果补语的距离。主动词和结果补语的距离越近,则表明致使事件和结果事件之间的紧密度越高,反之亦然。本书考察发现,在现代汉语中,不同致使结构的形式紧密度是存在级差的。关于这一问题,本书已经在第三章第二小节中有所论述,现仅就动结句、V 得句和兼语句的形式紧密度及其紧密度等级简要阐述如下。

(一) 动结句的形式紧密度

在动结句当中,致使动词和结果补语在形式上紧密相连,即主动词和表结果的补足语动词或形容词中间没有被其他成分隔开,而且这两个词之间只能插入有限的几个词语。从时空关系来看,动结句中的致使动词和结果补语都一定发生在同一时空,是一种直接致使。根据 Haiman(1983)提出的象似性原则,语义上的直接性也要求表达该致使情景的两个成分(即致使动词和结果补语)在形式上直接相邻。如例句(28)中的"吃饱"、"睡醒"、"变宽"等,这些动结句当中只能插入"得、不"等词,不能无限制扩展;它们所表达的致使在语义上来看也是非常直接的,"吃"和"饱"一定是发生在同一时空的。而在 V 得句和兼语句中,致使动词和结果补语都被不同的成分隔开,并不紧密相连。因此,不论从形式距离来看,还是从致使语义的直接性来看,动结句中的致使动词和结果补语(即致使事件和结果)的形式距离,都小于 V 得句和兼语句中二者的距离,即动结句的形式紧密度高于 V 得句和兼语句。

(二) V 得句的形式紧密度

在 V 得句中,致使动词和结果补语由"得"隔开,即致使事件和结果事件没有紧密相连。和动结句相比,该致使句式的形式紧密度低于动结句。V 得句中有一部分句子的使役和被役同指,被役省隐,如例句(29)。这种句子较之有被役的 V 得句而言,致使事件和结果事件距离更近一些,形式紧密度更高一些。但不论哪种情况,从形式上来看,V 得句中致使动词和结果补语之间的距离都小于动结句的。总的来看,V 得句的形式紧密度小于动结句的。

(三) 兼语句的形式紧密度

从形式上看,兼语句是两个或多个小句的松散连接,由被役连接起这些小句。兼语句中的致使动词和结果补语由被役隔开,关系较为松散,被役可以和其前后成分各自形成小句。如例(30a)"一行人催洋车夫赶路"可以分析为"一行人催洋车夫"和"洋车夫赶路"两个小句。

而 V 得句中的致使动词和结果补语虽然被"得"和被役隔开,但被役无法和其前面的成分构成小句,只能和其后面的成分构成小句。这表明,此时致使动词和结果补语之间的形式距离,虽略大于兼语句中二者的形式距离,但二者的关系比兼语句中的更紧密。例如,"你打得我后背现在还疼呢",句中"打"和结果补语之间被"得"和被役"我"隔开,"*你打得我"不成小句,而"我后背现在还疼呢"可以被分析成一个小句。当被役和使役同指且被役省隐时,V 得句中致使动词和结果补语只由"得"隔开,二者的形式距离虽和兼语句中的相同,但二者的关系依然比兼语句更紧密,因为"得"不能和其前后的成分形成小句。例如(29a)中"惊得倒吸一口冷气",不能看作是"*惊得"、"*得倒吸一口冷气"两个小句。可见,兼语句中的致使动词和结果补语之间的形式距离小于或等于 V 得句的,但兼语句的致使动词和结果补语之间的句法语义关系较为松散,远不及 V 得句中的紧密。因此,本书判断兼语句的形式紧密度低于 V 得句。

前文已经分析出 V 得句的形式紧密度低于动结句,那么,加之前文对兼语句的分析,兼语句的形式紧密度自然也低于动结句。而且,从直观的句法形态上也可以看出,兼语句中的致使动词和结果补语的距离远远大于动结句的。由此可知,兼语句是这三种致使结构当中形式紧密度最低的。

(四)形式紧密度连续统

综上所述,动结句、V 得句和兼语句的形式紧密度依次降低,形成致使结构形式紧密度连续统。具体内容如图 4-2 所示。

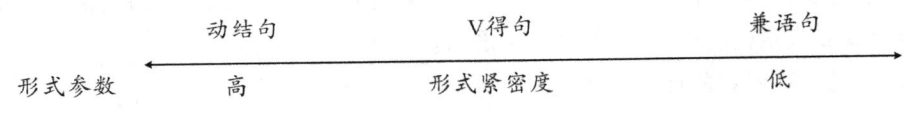

图 4-2　动结句、V 得句和兼语句形式紧密度连续统

三、小结

综合兼语句、V 得句和动结句的使役/被役的省隐和形式紧密度这两方面的分析结果,本书发现,这三种句式的形式紧密度与使役/被役省隐的可能性成正比,即兼语句、V 得句和动结句的形式紧密度依次增高,使役/被役省隐的可

能性也依次增高(如图4-3所示)。

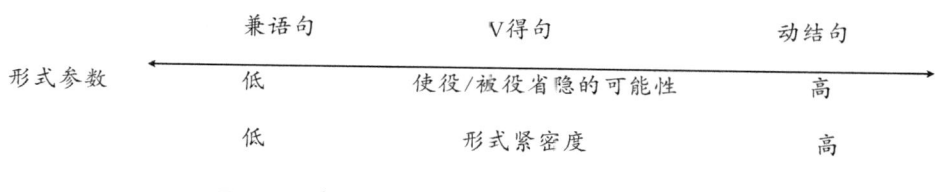

图 4-3　动结句、V得句和兼语句形式参数连续统

若将此概括成一条蕴含性预测,则可以表述为:若某种致使结构的形式紧密度越高,则使役/被役省隐的可能性也越高,反之亦然。

第二节　现代汉语致使结构的功能特征分析

本书的"功能"是指句法功能而不是语用功能。本节将从致使结构的句式义、致使效率、多样性等方面考察现代汉语致使结构的功能特征和规律。选取上述三个方面进行分析是基于以下考虑:从功能特征来看,句子的首要功能是表达信息或经验(参见 Givón,2001:7)。在现代汉语的致使结构中,句子的功能主要是表达致使情景,具体而言还包括:致使结构所表达的致使情景是否实现(即致使效率的高低),各类致使结构所表达的致使情景的整体特征(即句式义),构成该情景的内部成员的多样性等。构成致使情景的成员越具有多样性的特征,其所在致使结构越能够表达多种多样的致使情景。这里所说的内部成员包括致使结构的使役、被役等。

一、致使结构的句式义

本书所讲的"句式义(construction meaning)"源自 Goldberg(1995),也有不少学者译作"构式义"。Goldberg(1995:4)对"构式(construction)"的定义是:"当且仅当C是一个形式-意义的结合体<Fi, Si>,且形式 Fi 或意义 Si 的某些方面不能从C的组成成分或其他先前已有的构式中严格推导出来时,C是一个构式。"①"构式义"是指整个构式所表达的意义,而非构式中的某个词或组成成分的意义,也不是从某个词或组成成分推导出来的意义。该书认为,在范畴化这一普遍原则的基础上,各种构式构成了一个高度综合的系统,构式和构式之间存在紧密联系。某些构式之间的共同点构成了它们的共性,这一共性本身也是一个构式,这个共性构式的特征通过遗传层级传给其他更具体的构式。

根据 Goldberg(1995)的构式理论,现代汉语中的各种致使结构都是一个个"构式",有各自不同的"构式义",但他们的构式义又都含有一个共同的内容——致使。因此,本书从各种致使结构(即各种构式)中找出表达它们共性的新的构式,将其称作致使结构的"原构式(proto-construction)","原构式"的构式义是致使。现代汉语中的每一种致使结构相对于原构式来说都是构式变体,他们的构式义虽然都有相同的内容——致使,但在表达致使时又各有侧重,既有区别又有联系,这一点本书在第三章第一节中已有论述。正如 Goldberg(1995:71-81)指出的,构式之间的联系是有规律的,常见的链接方式有遗传性链接(inheritance links)、多义性链接(polysemy links)、子部分链接(subpart links)、实证链接(instance links)、隐喻扩展链接(metaphorical extension links)等。依据此观点,现代汉语中表达致使的各种构式的关系应属于多义性链接(polysemy links)。这些构式在形式和语义上都既有联系又有区别,这恰恰符合 Goldberg(1995:67)提出的动因最大化原则(the principle of maximized motivation)②和无同义原则(the principle of no synonymy)③。而且,在现代汉语中存在八种表达致使的构式(即致使结构),这样多的数量恰是经济最大化原则(the principle of maximized economy)和表达力最大化原则(the principle of maximized expressive power)④在现代汉语中的具体体现。

鉴于原构式和构式变体的差异,为了更清晰地表述概念,本书把致使结构

---

① 英文原文如下:C is a CONSTRUCTION iffdef C is a form-meaning pair <Fi, Si> such that some aspect of Fi or some aspect of Si is not strictly predictable from C's component parts or from other previously established constructions.

② 动因最大化原则:如果构式 A 和构式 B 在句法上相关,那么,构式 A 的系统在一定程度上被激发,和构式 B 在语义上相关联,这种动因即是最大化的。

③ 无同义原则:如果两种构式在句法上有区别,那么,它们必定在语义上或语用上也有区别。该原则包括两个推论:第一,如果两个构式句法上有区别而且语义同义,那么,它们必定在语用上不同义;第二,如果两个构式句法上有区别而且语用同义,那么,它们必定在语义上不同义。

④ 前者是指构式的产生是交际目的最大化的结果,后者是指有区别的构式的数量尽可能的最大化。

的构式义称作"句式义",把各种致使结构称作"句式",把原构式的构式义称作"构式义",原构式称作"构式"。也就是说,从宏观的角度来看,各种致使结构可以归结为同一种构式,有其共同的构式义——致使;从微观的角度来看,各种致使结构又是不同的句式,有其各自不同的句式义,句式义虽都含有致使的意义但又各有其侧重点。

需要指出的是,不管是"构式义"还是"句式义",这两个概念的实质都基于Goldberg(1995)的观点,本书并没有修改其定义,只是将这一概念在不同的层面加以区分而已。在抽象的层面,本书使用"构式、构式义"这一表述,在具体的层面,本书使用"句式、句式义"这一表述。本书采用双层面的表述,是在尝试克服构式语法存在的局限。构式语法强调单层性,过分强调每一种构式的独立性,完全否定了构式之间可能有的相互转化。构式语法把表示同一个事件的不同构式不加区分地放在一个平面上。这样一来,要描写整个语法体系就必须对每一种构式的形式和意义进行描写,这将是非常庞杂的事情。本书用"构式"和"句式"区别开抽象和具体这两个层面,这样便能体现出构式的独立性、关联性以及构式之间同中有异和异中有同的关系。这样一来,对整个致使结构乃至语法体系的描写,就不再是一个庞杂的事情,而是有序的、成系统的工作。

"原构式"是本书从具体的致使结构中抽象出来的表达式,在语言中是没有完全对应的句法结构的,"原构式"只能通过各种变体形式存在于各种语言当中。而"句式"是"原构式"在各种语言中的具体存在形式,是多种多样的。具体到现代汉语而言,各种致使结构虽然都表达致使,但各有侧重,有其各自的"句式义",这些"句式义"恰是它们功能差异的体现。因此,分析致使结构的句式义,有助于对其功能特征进行更准确的概括和比较。关于现代汉语中各种致使结构的句式义,本书已在第三章第一节逐一论述,下文将只对典型动结句、典型V得句和典型兼语句的句式义进行分析和比较。

(一) 典型动结句的句式义

动结句是现代汉语中较为常见的一种致使表达形式,其突出特点是致使动作和致使结果紧密相连,如例句(33)中的"听懂"、"踏坏"、"打碎"等。相关例句如下:

(33) a. 凤霞像是听懂了二喜的话,不再摇头。(余华《活着》)
  b. 一支马队横冲直闯踏坏了那片野罂粟。(路远《白罂粟》)
  c. 如果我们中间有个同学打碎了玻璃,我有没有错。(余华《在细雨中呼喊》)
  d. 有一次他们喝醉了酒……(张炜《柏慧》)

e. 少爷跟他全家去了香港之后,没有人来折磨胡杏,看着、看着,她就吃胖了,那张莲子脸儿圆得像个西瓜一样呢!(欧阳山《三家巷》)

从致使的内涵和方式来看,典型的动结句表达的是:由于致使事件的发生而导致被使事件的出现或变化(参看施春宏,2008),即"某动作使某事物进入补语动词所描述的状态"(参见郭继懋、王红旗,2001),动作结果多是规约性的,是一种典型的、规约性的致使关系,通常是低程度地突显事件的结果(参看宛新政,2005)。规约性是指符合正常的逻辑判断推理,如例句(33d)中的"喝醉了酒"是规约性的,而"喝醒了酒"则是非规约的,违反人们的一般逻辑思维。由于规约性的结果和原因在概念中的距离较近,根据 Givón(1990)提出的邻近原则,两个事件整合得越紧密,表达它们的词语就整合得越紧密,中间越不能被从属的词或物理的停顿隔开,二者在语言形式上距离也会比较近。在动结句中,致使动作的发生和致使结果的产生是在同一时空的,如例句(33e)中的"吃胖了"是"使进入'胖'的状态","胖"是"吃"这一动作的规约性的结果,进入这一状态在时间轴上通常只占一个瞬间点(参见郭继懋、王红旗,2001);再如例句(33d)中的"喝醉","醉"是"喝"这一动作的规约性结果,二者也是在同一时空发生的。可见,动结句是非常直接的致使,侧重表达致使情景中具有同一时空关系的致使动作和致使结果之间的直接性。

综上所述,典型动结句的句式义可以概括为:使役发出致使力使被役发生某种规约性变化,并使之进入某一状态或产生某种结果,侧重凸显致使情景中致使动作和致使结果的同时空关系和致使的直接性。

(二)典型 V 得句的句式义

朱其智(2009)认为,"V/A 得 OC"结构中的"得"具有致使义(O 代表宾语,C 代表补语)。该文将"得"分为两个,一个是"V/A 得 C"中的"得",一个是"V/A 得 OC"中的"得"。该文认为前一个"得"没有致使义,后一个"得"有致使义,原因是二者的来源不同。本书认为,朱文的观点有待商榷。本书分析发现,"得"后即使不带宾语也可以表致使,例如,"他累得坐在地上起不来了"就是表致使义的,"得"后的成分是结果补语。而"他吃得很快"、"他吃得完"等则不表致使,前一句中的补语表程度,后一句中的补语表可能。这里只举三个例子,"得"后可能出现的补语的情况远比这些复杂,但是只有带结果补语的 V 得句才表达致使。若按朱文的做法,简单地把"得"按句法结构二分,并不能解释上述所有问题。

本书认为,表致使的V得句的致使义源自整个句式,而不是源自"得"。原因有以下几点:首先,V得句中的"得"本身语义就已经弱化了,很难说它具有什么样的具体词汇意义。如果说"得"有致使义的话,那么,它的致使义不是孤立地从"得"的本义变来的,而是在特定的句法环境中发展而来的。当其所在的句式(带结果补语)具有了表达致使的功能之后,"得"有可能也渐渐被句式赋予了一些致使义,和其他句法成分共同表达致使情景,而不是"得"有了致使义之后使得整个句子也有了致使义。至于"得"的致使义是如何从本义发展而来的,岳俊发(1984)、吴福祥(2002)、赵长才(2002)和刘子瑜(2003)等都对此问题进行过深入的探讨,本书限于篇幅和研究重心暂不予以讨论。其次,"得"并不是致使标记词。V得句中的"得"并不像"使、令、让"等有致使义的那些词语那样本身就具有致使义,如我们可以说"这件事使/令/让他兴奋",但不能说"*这件事得他兴奋",二者的功能差别显而易见。综上所述,V得句中的"得"不是致使标记词,"得"不能独立表达致使意义,V得句的致使义源自整个句式。

不少学者都赞同V得句表示致使义的观点。例如郭继懋、王红旗(2001)提出,典型的V得句表达的意义是"使某事物呈现补语所描述的状态或者发生补语所描述的行为",结果多是偶发性的。宛新政(2005)也持近似观点,认为V得句表达的是一种偶发性的致使关系,其结果事件具有偶发性,在功能上通常是高程度地突显事件的结果。本书也赞同上述观点。例如(34a)中"打"使"我"呈现"后背现在还疼呢"的状态,再如(34b)"扯得牛凤章直叫"使"牛凤章"发生"叫"的行为,"后背现在还疼呢"和"打"、"叫"和"扯"之间都没有必然的联系,"打"的结果也可能是"死、坏"等,"扯"的结果也可能是"断、疼"等。可见,这些结果都是偶然的,不具有规约性,无法预测。相关例句如下:

(34)a. 你打得我后背现在还疼呢。(三朔《空中小姐》)
　　b. 这手扯得牛凤章直叫,那手的酒壶也歪了,酒打壶嘴溜出来,滴滴答答溅满菜盘子。(冯骥才《三寸金莲》)

此外,从时间上来看,致使动作和结果之间没有动结句那么强的共时性。如例句(34a)中"打"这一动作和其造成的结果"后背现在还疼呢"显然不是发生在同一时间的,"现在"这个时间词明确揭示了这一点。而且,这一致使情景无法用动结句来表达,也说明V得句的致使动作和致使结果之间不一定具有共时性或者二者的共时性比动结句弱很多。

综上所述,典型V得句的句式义可以概括为:使役发出致使力使被役产生某种偶发性的变化或结果,致使动作和致使结果之间的共时性较弱,侧重凸显致使情景中致使结果的偶发性。

(三) 典型兼语句的句式义

兼语句和其他致使结构相比是最不典型的致使结构,兼语句主要表达操控关系(参见 Peng,2006;彭睿,2007),只有典型的兼语句才能表达致使。

兼语句在表达致使情景时,该情景中的被役具有较高的自主性和意志力,即都是人或有生命的物体,可以根据其意愿决定是否去实现致使结果。因此,兼语句中的致使结果不一定是已然的。如例句(35a)中的"洋车夫"可以赶路,也可以不赶路磨洋工。相比而言,动结句和 V 得句中的致使结果都是已经实现的,如"吃胖了"、"吃得他肚子溜圆"等。可见,和其他致使结构相比,兼语句在表达致使时,更侧重凸显致使情景中致使结果的或然性(既可以是已然的,也可以是未然的)和被役的强自主性及其意志力。相关例句如下:

(35) a. 一行人催洋车夫赶路。(钱钟书《围城》)
b. 公社常派人来通知他去县里开三级干部会议。(余华《活着》)

综上所述,典型兼语句的句式义可以概括为:使役有意识地发出致使力作用于被役,企图使之产生某种变化、结果或进入某种状态,侧重凸显致使情景中致使结果的或然性,被役的强意志力和强自主性。

此外,兼语句表达的致使可以构成致使链,如例句(35b)"派"、"通知"、"去"等动词连用,使得前后的多个使役、被役连接起来,形成一个连续的致使链,表达复杂的致使事件。这恰好反驳了 Wolff(2003)根据其"无中断致使假设(no-intervening-cause hypothesis)"做出的预测。该假设预测:如果一个致使链中初始使役(initial causer)和最终被役(final causee)之间没有介入其他致使者(no intervening causers),那么这个致使链可以用一个小句来描述,并且可以分析成一个单独的事件。人们在描述致使链时,更多地选择用词汇致使而不是迂回致使(即分析型致使)来表达。而汉语的实际语料证实,现代汉语中能够表达致使链的恰恰是分析型致使。可见,Wolff(2003)的这一假设的正确性还需进一步探讨。

(四) 小结

典型动结句侧重凸显致使情景中致使动作和致使结果的同时空关系和直接性;典型 V 得句侧重凸显致使情景中的致使结果的偶发性;典型兼语句侧重凸显致使情景中致使结果的未然性,被役的强意志力和强自主性。相比而言,典型动结句表达的致使最直接、最容易实现;典型兼语句表达的致使侧重未然性和被役的强意志性,因此实现该致使需要具备的条件最多、最不容易实现;典型 V 得句致使结果是偶发的,该类致使的成功实现也带有偶发性,成功的可能性处于动结句和兼语句之间。

二、致使效率

(一)致使效率的定义

致使效率(efficiency of causation)是指致使结构所表达的致使情景能够成功实现的概率。本书规定,所谓"成功"与"不成功"是从说话者的角度判断的,是说话者对致使事件实现的可能性的推测。某致使结构表达的致使情景实现的可能性越大,该致使结构的致使效率越高,反之,致使情景实现的可能性越小,该致使结构的致使效率越低。致使效率是致使结构的功能参数之一,不同致使结构的致使效率是有级差的。

(二)判断致使效率的方法

本书主要采用两种方法来判断某种致使结构实现致使结果的效率高低:一种是类推法,一种是反证法。

1. 类推法

Givón(2001)提出的关于形式-功能对应关系的分析都是以操控为对象的,因为该文认为致使是一种成功的隐含性操控(successful implicative manipulation),而且是处于补足语等级顶层核心语义层面的一种操控。既然在 Givón(2001)的文中致使是一种成功的操控类型,那么,该文提出的关于操控的规律性预测也同样适用于致使。因此,本书在判断致使效率时,采用类推的方法,将 Givón(2001)的判断标准和规律性预测应用到本书的分析中。

2. 反证法

致使效率的判断涉及致使的多个层面,有些无法直接正面论证的内容,本书只能采用反证法,先假设若有这样的规律则会有什么样的结果,然后去证实存在符合预测的结果,以此来反证此种规律的存在。例如,从已有研究成果可知,致使效率高的致使结构表达的都是已然的致使,被役的抵制力很低,施事性很弱,致使较为直接等。那么,本研究就先分析某种致使结构的被役的抵制力、施事性、致使的已然未然、致使的直接程度等情况,而后再来证明该结构致使效率的高低。

(三)致使效率的判断

致使效率的判断是一个复杂的过程,本书拟通过对被役的施事性(agentivity)、致使的已然和未然(realized or unrealized)、致使的直接程度(degree of contact)、被役的抵制力(resist power)等参数的考察来综合判断动结句、V 得句和兼语句的致使效率的高低。

1. 致使的直接程度

Givón(2001:48)提出操控越直接越容易成功。作为该文的一种成功的隐含性操控类型,致使自然也符合上述规律,即致使越直接越容易成功。本书采用功能和形式相结合的办法,用以下两条标准来判断致使是直接的还是间接的:第一,致使事件和结果事件是否具有共同的时空情形;第二,致使动词和结果补语在形式距离上的远近。在第三章第二节,本书已经分析出了现代汉语致使结构的语义类型及其连续统。其中,兼语句是典型的间接致使,动结句最接近典型的直接致使,V 得句表达的致使直接性居中。可见,在这三种句式中,动结句表达的致使最直接,V 得句次之,兼语句最不直接。依照 Givón(2001)的观点,致使越直接越容易成功,由此推测,动结句、V 得句和兼语句表达的致使越来越不容易成功,即致使成功效率越来越低。

2. 被役的施事性

(1) 判断施事性的参项

Givón(2001)曾提出:在成功的操控(manipulation)中,主句的施事即操控者(manipulator)把他的意志强加于被控者(manipulee),被控者的控制、选择和独立行为能力很弱,被控者更像是受事而非施事。操控越成功,被控者的控制力越小,施事性越少。Givón(2001)已通过语料证实该论断的正确①。该文提出的关于操控的成功与被控者施事性的多少的互动规律也同样适用于致使。也就是说:致使越成功,被役的控制力越小,施事性越少,即被役具有的施事特征越少。反之,如果一个致使结构的被役施事性越少,该结构表达的致使越成功(即致使效率越高);被役的施事性越多,该结构表达的致使越不容易成功(即致使效率越低)。基于上述分析,被役的施事性可以作为判断致使效率的一个参数,即通过对动结句、V 得句和兼语句当中被役的施事性的考察来判断它们致使效率的

---

① Givón(2001:45)对此举例:(17)a. *She made him shave but he refused. b. She asked him to shave but he refused. 该文的具体论述见 Givón, Talmy. Syntax:An Introduction [M]. volume1/2,Amsterdam/Philadelphia:John Benjamins Publishing Company,2001. (17a)是成功的操控,不可以被否定。在此操控中,him 没有拒绝的控制能力和选择能力,施事的特征很少。而在(17b)中,操控结果可以被否定,him 有控制和选择能力,具有较多施事的特征。可见,该文用致使能否被否定这一方法来判断被役的施事性强弱,但是这一方法对现代汉语致使结构来说不太适用。因为,此种方法只能判断出兼语句表达的致使可以被否定,被役的施事性强,其他致使结构表达的致使都不能被否定,被役的施事性特征比兼语句中的弱。这一方法不能有效区分兼语句之外的其他致使结构中被役的施事性强弱。因此,本书并没有采用此方法来鉴别致使结构中被役的施事性。

高低。

那么,如何判断被役的施事性呢?

前人对此问题研究颇多。Cruse(1973)提出,典型的施事所具备的特征是:意志性(volitive)、影响性(effective)、主动性(initiative)、施行性(agentive)。Dowty(1991)认为,典型的施事应该具备以下特征:意志性(volition)、感知性(sentience/perception)、使动性(causation)、移位性(movement)、自立性(independent)。Delancey(1981,1984,1985)提出,施事性(agentivity)是一个典型范畴,该范畴是一群自然聚集在一起的特征构成的"特征束"。该文以连续统的观点将典型施事的特征细化,并指出具有所有特征束最左端的特征的是典型的施事。五种典型施事的特征如下:

a. 有生性(humanity):人>有生物>无生物>抽象物
b. 使因性(causation):直接使因>间接使因>非使因
c. 意志性(volition):强意图>弱意图>非自愿
d. 控制性(control):强控制>弱控制>非控制
e. 显著性(saliency):十分显著>比较显著>不显著

Delancey(1985:52)在讨论拉萨藏语中典型施事的性质时指出,控制性在一定程度上来讲是客观观察到的,而意志性是只有领有者才能感知的,也只有在说话人的立场才能得到准确判断。不是所有典型施事具备的特征在每一种语言中都是显性的语法范畴(overt grammatical categories)。Givón(2001:44)也指出了施事性(agentivity)的三点核心特征:意图性(intentionality)、控制(control)、强制力(coercive power)。张伯江(2002)指出了汉语学界对施事概念理解上的一些问题,并尝试从语用的角度对施事角色进行界定。该文提出的施事特征有"具体性、可移动、自动力、生物性、有生命、有意愿、有理性、叙述者"等。但该文没有对这些施事性特征进行具体说明,也没有明确这些特征是如何划分出来的,它们的关系如何,该如何在具体的句子结构中进行判断等,这些问题都尚待进一步讨论。

综上所述,"causation、volition、control"是大多数学者公认的,在他们的文章中都提到的三种施事性特征,而且Cruse(1973)、Delancey(1981,1984,1985)和Dowty(1991)对这三个特征的定义是基本相同的,可见,各家学者在这三种施事性特征上取得了共识。本书将上述三个特征依次译作"使因性、意志性、控制性"。从类型学的角度来看,各种语言对句中的施事具备多少种特征的要求是不同的。在现代汉语中,上述三种施事性特征都有显性的表现。除此之外,有生性(humanity)也是影响施事性特征的重要因素,在现代汉语中也是显性的语法范畴。因此,本书从 Delancey(1981,1984,1985)的"特征束"视角出发,用使因性、意志性、控制性和有生性这四种施事性特征参数,分析动结句、V 得句和兼语句中的被役的施事性强弱。被役具备的施事性特征越多、越强,其施事性就越强。

在具体分析之前,本书有必要对这四种施事性特征参数的具体内容以及它们之间的关系进行阐述。

"有生性(humanity)"是指该成分有无生命。和此特征密切相关的概念是"生命度(animacy)",语言学概念的生命度不完全对应于生物学意义上的生命度。Comrie(1989)认为,"原来意义上的生命度,即从人类经动物到无生命这个等级参项,不可能是我们必须在其范围内进行讨论的唯一框架",因此该书提出了"人类>动物>无生命物"这个生命度基本框架。此后,关于生命度问题的研究多是在此框架下展开的,Delancey(1981,1984,1985)提出的施事的"有生性"特征也不例外。在"有生性"这个概念下,依照 Delancey(1981,1984,1985)的观点,人的有生性最强,动物、植物的有生性递减,无生物(比如水、煤等)和抽象物(比如国家、概念等)都是无生命的。本书此处对"有生性"的分析旨在区别某成分是否具有该特征,鉴于此目的,在做具体分析时不再对有生物的生命度高低细加区别,即不再区分句中人名、动植物名称、人称代词的生命度差异。

"意志性(volition)"是指该成分是有意图地参与有关事件或状态的。Cruse(1973)指出,意志性这个特征只有在一个有意愿(will)的行为被陈述或暗示的时候才会体现出来。意志性也是一个连续统,正如 Delancey(1981,1984,1985)所说,有些施事具有强意图(strong intent),有些具有弱意图,而有些是非自愿(non-voluntary)、无意图的。例如 Cruse(1973)所举的例句"What John did was be ready"中的 John 就是有意志性的。汉语的例子,比如"他打碎了玻璃"中"他"有强意图,如果没有意图,"打碎了玻璃"这个动作是不会实现的。相比之下,有生性比较弱的成分意志性也比较弱,"小狗高兴得叫了两声"中的"小狗"就是弱意图性的。有生性的成分也有无意志性的,如"我逗得他哈哈大笑"中的"他"就没有意志性,"哈哈大笑"不是他有意图地动作,是他在"逗"的作用下发出的,是无意图的。而无生命体都是没有意图的,例如"风吹破了窗花"中的"风"。正如张伯江(2002)提出的,意志性可以用"故意的"等词语来测试,本书用此方法检验本段的例句,得出的结果是:"他故意打碎了玻璃"、"小狗故意高兴得叫了两声"、"*我逗得他故意哈哈大笑"、"*风故意吹破了窗花"。这四个句子的合法性依次降低,最后两句是不合法的,这说明前文对这些句子中使役的意志性的分析是正确的。

"使因性(causation)"是指该成分能促使某事件发生或使另一个参与者的状态改变。根据 Delancey(1981,1984,1985)的观点,使因性有直接、间接和无使因之分。例如"他打碎了玻璃"中的"他"是具有"直接使因"的,"他"直接造成了玻璃的破碎。再如"他骂得小王脸都红了"中的"小王"是具有"间接使因"的,虽然"小王"能够使"脸红",但"脸红"是在"骂"的作用下才发生的,"骂"才是促使这个事件发生的直接使因。又如"他知道玻璃碎了"中的"他"是"无使因"的,"他"并没有促使"玻璃碎了"这一事件发生。本书可以用"……使……"来检验某成分是否具有"使因性",上述例句的检验结果是:"他使玻璃打碎了"、"?他骂得小王使脸红了"、"*他使知道玻璃碎了"。第一个句子是可以接受的,而第二句的合法性值得商榷,第三句明显不合法。这些都验证了前文对句中使役的使因性强弱的分析。

"控制性(control)"是指该成分能在事件中发出动作从而控制或影响其他相关成分和事件的结果。有控制性的成分,其控制能力的强弱因具体的句法结构不同而不同。同一个成分在不同的句法位置上,其控制能力的强弱也是有差异的。控制性可分为强、弱、无三种程度。有的成分控制性比较强,比如"他打碎了玻璃"中"他"能发出"打"的动作并控制"玻璃破碎"这个结果。有的成分控制性比较弱,例如"我逗得他哈哈大笑"中的"他"虽然能"哈哈大笑",但并没有控制或影响其他成分,结果的实现是在一定程度上受到"逗"的促使。和前一个例句中的"他"相比,这一句中的"他"控制性就显得比较弱。而有的成分没有控制性,例如"这件事让我很开心"中的"这件事"虽然具有使因性,能促使"我很开心",但它不能发出动作,不能控制"我"开心或不开心。张伯江(2002)提出"可控性可以用'一阵阵的'等词语来测试"。本书如法炮制,用"一次次"来检验本段中的这几个例句,检验的结果是:"他一次次打碎了玻璃"、"?我逗得他一次次哈哈大笑"、"*这件事一次次让我很开心"。检验结果再次证明,前文对这些句子中使役的控制性的分析是正确的。

正如 Givón(2001:44)所指出的,各种施事性特征之间是有联系的、相互影响的。本书所分析的使因性、意志性、控制性和有生性这四个施事性特征之间也有着复杂的关系。

首先,具备"意志性"的成分必然具备"有生性",无生命的物体是没有意志性的(隐喻的用法除外)。但是,具备"有生性"的成分不一定有"意志性",例如"树叶挡住了刺眼的阳光"中的"树叶",它是植物,有生性较弱,不是有意图地参与"挡住阳光"这个事件的,因此不具备意志性。具备"意志性"的只限于"有生性"较强的成分(如人和动物)。当然,也有"有生性"高而没有"意志性"的,这要视其出现的具体句法结构环境而定。

其次,具有"使因性"的成分不一定具有"控制性"。抽象物就不具有发出动作的能力,但是他们仍然可以促使某事件发生或使另一个参与者的状态改变。例如"这句话令他开心了好几天"中的"这句话"就是没有控制性,但有使因性的。反之,具有控制性的成分一定具有使因性,因为既然这个成分能够发出某种动作并影响或控制事件的结果,那么它就一定多多少少具有促使这个事件发生的能力(即使因性)。比如,"他高兴得跳了起来"中"他"有较强的控制性和使因性,能控制"高兴"与否并促使"跳"这个动作的发生。控制性的强弱和使因性的直接、间接也是有对应关系的,控制性强的成分一般都是直接使因,而控制性弱的成分一般都是间接使因,没有控制性的成分是无使因的。

再次,综合这四个特征的关系来看:有生命的成分(除植物没有意志性之外)可以不同程度地具有意志性、控制性和使因性;无生命的成分不可能有意志性和控制性,只可能具有使因性;无生命但有自然力的成分可以具有控制性和使因性,但没有意志性。例如,具有自然力的"风、雨"等,"风吹倒了大树"中"风"是直接使因,有控制性,但比有生物弱。有使因性的成分不一定具备其他三种特征,无使因性的成分除有生性之外其他两个特征都不具备,如前面例句中的"大树"。有控制性的成分一定有使因性,但不一定有意志性和有生性,例如"风吹破了窗花"中的"风"。

最后,同一个成分在不同的句子结构里所具备的"使因性、控制性和使役性"的程度是不同的。因为除了有生性之外,其他几个特征的强弱都是和具体的句法结构环境紧密相关的。这一点在下文对三种不同致使结构的具体分析中看得比较清楚。

综上所述,本书将使因性、意志性、控制性和有生性之间的复杂关系用图4-4展示如下。图4-4中阴影部分表示不具备该特征,空白部分表示具备该特征。

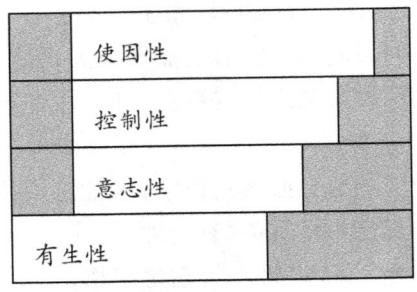

图4-4 施事特征关系图

(2) 动结句、V 得句和兼语句中被役的施事性特征分析

首先分析动结句中的被役。

动结句的被役没有使因性、意志性和控制性；有些被役有生命，有些无生命。被役没有使因性是由动结句本身的结构特点决定的。动结句的线性结构式是：$NP_1+V_2+V_2/A+NP_2$，NP_2（即被役）后面没有其他动词性或形容词性的成分，这种句法结构决定了该结构中的被役不可能具有使因性。而 V 得句和兼语句的句法结构，给句中的被役具备使因性提供了可能和前提条件。相关例句如下：

(36) a. 他擦干净桌子，扔掉一个空烟盒和一些碎纸。（张承志《北方的河》）

b. 徐承宗这个败家子儿呀，不但气死了他爹，赌输了钱，还把亲妹子给卖啦！（陈建功、赵大年《皇城根》）

c. 以他的扔过石锁的手，只这么一撩，已撩活动了她的两个牙，血马上从口中流出来。（老舍《四世同堂·惶惑》）

上述例句中的画线部分都是被役。例句(36a)中的"桌子"是无生命的，自然没有意志性，在该句中也没有发出动作或者促使什么动作的发生，因此也没有控制性和使因性。例句(36b)中的"他爹"是人称代词，虽然是有生性较高的成分，但在句中并没有有意图地参与"死"这个事，"死"这个行为对于"他爹"来说是"非自愿"的、无意图的；该成分也不具备使因性和控制性，因为"他爹"并没有促使"死"的发生，也不能制约或影响其他成分。例句(36c)中的"她的两个牙"是人体的一部分，有生性比较弱，没有意志性也没有使因性，并不促使某事件的发生，没有表现出控制性。

其次分析 V 得句中的被役。

从有生性的角度来看，当被役是无生命且无自然力的物体时，它没有意志性、使因性和控制性。当被役是无生物但有自然力时，它没有意志性，但有弱控制性和弱使因性，例如下列句子中的画线部分。

(37) a. 坛上大喊大叫：地狱，魔鬼，世界末日……震得小教堂的顶棚上往下掉尘土。（老舍《正红旗下》）

b. 天九猛地捶了一下桌子，震得盆碗乱颤……（刘连群《根》）

c. 迎着枪弹走也没事儿，咱们会吓得枪弹拐了弯！（老舍《无名高地有了名》）

例句(37a)的被役"小教堂的顶棚"是无生命体,而且也不具有自然力,更不可能主动地震掉灰尘,也谈不上控制性和意志性。例句(37b)的被役"盆碗"和(37a)的被役情况相同。例句(37c)的被役"枪弹"是无生命的实体,没有意志性但具有自然力,虽然"枪弹"对"拐弯"这个动作有控制能力和使因性,但是很大程度上是受"吓"这一动作的促使才发出"拐弯"这个动作的,因此"枪弹"的控制性较弱,使因也是间接的。

当被役是有生命物体或者是人体的一部分时,它没有意志性,使因性和控制性都比较弱,例如下列句中的画线部分。

(38) a. 好像水墨画的小鬼们全下来了。吓得那一带没<u>人</u>敢上街,孩子不哭,狗不叫,鸡不上墙,猫不上房。(冯骥才《三寸金莲》)

b. 卤煮火烧的香味在爽人的晚风中弥漫,诱得过往<u>行人</u>垂涎三尺,驻脚在已经鼓鼓的肚子里又塞点玩艺进去。(王朔《浮出海面》)

c. 她的表情和含义吓得<u>方鸿渐</u>不敢开口,只懊悔自己气愤装得太像了。(钱钟书《围城》)

d. 口中的热气吹得<u>班长的耳朵</u>怪痒痒的。(老舍《无名高地有了名》)

例句(38a)的被役都有控制那些动作的能力,但人的控制性比猫狗强,同样的,它们的使因性也都比较弱,因为它们发出动作的直接使因是"吓"。这些动作都是被役受到外力作用才发出的,所以它们都没有意志性。(38b)的被役"行人"和(38c)的"方鸿渐"都是指人名词,具有弱使因性、弱控制性,没有意志性。(38d)的被役是人身体的一部分,其有生性比(38b)的被役更弱,其控制性和使因性也较弱,没有意志性。而且,此种情况下,虽然被役的控制性和使因性较弱,但二者也会因补足语语义特征的不同而表现出相对的强弱差别。具体而言,当补足语中的动词是自主动词时,被役的控制性和使因性较弱;当补足语中的动词是非自主动词时,被役的控制性更弱,甚至不存在。例如,"吓得方鸿渐不敢开口"中"开口"是自主动词,该动作是被役可以自主发出的,而"吓得方鸿渐晕倒在地"中"晕倒"是非自主的,该动作不是被役可以自主发出的。虽然和其他致使结构相比,两个句子中的被役的控制性和使因性都比较弱,但就这二者相比而言,前一句的被役的控制性和使因性都要强于后一句的。

最后,我们来看兼语句中的被役。

在兼语句中,被役必须具备有生性、意志性、控制性和使因性,而且其意志性、控制性和使因性都强于V得句中的被役,例如下列句子中的画线部分。

(39)a. 天这么一热,似乎把故都的春梦唤醒,到处可以游玩,人人想起点事作,温度催着花草果木与人间享乐一齐往上增长。(老舍《骆驼祥子》)

b. 她力逼着小福子还上欠着她的钱。(老舍《骆驼祥子》)

例句(39a)中"花草果木"是生命度较低的有生物,使因性较之"人"等有生物要弱一些,但也有控制性,可以不借助外力使自己生长,其意志性是句子将其拟人化之后赋予的,是一种隐喻的手法。也就是说,"花草果木"发出"增长"这个动作是在外力"催"的作用下产生的,具有弱意图即意志性弱。尽管有外力"催"的作用,被役仍然有促使"增长"这个动作发生的能力,有较强的使因性。例句(39b)中"小福子"是有生命的人,能够发出还钱的动作并制约结果的实现,具有较强的控制性。被役可以有意图地去实施这个动作或者不实施该动作,但这个意愿是在外力作用下产生的,意志性较弱。被役有决定是否促使还钱这个动作发生的能力,使因性较强。

现将上文对动结句、V得句和兼语句中被役的各种特征的分析结果汇总为表4-1。表4-1中的上标1和2分别表示只具有较弱、较强该特征,无上标表示各种情况都存在。

表4-1 动结句、V得句和兼语句口被役的各项特征

句式	被役			
	使因性	控制性	意志性	有生性
动结句	−	−	−	+/−
V得句	$+^1$/−	$+^1$/−	−	+/−
兼语句	$+^2$	$+^2$	$+^1$	$+^2$

表4-1显示:从动结句到V得句再到兼语句,句中被役具备的施事性特征依次增多,所具有的施事性特征的程度依次增强。这恰恰印证了Comrie(1989)提出的形式特征连续统(即分析型——形态型——词汇型)和被役的控制程度(degree of control)之间的对应关系。从形式特征来看,动结句是复合型致使,介于分析型和形态型之间,V得句和兼语句都是分析型致使,三种句式的形式类型和句中被役的控制程度之间存在对应关系。复合型致使的被役控制程度较低,分析型致使的被役控制程度较高。

前文已论述:致使结构中的被役的施事性越弱,则该结构表达的致使越容

易成功;致使结构中的被役的施事性越强,则该结构表达的致使越不容易成功。而表4-1的内容显示,动结句、V得句和兼语句中的被役所具有的各种施事性特征依次增多,各种特征的程度依次增强。利用反证法可知,上述结果表明动结句、V得句和兼语句表达的致使越来越不容易成功,即致使的成功率依次降低。

3. 致使的已然、未然

(1) 语言中标记已然未然的方式

Noonan(2007:136-137)曾指出,致使关系是中性的,结果事件没有必然的已然、未然之分,很多语言都具有自己表达致使的已然、未然的方式。

有的语言用词汇来表达致使关系的已然和未然。如英语用"force(迫使)"表达的致使必是已然的,"persuade(说服)"表达的致使必是未然的,而"press(逼迫)"表达的致使是中性的(neutral)(参见 Noonan,2007:137)。如例句(40a)用"force"一词就已经暗示"Hugh"在"我"说话时已经辞职,而例句(40b)用的是"persuade",表明"我"劝"Hugh"辞职,"Hugh"很可能会辞职但"Hugh"在"我"说话时尚未辞职。例句(40c)中的"press"则非常中性,没有暗示"Hugh"有没有辞职。相关例句①如下:

(40) a. I forced Hugh to resign.

(implies Hugh resigned)

我迫使 Hugh 辞职。

b. I persuaded Hugh to resign.

(implies that Hugh was convinced that he should resign, but carries no implication about his actual resignation)

我说服 Hugh 辞职。

c. I pressed Hugh to resign.

(quite neutral as to whether or not Hugh resigned)

我劝 Hugh 辞职。

---

①例句(40)中的三个句子均引自 Noonan. Complementation[C]. Language typology and syntactic description, vol. 2: complex constructions, edited by Timothy Shopen. Cambridge: Cambridge University Press, 2007:136-137.

Guarani 语(南美的一种土著语言)分别用"heja"(同意)和"e"(告诉)在分析型致使中标记已然致使和未然致使。如例句(41a)中"他去"已经实现,而(41b)中"他去"是否实现并没有明确表示出来,(41b)中的使役并没有积极促使被役去实现致使结果,只是任凭其自然发展。(转引自牛顺心,2008:35;参见 Maura,2002:531。)相关例句如下:

(41) a. A-heja   o-ho
       使事-CAU   宾格-去
       我使得他去了。

     b. Ha-e   chupe   o-ho   hagua
       使事-CAU   宾格   使事-go   目的从句
       我让他去。

有的语言选用不同类型的补足语(complement type)来标记致使的已然和未然,例如乌干达境内尼罗河流域的 Lango 语中的致使结构就是此种情况。相关例句如下:

(42)   Lango (a Nilotic language of Uganda):
     a. Dákô   òdìò   lócə̀   nî   òtět   kwèrí
       Woman   pressed.3SG   man   COMP   to.forge.3SG:SJNCT   hoe
       The woman pressed the man to forge the hoe.
       那个女人逼那个男人锻造锄头。

     b. Dákô   òdìò   lócə̀   òtètò   kwèrí
       Woman   pressed.3SG   man   forged.3SG:INDIC   hoe
       The woman forced the man to forge the hoe.
       (literally "The woman pressed the man; he forged the hoe")
       那个女人逼那个男人锻造了锄头。

例句(42a)中,动词"òtět(锻造)"没有时态标记而且前面加有补语标记"nî";补足语的类型是虚拟语气(subjunctive)补足语,是中性的,并不涉及致使的已然和未然。而在例句(42b)中,动词"òtět(锻造)"有过去式的时态标记,前面没有补语标记;补足语的类型是并列(paratactic)补足语,该补足语表达已然的致使。例句(42b)可以看作是两个断言(assertion)组成的,但例句(42a)只表达一个断言。

有的语言用不同的语气类型(陈述语气、虚拟语气等)和动词的时态标记(过去式标记)来标记致使的已然和未然,如 Bemba 语,详见例句(43)(引自 Noonan,2007:111)。

(43) a. John a-à-koonkomeshya Robert a-à-bombele
John 3SG-PAST-order   Robert 3SG-PAST-work. INDIC
John ordered Robert (long ago) and Robert worked.
约翰很久以前命令罗勃特工作。

b. John a-à-koonkomeshya Robert a-bomb-e
John 3SG-PAST-order   Robert 3SG-work-SJNCT
John ordered Robert to work (and Robert may or may not have worked).
约翰命令罗勃特去工作(罗勃特可能做也可能不去做)。

例句(43a)句中的动词"bomb(work)"前边加了过去式的标记"à-",该动词本身也增加了"ele"表示陈述语气,主动词"koonkomeshya"也加了过去式标记。这句话表明约翰命令罗勃特和罗勃特去工作这两件事都发生在过去,并且已经发生了,致使关系是已然的。而(43b)只有主动词加了过去式标记,动词"bomb"前边没有加过去式标记,但加了后缀"-e"表明是虚拟语气,这句话表明约翰命令罗勃特发生在过去,罗勃特去工作这件事有没有发生不能确定,即这两个事件之间的致使关系可能是未然的,也可能是已然的。

(2) 现代汉语标记已然未然的方式

在现代汉语中,不同的句法结构可以标记致使关系的已然,未然。

在其他句法语义条件①都相同(即都是无标记)的情况下,兼语句表示的致

---

① 其他句法语义条件是指:动态助词"了、着、过";时间副词"已经、已、曾经、曾、刚";上下文语境;句式(祈使句、条件句、假设句等);句子的时态(将来时);致使动词是否是心理动词。

使不一定都是已然的①,致使结果实现与否取决于被役是否发出动作。例如,我们可以给(39b)添上后续小句"可小福子就是不还"来否定致使结果,也可以添上后续小句"小福子还了钱"来肯定致使结果。而动结句和V得句则不能添上后续小句来对致使结果进行否定,它们表达的致使都是已然的。例如(38c)"她的表情和含义吓得方鸿渐不敢开口",就不能添上后续小句"方鸿渐开口说话"来否定已经实现的致使结果。兼语句相对于其他致使结构来说表达的致使最不典型,致使结果的实现需要使役和被役有意识地参与②,而V得句和动结句没有这样的限制,其致使结果更容易实现。

缪锦安(1990:103)也注意到不同致使结构表达的致使有已然、未然的差别,并指出兼语句和V得句就存在这样的差别。该文举例"他哄得孩子睡了"是已然的,而"他哄孩子睡"是未然的。但该文没有提及其他句法语义成分对已然、未然的影响,诸如表示动作或事件完成的"了"等。正如本段开头提到的,只有在这些致使结构都处于无标记状态时,才能比较出它们真正的差别,因此,其他句法语义成分也是不容忽视的。

4. 被役的抵制力

Givón(2001:48)提出:如果被控者有力量(power)和抵制的意愿(will to resist),那么,操控者必须实施遏制力(coercive force),这种情况下操控成功的可能性比较低。若从被役是否有意愿发出抵制力这一方面来看,动结句、V得句和兼语句的致使效率也是逐渐降低的,具体分析如下。

兼语句中的被役都有意愿性,能够发出抵制力,被役的抵制力能够和致使力抗衡。例如,(39b)中的"小福子"可以发出抵制力和使役抗衡。此时,致使要想成功,使役"她"逼迫"小福子"的力量必须大于其受到的"小福子"发出的抵制力,这样才能够实现预期的致使结果。如果使役发出的致使力小于被役的抵制力,那么,此时致使结果将不能实现。

V得句的被役有些具有抵制力,有些没有抵制力,但总的来看,被役的抵制

---

① 周红(2005:324)指出,只有具体递系句才有可能表达未然致使。该文的递系句和本书的兼语句较为接近。抽象递系句是指由V₀类致使动词(如使、令、叫、让等)构成的递系句。具体递系句是指由V_{b1}类致使动词(表示具体致使力的动词)构成的递系句。其内容详见周红:《现代汉语致使范畴研究》,第324页,复旦大学出版社,2005年版。

② 关于这一点本书在考察致使结构的多样性时进行了详细地分析。在对动结式、V得句和兼语句中使役被役的6种功能参数进行考察后,本书发现,兼语句要求其使役和被役都必须是有生命有意识的。只在极少数有拟人色彩的兼语句里会出现无生命或无意识的使役或被役。

力还不足以和致使力抗衡,因此,致使最终还是实现了的。如例句(38a)中的"孩子"、"猫"、"狗"等,例句(38b)中的"行人",例句(38c)中的"方鸿渐"等,它们有能力抵制使役的致使力,但是它们没有抵制的意愿,或者发出的抵制力小于使役发出的致使力,致使结果最终还是得以实现。而有些被役没有发出抵制力的能力,如例句(37a)中的"小教堂的顶棚"和例句(37b)中的"盆碗"等,这样的致使自然很容易成功实现。

动结句和 V 得句的情况相似,被役的抵制力无法与致使力抗衡,致使结果一定实现。动结句中的被役,有些根本没有发出抵制力的能力,如例句(36a)中的"桌子";有些虽然有发出抵制力的能力,但其发出的抵制力小于致使力,如例句(36b)中的"他爹"。因此,不论动结句中的被役是哪种情况,致使结果最终都会实现。

比较上述三种句式中被役的抵制力,兼语句中被役的抵制力最强,V 得句和动结句中被役的抵制力都比较弱。因此,根据前文提到的 Givón(2001:48)提出的规律性预测,兼语句表达的致使最不容易实现,V 得句和动结句表达的致使都比兼语句容易实现。

(四)致使效率连续统

综合上文的分析可知:动结句表达的致使最直接,V 得句次之,兼语句最不直接;三种句式中的被役所具有的施事特征依次增多;动结句和 V 得句表达的致使都是已然的,兼语句表达的致使可能是已然的,也可能是未然的;兼语句的被役抵制力强,V 得句和动结句的被役抵制力都比较弱。动结句、V 得句、兼语句的致使效率越来越低,构成致使效率连续统,如图 4-5 所示。

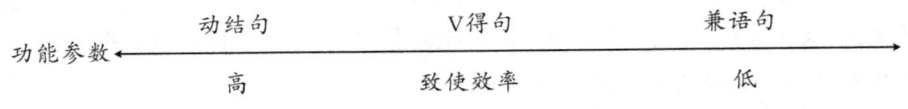

图 4-5 动结句、V 得句和兼语句致使效率连续统

三、致使结构的多样性

不同致使结构允许其结构中出现不同特征的使役和被役的能力是有差异的,有的致使结构要求使役必须是有意识的(如兼语句),而有的致使结构的使役可以是有意识的,也可以是无意识的。本书把致使结构中可以出现各种不同特征的使役、被役的可能性称作"致使结构使役、被役的多样性",简称"多样性

(diversity)"。多样性是致使结构的功能参数之一,是一种隐性编码策略(covert coding strategy),其普遍性有待后续章节继续探讨。

(一) 多样性参数

对兼语句、V得句和动结句的多样性的考察,本研究从以下参数入手:有生性、意志性、使因性、控制性、意识性(consciousness)。前四个参数在分析被役的施事性特征时已有介绍,加入意识性是为了区分有生性实体中的人和动物。本书所说的意识性是指有意识能力。具体而言,只有人和动物具有意识能力,其他有生物没有意识性,但是人的意识是自觉的,动物的意识是不自觉的,因此,人的意识性强于动物。本小节将从上述五个参数入手,考察兼语句、V得句和动结句中的使役和被役的多样性,找出它们的多样性差异。

本节分析的语料包括从北京大学CCL语料库(现代汉语小说语料)中抽取的动结句和V得句各200条,从已有文献中搜集到的兼语句218条。

(二) 多样性分析

从意识性和有生性来看,动结句、V得句并不要求使役和被役一定是有生命、有意识的。如例句(33c)中的使役"同学"是有生命、有意识的,被役"玻璃"是无生命、无意识的,(33b)中的使役"野罂粟"是有生命、无意识的。而兼语句的使役和被役绝大多数都是有生命、有意识的。在本书调查的语料中,无意识的使役和被役仅见于例句(39a)。本书认为,该例句并不是反例。因为该句运用了拟人的修辞手法,使得原本无意识的使役"温度"和被役"花草果木"临时具有了生命和意识。可见,在特定的语境下,无意识的使役和被役也可以出现在兼语句当中。

从意志性和使因性来看,动结句、V得句中的使役,既可以是意志性的、直接使因的(如例句[33a]中的"凤霞",[34a]中的"你"),也可以是非意志性的、直接使因的(如例句[34b]中的"手",[38c]中的"她的表情和含义")。而兼语句的使役则必须二者兼备,如例句(39b)中的"她"。兼语句中不存在有使因性却无意志性的使役。三种句式的被役的情况前文已经分析(详见第四章第二节),在此不再赘述。

从控制性来看,这三种结构的使役都具有控制性(如例句[39b]中的"她",[33a]中的"凤霞",[34a]中的"你")。被役的情况稍复杂些。动结句的被役没有控制性(如例句[33c]中的"玻璃");V得句中的被役有的控制性弱(如例句[38a]中的"人、孩子"),有的没有控制性(如例句[37a]中的"小教堂的顶棚")。而兼语句中的被役是具有控制性和使因性的(如例句[35a]中的"一行人",[35b]中"公社")。

现将上述各种功能参数的分析结果汇总如表4-2。

表 4-2 动结句、V 得句和兼语句的功能参数一览表

句式	功能参数										参数值	多样性
	意识性		有生性		意志性		控制性		使因性			
	使役	被役	使役	被役	使役	被役	使役	被役	使役	被役		
动结句	+/-	+/-	+/-	+/-	+/-	-	+	-	+	-	-1	强
V 得句	+/-	+/-	+/-	+/-	+/-	+^{1}/-	+	+^{1}/-	+	+^{1}/-	2	中
兼语句	+/-*	+/-*	+/-*	+	+	+^{2}	+	+^{2}	+	+^{2}	7	弱

*表示该情况是极少数。上标的作用同表4-1。

由表4-2可知,动结句、V 得句和兼语句要求其使役和被役必须具备的各种特征依次增多,参数值依次增高,这表明它们的多样性依次减弱,形成多样性连续统。该连续统和致使效率连续统形成对应关系(如图4-6所示),此对应关系可以归纳为:若某种致使结构的致使效率较高,那么,它的多样性也相对较强;反之亦然。

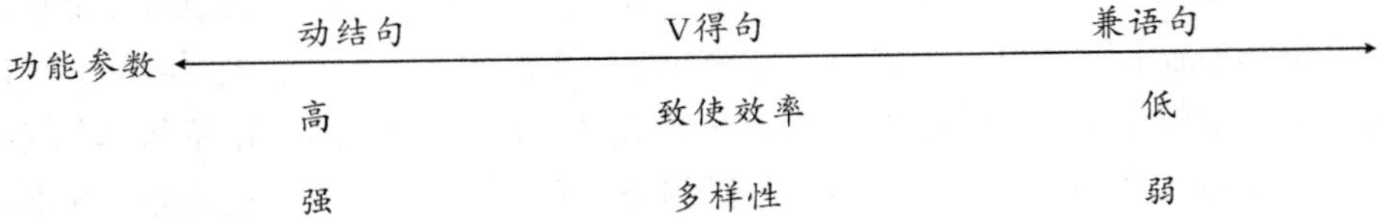

```
                   动结句           V 得句            兼语句
功能参数 ←─────────────────────────────────────────────→
                    高            致使效率              低
                    强             多样性               弱
```

图 4-6 动结句、V 得句和兼语句功能参数连续统的比照

第五章　致使结构对应律

第一节　致使结构对应律的内容

本书第四章从形式和功能两方面对典型的动结句、V得句和兼语句进行考察。

三种句式的形式特征是：使役/被役省隐的可能性依次减低，形式紧密度也依次降低，二者分别形成连续统，这两个连续统之间形成对应关系。前文将这一对应关系概括成一条蕴含性预测：某种致使结构的形式紧密度越高，该结构使役/被役省隐的可能性越高，反之亦然。

三者的功能特征主要表现在句式义、致使效率和多样性等方面。从句式义的比较来看，典型的动结句表达的致使最直接、最容易成功，典型的兼语句表达的致使最不容易实现。典型的V得句表达的致使结果带有偶发性，致使成功的可能性处于动结句和兼语句之间。从致使效率和多样性来看，典型的动结句、V得句和兼语句的致使效率依次降低，多样性依次减弱。这一对应关系可以概括成一条蕴含性预测：若某种致使结构的致使效率较高，那么，它的多样性也相对较高；反之亦然。

综上所述，典型的动结句、V得句和兼语句的形式特征参数和功能特征参数表现为四个连续统，现将其具体内容用图5-1比照展示如下。

	动结句	V得句	兼语句
形式参数	高	使役/被役省隐的可能性	低
	高	形式紧密度	低
功能参数	高	致使效率	低
	强	多样性	弱

图5-1　三种致使结构的形式参数与功能参数

图 5-1 显示,动结句、V 得句和兼语句这三种致使结构存在形式和功能的对应关系,此种对应表现在两种形式参数和两种功能参数的对应上。形式特征参数是使役/被役省隐的可能性、致使结构的形式紧密度,功能特征参数是致使效率、致使结构的多样性。基于此,本书归纳出一条现代汉语致使结构形式-功能对应关系的蕴涵性预测(implicational hierarchy prediction),称其为"致使结构所体现的形式-功能对应性规律"(简称"致使结构对应律")。具体内容如下:

　　　　致使结构的致使效率越高、多样性越强,则其形式紧密度越高,使役/被役省隐的可能性越高;致使结构的致使效率越低、多样性越弱,则其形式紧密度越低,使役/被役省隐的可能性越低。反之亦然。

　　"致使结构对应律"是本书通过对动结句、V 得句和兼语句这三种致使结构的形式特征和功能特征的分析归纳出来的,这一规律在现代汉语的其他致使结构中是否具有普遍性和解释力,还需要进一步验证。

第二节　致使结构对应律的性质

　　从理论上说,任何一种语言,在形式-功能对应关系中,其形式和功能两方面的标志都可能有多种选择,但必有某一种形式标志和功能标志的对应方式是最有效的。例如 Givón(1980,1990,1991,2001)等人的研究表明,印欧语的句联用的是显性编码策略,但这并不排除隐性编码策略在这些语言中也有体现。现代汉语和印欧语的差别是很明显的,印欧语有丰富的形态变化,时、体、态、数、性等多种语法手段都可以用显性的、直观的编码手段来实现。而对于形态变化极少①的现代汉语来说,显性编码策略显然不是最为有效的语法编码手段,但也不排除其存在的可能。相对而言,隐性编码策略,如语序、句法关系、虚词等内在的编码手段,才是最有可能使用的。

　　就"致使结构对应律"而言,它所体现的致使结构的形式-功能对应关系,不是依靠语言的外部形态变化等显性手段来表达的,而是在各致使结构组成成分

---

①如果把语音的屈折看作是一种形态变化的话,现代汉语算是有形态变化的。因为,现代汉语中有极少数词语使用这种屈折手段变换词性。例如,"好"读上声时是形容词,读去声时是动词。

的特征及其相互关系等方面体现出来的,是一种以隐性编码策略为主的对应,"使役/被役省隐的可能性"、"致使效率"、"致使结构的多样性"等形式特征和功能特征都是隐性编码策略。当然,这种对应关系中也不乏显性编码策略。例如"致使结构的形式紧密度"就是一种显性编码策略,这一形式特征在某些致使结构中可以直观地从句法形态上观察到(如动结句和兼语句的形式紧密度差异非常明显)。

"致使结构对应律"的上述性质,印证了本书第一章提出的假设:"现代汉语致使结构的形式-功能的对应关系是一种以'隐性编码策略'为主的对应。"

第三节　致使结构对应律在其他致使结构中的体现

本小节将对"致使结构对应律"的预测能力和普遍性进行验证,考察除动结句、V 得句和兼语句之外的现代汉语致使结构,即使动句、"使"字句、致使义"把"字句、致使义"被"字句和致使义重动句,通过对它们的形式特征和功能特征的考察,分析这些结构是否存在如"致使结构对应律"所说的对应关系,并对可能存在的特例进行解释。

一、本小节的考察对象

本小节的考察对象是使动句、"使"字句、致使义"把"字句、致使义"被"字句和致使义重动句。后三种句式情况较为复杂,这一点本书在前面的章节也已经提到。致使义"把"字句、致使义"被"字句和致使义重动句在形式上可以分为含有动结结构的和含有 V 得结构的两类,这两类结构的差异主要体现在形式紧密度和致使的直接程度两个方面。鉴于此,下文将对致使义"把"字句、致使义"被"字句和致使义重动句进行二分处理。这样一来,本节考察的句式其实是以下八种:使动句、"使"字句、含有动结结构的致使义"把/被"字句和致使义重动句(以下简称含有动结结构的三种句式)、含有 V 得结构的致使义"把/被"字句和致使义重动句(以下简称含有 V 得结构的三种句式)。现将这八种致使结构依次举例如下:

(44) a. 大量的酒非但没有活跃气氛,反倒窒息了人们想乐一下的心情。(王朔《许爷》)

b. 这是一个明媚的中午,阳光使城市的所有玻璃合唱出闪亮的歌声。(何立伟《永远的幽会》)

c. 赵老头说,是的是的,血把山都染红了。(陶纯《美妙瞬间》)
d. 离那棵老松不远的地方,电线被炸断。(老舍《无名高地有了名》)
e. 有的说:"牛不知力大,你要是打他打坏了怎办?"(汪曾祺《王全》)
f. 几句话像一阵惊雷,把聂小轩震得头晕心跳,再看那画,果然题字写的是庚子纪念。(邓友梅《烟壶》)
g. 石静话音未落,手里的花伞被风吹得"呼"地脚尖朝上,旋即脱手而去,在风中飞飞停停……(王朔《永失我爱》)
h. 豆儿将表格送给了田平,田平便又拉他下了馆子,喝啤酒喝得三番五次寻厕所,回后便连夜赶制了三千字的采访记。(方方《白雾》)

二、功能特征

(一)致使效率

关于这八种致使结构的致使效率的判断,本章延用第四章第二节中提出的四个参数,即致使的直接性、致使的已然/未然、被役的抵制力和被役的施事性。

1. 致使的直接性

本书第三章第二节已经分析出了,使动句、动结句以及含有动结结构的致使义"把/被"字句和重动句(这几个句式的直接程度是基本相同的)、"使"字句、V得句以及含有V得结构的致使义"把/被"字句和重动句,这些句式表达的致使的直接性依次减弱。加之第四章已经论述了,致使的直接性的高低可以体现致使效率的高低。致使越直接,即直接性越高,致使越容易成功、效率越高。由此推论,使动句以及含有动结结构的致使义"把/被"字句和重动句、"使"字句、含有V得结构的致使义"把/被"字句和重动句,这些句式表达的致使越来越不容易成功,即致使效率依次降低。

2. 致使的已然/未然

已然和未然也是比较致使效率高低的参数之一。本章所要考察的句式表达的致使都是已然的,都不能添加后续小句对句中的致使结果进行否定。如例句(44d)不能添加后续小句"其实没炸断"来否定前边的致使结果,其他例(44)中的句子也都如此。所以,从已然和未然这一参数上比较不出这八种致使结构的致使效率的差别。

3. 被役的抵制力

被役的抵制力也是比较致使效率高低的参数之一。被役的抵制力和有生性有关，只有有生命的实体才能够发出抵制力，如例句(44e)中的被役"他"等。被役的抵制力和致使的已然/未然也紧密相关。若被役的抵制力足够强，即能够克服使役传递的致使力的作用，抵消致使力，则其所在句式表达的致使可能是未然的，也可能是已然的，致使结果是否实现关键要看被役的意愿，例如，兼语句的被役可以根据自己的意愿来决定是否去实现致使结果。相反，若被役不能发出抵制力，如例句(44d)中的被役"电线"，例句(44g)中的被役"花伞"等，或者被役发出的抵制力弱于致使力，如例句(44e)中的被役"他"，例句(44f)中的被役"聂小轩"等，则其所在句式表达的致使必定是已然的。本节所考察的八种致使结构表达的致使都是已然的。可见，句中的被役或者无抵制力，或者抵制力较弱。由此可见，被役的抵制力这一参数不能有效揭示本节所考察句式致使效率的差别。

4. 被役的施事性

被役的施事性强弱也是能够体现致使效率高低的一个重要参数。在此，本书仍然选取意志性、使因性、控制性和有生性这四个参数来进行考察，考察的语料大多来自北京大学 CCL 现代汉语语料库。我们从该语料库中抽取了使动句、"使"字句、致使义"把"字句、致使义"被"字句和致使义重动句各 100 条，此外，重动句的个别例句是笔者自省的。上述五种句式中被役的施事性特征的考察结果，下文将一一陈述。

本书分析发现，使动句的被役，除有生性之外，其他三种施事性特征都不具备。被役的有生性也不是必须具备的，被役可以是有生命的，也可以是无生命的。如例句(45a)中的被役"我们一班弟兄"是有生命的，但是此被役在"苦"这件事中没有意志性，也没有控制对象，更没有发出任何动作。再如例句(45b)中的被役"气氛"是无生命的，也不具备意志性、控制性和使因性。相关例句如下：

(45) a. 如今九爷闯荡南北，享尽人间乐事，百无一憾，只苦了我们一班弟兄，被上司逼得妻小不宁，身家难保。(刘连群《根》)

b. 他对大家说："为了活跃气氛，咱们下面是不是挨个讲一下自己的初恋？初恋总是美好的……"(王朔《无人喝彩》)

含有 V 得结构的致使义"被"字句和"把"字句中的被役可分为两种情况。第一种是有生性的被役，如例句(46a)和(46b)中的"高大汉子"、"老奶奶"。这些被役都是在外力作用下进入某种状态或者发出动作的，都是非自愿的、无意志性的,对该动作的控制性都比较弱,使因性也比较弱。第二种是无生命的被役,如例句(46c)中的被役"白干"和(46d)中的"纸"。这些被役都没有意志性,没有发出任何动作促使"又酸又苦"和"皱起了纹"的发生,因此也没有控制性和使因性。

含有动结结构的致使义"被"字句和"把"字句中的被役,除具备有生性之外,其他三种特征都不具备。如例句(46e)中的被役"电线",它是无自然力的无生物,自然没有意志性和控制性,也没有使因性。再如例句(46f)中的被役"你",它虽然是有生性较高的有生物,但并不具备意志性、控制性和使因性,因为"你"没有意图发出"晕"这个动作,也没有促使该动作发生或有能力控制该动作。相关例句如下:

(46) a. 两人扶着墙走出来了,大家见这个高大汉子被折磨得皮包骨头,肉皮又黄又亮,完全脱了原形,不由得鼻子就发酸。(邓友梅《别了,濑户内海!》)

b. 日本兵打着电筒,搜了上房,把老奶奶吓得抖成了一摊泥。(同上)

c. 胡子说:"这也要归功酒厂,他们能把白干烧得又酸又苦,也不容易。"(邓友梅《话说陶然亭》)

d. 纸已被手心上的汗洇得皱起了纹。(老舍《四世同堂》)

e. 空中的和水里的电线随时被炸断,他得去检查修理。(老舍《无名高地有了名》)

f. 光这两项事,就能把你吓昏了!(同上)

"使"字句中的被役,如果是无生命的,则无意志性、使因性和控制性;如果是有生性的,则有弱使因性和弱控制性,无意志性。如例句(47a)中的"他"是有生命的,能促使该动作的发生并在一定程度上控制"吃惊"这个动作,但没有实施动作的意愿。而例句(47b)中的被役"空气"是无生命的,自然没有意志性,但在句中被拟人化之后具有了控制性,可以发出"哆嗦"这个动作并使得该动作发生,这种控制性和使因性都比较弱。相关例句如下:

(47) a. 就在这样的时刻,一封用黑体字打印的信来到了他手中,这封信使他大吃一惊。(余华《命中注定》)

b. 这一声枪响悠悠长长地,使院落里黄昏的空气也哆嗦了起来。(何顿《鲁提辖的刀》)

致使义重动句中的被役分为两种情况。

在含有动结结构的致使义重动句中,被役和使役不同指时,被役除有生性之外其他特征都不具备。如例句(48a)中的被役"锄把",(48b)中的"他",前者是无生命的,后者是有生命的。在含有动结结构的重动句中,被役和使役同指时,被役可以具备有生性但不具备意志性,控制性和使因性都比较弱。如例句(48c)中的被役"你"发出"上瘾"这个动作是非自愿的、无意志性的,但是能够在外力作用下发出该动作或促使该动作的发生,因此具有弱控制性和弱使因性。

在含有 V 得结构的重动句中,被役和使役同指时,有生命的被役不具备意志性,但有弱控制性和弱使因性,这和重动句的被役使役同指有关;无生命且无自然力的被役,不具备意志性、控制性,使因性较弱。如例句(48d)中的"难熬"不是被役"玉英"有意愿进入的状态,但该被役因其本身又是使役,所以具有弱控制性和弱使因性。又如例句(48e)中的被役"狮子和老虎",有生性比例句(48d)中的被役弱,无意志性,具备弱控制性和使因性。再如(48f)中无生命的"刀"既是被役也是使役,没有意志性,对"卷刃"这一状态没有控制能力,但又在一定程度上促使了这个状态的产生因而具有弱使因性。当含有 V 得结构的致使义重动句的被役和使役不同指时,被役如果是无生命的,如例句(48g)中的被役"刀",则不具备所有的施事性特征;被役如果是有生命的,如例句(48h)中的"自己",则具备有生性、弱控制性和弱使因性,没有意志性,因为"插不进嘴"是非自愿发生的。相关例句如下:

(48) a. 他耪地耪断了锄把。

b. 有的说:"牛不知力大,你要是叮他打坏了怎办?"(汪曾祺《王全》)

c. "你还要打我,我妈妈都没打过我,你倒打我打上了瘾。你再动我一下试试,非跟你拼了。"(王朔《空中小姐》)

d. 他相信,玉英想他也想得难熬。(陈建功、赵大年《皇城根》)

e. 狮子和老虎也是小家子相得很,不知道吃饭的礼貌,吃牛肉吃得抢起来,打作一团,结果老虎死了,狮子负伤到溪边去喝水。(钱钟书《上帝的梦》)

f. 刀切肉切得卷刃了/切肉切得刀卷刃了。

g. 刻图章刻得刀都坏了。

h. 别人说笑说得自己插不进嘴去。(浩然《新媳妇》)

综上所述,本书将分析结果汇总成表5-1。表中的上标 1 表示该特征较弱,其他特征强、中、弱情况都存在的则不做任何标注。

表 5-1　八种致使结构中被役的各项施事性特征

句式	被役			
	意志性	使因性	控制性	有生性
使动句	-	-	-	+/-
含动结构"被"字句	-	-	-	+/-
含动结构"把"字句	-	-	-	+/-
含动结构重动句	-	$+^1$/-	$+^1$/-	+/-
"使"字句	-	$+^1$/-	$+^1$/-	+/-
含 V 得结构"被"字句	-	$+^1$/-	$+^1$/-	+/-
含 V 得结构"把"字句	-	$+^1$/-	$+^1$/-	+/-
含 V 得结构重动句	-	$+^1$/-	$+^1$/-	+/-

从表 5-1 可知,使动句、含有动结构的"把/被"字句当中的被役具有的施事性特征,远远低于"使"字句、含有 V 得结构的"把/被"字句和两种重动句中的被役。被役具有的施事性特征越多,其所在致使结构表达的致使越不容易成功。因此,从被役具备的施事性特征的多少来看,使动句、含有动结构的"把/被"字句表达的致使比其他五种句式更容易成功。

5. 致使效率连续统

综合前文的分析结果,本节所考察的八种句式,在致使的已然/未然、被役的抵制力两个方面并没有显现出差异。从致使的直接性来看,使动句、含有动结构的致使义"把/被"字句和重动句、"使"字句、含有 V 得结构的致使义"把/被"字句和重动句,这些句式表达的致使依次越来越不直接,越来越不容易成功实现。从被役具有的施事性特征的多少来看,使动句、含有动结构的"把/被"字句的被役施事性特征较少,表达的致使较为容易实现;"使"字句、含有 V 得结构的"把/被"字句、两种重动句的被役施事性特征较多,表达的致使不太容易实现。

上述两种功能参数得出的分析结果同中有异,差异表现在含有动结构的重动句上。从致使的直接性来看,含有动结构的重动句表达的致使直接性较高,致使比较容易实现;但从被役的施事性特征来看,重动句的使役和被役常常同指,使得被役具有较多施事性特征,句子表达的致使不太容易实现。这两个看似矛盾的结果是由于分析的标准不同造成的,本书尚未找到一个标准可以把这种差异统一起来。对此问题,本书后续章节还将进一步探讨。

综上所述,使动句、含有动结结构的致使义"把/被"字句、"使"字句、含有 V 得结构的致使义"把/被"字句的致使效率依次降低,形成致使效率连续统,如图 5-2 所示。

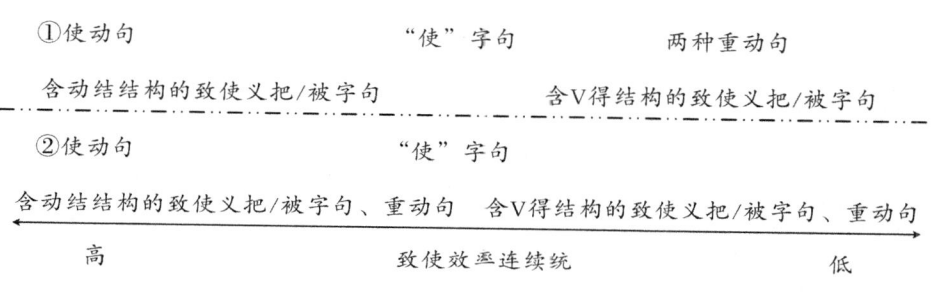

图 5-2 八种致使结构的致使效率连续统

由于两种致使义重动句用不同标准分析出的致使效率存在差异,图 5-2 将两种情况分别标出。第一种致使效率连续统中重动句的位置是根据被役的施事性特征得出的;第二种致使效率连续统中重动句的位置是根据致使的直接性判断出的。

(二) 多样性

考察多样性的参数为:使役和被役的有生性、意识性、使因性、控制性、意志性。被役的情况本章上一小节已有分析,在此不再赘述。就使役的情况来看,首先,除重动句的使役必须具备有生性和意志性之外,如例句(48)中的使役"他"、"你"、"玉英"等,其他四种致使结构对使役的有生性没有必然的要求。其次,这五种致使结构的使役对意识性都没有必然的要求,但使因性是必须都具备的。如例句(46c)中的使役"他们",(48a)中的使役"你"都是有意识、有使因性的,而例句(47b)、(44a)中的使役"这一声枪响、酒"都是无意识的、有使因性的。再次,除"使"字句中的使役可以没有控制性之外,如例句(47a)、(47b)等,其他句式的使役都是有控制性的。现将本章所考察的八种致使结构的多样性的分析结果汇总如表 5-2。表中的 * 表示该情况是极少数,上标 1 表示该特征较弱。

表 5-2　八种致使结构的多样性特征

句式	有生性		意识性		使因性		控制性		意志性		参数值
	使役	被役	使役	被役	使役	被役	使役	被役	使役	被役	
含动结构重动句	+	±	±	±	+	±[1]	+	±[1]	+	-	3
含V得结构重动句	+	±	±	±	+	±[1]	+	±[1]	+	-	3
含V得结构"把"字句	±	±	±	±	+	±[1]	+	±[1]	+	-	1
含V得结构"被"字句	±	±	±	±	+	±[1]	+	±[1]	+	-	1
"使"字句	±*	±	±*	±	±[1]	±	±[1]	±	±*	-	0
含动结构"被"字句	±	±	±	±	-	+	-	+	±	-	-1
含动结构"把"字句	±	±	±	±	+	-	+	-	±	-	-1
使动句	±	±	±	±	+	-	+	-	±	-	-1

表 5-2 的统计结果显示,包含动结构的"把"字句、包含动结构的"被"字句、使动句、"使"字句、包含 V 得结构的"把"字句、包含 V 得结构的"被"字句、包含动结构的重动句、包含 V 得结构的重动句,这些句式的多样性参数依次为-1、-1、-1、0、1、1、3、3。这表明它们的多样性依次降低,形成致使结构多样性连续统,如图 5-3 所示。

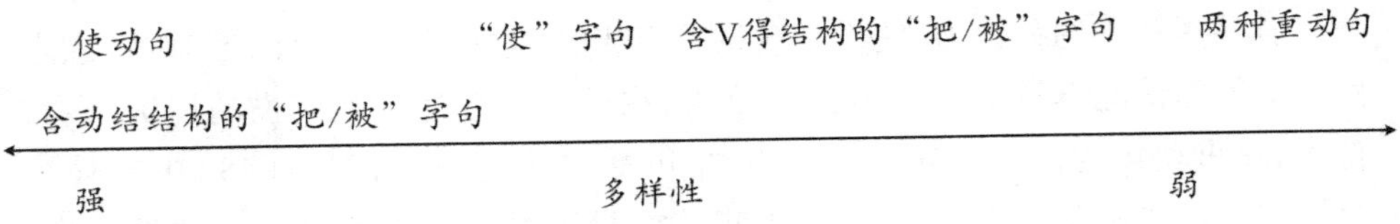

```
使动句                    "使"字句   含V得结构的"把/被"字句      两种重动句
含动结构的"把/被"字句
←─────────────────────────────────────────────────────────────→
强                            多样性                            弱
```

图 5-3　八种致使结构的多样性连续统

但是,图 5-3 中这些句式的多样性参数值之间的差异很小,并不像动结句、V 得句和兼语句的多样性那样有明显的差异。

依照前文所提出的"致使结构对应律"的内容,多样性和致使效率连续统之间应该是成正比例关系。比照图 5-2 和图 5-3 的内容,多样性连续统和致使效率连续统(图 5-2 的第一种情况)较为对应。两种重动句在多样性上有着一致的表现,其致使效率与含 V 得结构的"把/被"字句相同,但多样性比它们弱一些。除此之外,其他句式在这两个连续统中的位置都是相对应的。可以说,致使效率连续统(图 5-2 的第一种情况)和多样性连续统之间存在对应关系。

综上所述,使动句和含动结构的致使义"把/被"字句、"使"字句、含 V 得结构的致使义"把/被"字句、致使义重动句,这些句式的多样性和致使效率都依次减弱,二者之间形成对应关系。这符合本书提出的"致使结构对应律"的内容。

三、形式特征

本小节所要考察的形式参数主要有两方面:形式紧密度、使役/被役省隐的可能性。考察涉及的语料大多是以往研究文献中的例句和北京大学 CCL 语料库中的例句,还有少量语料是笔者自省的句子。

(一) 形式紧密度

基于前文对使动句、包含动结构的致使义"把/被"字句、"使"字句、包含 V 得结构的致使义"把/被"字句、致使义重动句等致使结构的功能特征的考察结果,若按照"致使结构对应律"的内容进行预测,上述句式的形式紧密度应依次减弱。

关于现代汉语致使结构的形式紧密度连续统,本书第三章第二节已经进行了讨论。现将本小节所考察的这几种致使结构的形式紧密度连续统展示如图 5-4。

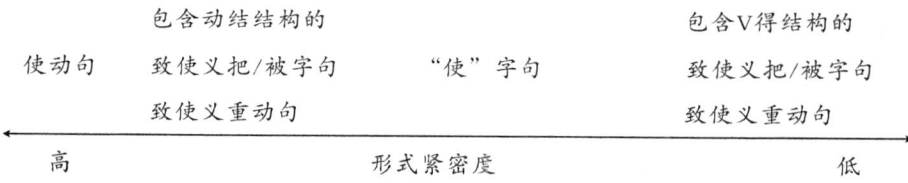

图 5-4 八种致使结构的形式紧密度连续统

将图 5-2 和图 5-3、图 5-4 做比较,本书发现,形式紧密度连续统和致使效率连续统(第二种情况)对应地很整齐,和多样性连续统虽然也大致呈正比,但对应得不太整齐。后者的差异表现在,包含动结构的致使义"把"字句和致使义"被"字句的多样性和使动句相同,但形式紧密度稍弱于使动句。此外,最大的差异在致使义重动句这里。含动结构的致使义重动句的形式紧密度较高,含 V 得结构的致使义重动句的形式紧密度较低,但二者的多样性相同,都比较弱。按照对应性规律的预测,前者的形式紧密度高,多样性应该强于后者,但是二者的多样性都一样弱。这似乎违反了"致使结构对应律"。但事实上,两种致使义重动句的形式紧密度和根据被役的施事性得出的致使效率②相对应,它们的多样性和根据致使的直接性得出的致使效率①相对应。这种错综复杂的对应关系,使得它们在各种连续统中表现出貌似违反"致使结构对应律"的情况,其实还是符合"致使结构对应律"的,只是在不同条件下有不同的表现形式而已。

(二) 使役/被役省隐的可能性

首先,本章对宛新政(2005)书中第八章中所有的使动句(共 122 个例句)进行了考察,除去重复出现的,共计 114 例。其中,使役省隐的有 35 例,约占总数的 31%,没有发现使役和被役同指的情况,也没有二者都省隐的情况。总的来看,使动句的使役可以省隐,但被役必须出现,如例句(45a,45b)。

其次,"使"字句中的使役和被役,大多数情况下是出现的,即使在二者同指时,也没有使役或被役省隐的情况。如例句(49a)中的使役"他"和被役"自己"同指,但二者不能省隐。当使役和被役不同指时,"使"字句的被役必须出现,使役可以省隐,如例句(49b)。本书考察了从 CCL 语料库小说语体中抽取的符合本书定义的"使"字句 100 例,其中,使役省隐的只占总数的 5%。

再次,本章考察了从 CCL 语料库小说语体中随机抽取的符合本书定义的致使义"把"字句 100 条。其中,使役和被役不同指时,只有使役可以省隐(使役省隐的句子只占总数的 10%),如例句(49c)。使役和被役同指,没有发现使役/被役省隐的情况。也就是说,使役和被役同指时二者都要出现,如例句(49d)。含有动结构和 V 得结构的致使义"把"字句在使役/被役省隐上的表现相同,都只有上述两种情况。

接下来,本书考察了从 CCL 语料库小说语体中随机抽取的符合本书定义的致使义"被"字句 100 句,使役/被役省隐的句子占总数的 33%。其中,使役省隐的 23 句,被役省隐的 7 句,二者都省隐的 3 句。考察的语料不包括由"叫、让、给"等词构成的"被"字句。总的来看,致使义"被"字句中使役/被役省隐的情况有三种,而且含有动结构和 V 得结构的这两类致使义"被"字句中使役/被役省隐的情况相同。第一种是使役省隐,被役出现,如例句(49e);第二种是被役省隐,使役出现,如例句(49f);第三种是使役和被役都省隐,如例句(49g)。使役或被役发生省隐的致使义"被"字句占所考察的该类句式总数的 33%。使役和被役同指时,没有发现使役/被役省隐的情况,二者都要出现,如例句(49h)。

最后,本书从 CCL 语料库随机抽取出符合本书定义的致使义重动句 28 个,加之周红(2005)书中所有表达致使义的重动句 41 个,以及其他文献中的例句 31 个,共 100 例。这 100 个句子中没有重复出现的例句。致使义重动句中使役/被役省隐的情况有三种,含有 V 得结构的致使义重动句和含有动结构的致使义重动句的省隐情况相同。具体而言,当使役和被役不同指时,使役可以省隐,被役必须出现,存在此种省隐的共 9 例,如例句(49i,49j)。当使役和被役同指时,为避免重复,被役和使役不能同时出现,必须省隐其一(被役是反身代词"自己"的除外),如例句(48d,49k);或者二者都省隐,如例句(49l,49m)。从数量上来看,使役和被役同指时,使役省隐的有 7 例,被役省隐的有 49 例,二者都省隐的有 7 例,共占所考察致使义重动句总数的 63%。综上所述,在本章所考察的致使义重动句例句中,使役/被役省隐的例句占总数的 72%,可以说,致使义重动句中使役/被役省隐的可能性较高。

总的来看,致使义重动句的使役或被役省隐是常态,而其他致使句式都是以使役和被役都出现为常态的。这是致使义重动句有别于其他致使结构的一个特点。相关例句如下:

(49) a. 他黎明出发时没吃食物,他感到了饥饿,尽管如此,他没有使自己坐下来休息。(余华《祖先》)

b. 那么,如何使她俩不团结呢?(晨义《三人演义》)

c. 大家热烈地发言,表示态度:把无名高地打成个有名高地!(老舍《无名高地有了名》)

d. 以你来说,你有责任把你自己培养成一个智勇双全的人!(同上)

e. 远处山峦上雷达扫视着天空,山那边是航空兵的机场,山本身则被挖空成巨大的弹药库和油料库。(王朔《空中小姐》)

f. 你丈夫纵有千条不足,他也是个作家,社会的财富。瞧瞧,被你逼成什么样儿了?(电视剧《编辑部的故事》)

g. 秀梅:被挖走了,是王先生的格陵兰时装公司。(电视剧《北京人在纽约》)

h. 他被自己吓了一跳。

i. 抽烟抽得手指头都黄了。

j. 刻图章刻坏了一把刀。

k. 那个花瓶搬家搬丢了。

l. 母亲必会说,家里连个客人都不来,包也包得没意思,吃也吃得没意思。(梁晓声《表弟》)

m. 打球打累了。

综上所述,致使义重动句、致使义"被"字句、使动句、致使义"把"字句、"使"字句中使役/被役省隐的可能性越来越低(依次是 72%、33%、31%、10%、5%),形成使役/被役省隐可能性连续统,如图 5-5 所示。

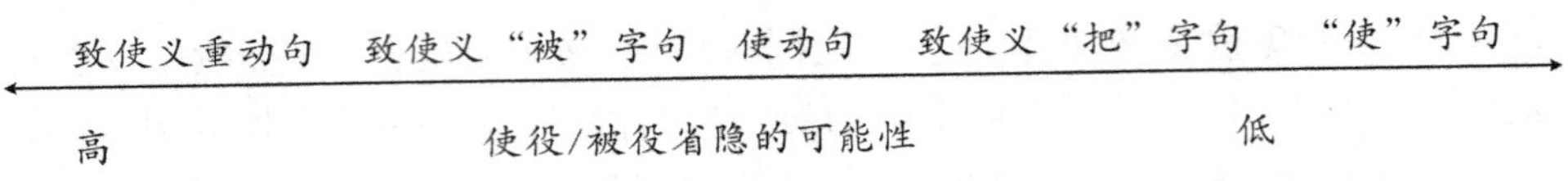

```
致使义重动句   致使义"被"字句   使动句   致使义"把"字句   "使"字句
高                        使役/被役省隐的可能性                        低
```

图 5-5　五种致使结构使役/被役省隐的可能性连续统

这一分析结果看似不完全符合前文根据"致使结构对应律"做出的预测。根据这些句式的多样性、致使效率以及形式紧密度来看,使动句、含动结构的致使义"把/被"字句、"使"字句、含 V 得结构的致使义"把/被"字句和致使义重动句,这些句式的使役/被役省隐的可能性应依次降低。而目前的分析结果是,使动句、"使"字句、含有动结构的致使义"把"字句和含有 V 得结构的致使义"被"字句在这一连续统中的位置符合预测结果,而且这四种致使结构的致使效率和多样性、形式紧密度都大体成正比,上述三种参数也与使役/被役省隐的可能性大致成正比。只有两种致使义重动句、含有动结构的致使义"被"字句和含有 V 得结构的致使义"把"字句,它们在图 5-5 中的表现不符合预测结果。

由于致使义"把/被"字句和致使义重动句都各自包含了两种不同的形式结构,它们的形式和功能的对应关系显得不像动结句、V 得句和兼语句之间的那么整齐,也没有使动句和"使"字句体现得那么清楚。动结句是较为典型的直接致使,兼语句是较为典型的间接致使,V 得句属于联系型致使,三者都具有典型性,因而形式和功能的对应关系也表现得较为整齐。而致使义"把/被"字句、致使义重动句相对而言都是不太典型的致使结构,它们在形式特征和功能特征上表现出的复杂性,造成其形式-功能对应关系也表现得较为复杂。也正是由于它们在致使表达上不够典型,学界在是否将它们纳入致使范畴这一问题上一直存在争议,关于这一点从本书第三章的有关回顾中可以窥见一二。

那么,含有动结构的致使义"被"字句、含有 V 得结构的致使义"把"字句和致使义重动句在形式特征上的例外该如何解释,是否构成"致使结构对应律"的反例,下文将对此做详细分析。

(三) 对例外现象的解释

致使义"被"字句、致使义"把"字句和致使义重动句不完全符合本书所提出的"致使结构对应律"。本书认为,原因可能有两种:一是这几种句式和其他致使结构相比较为特殊,它们的对应性关系表现形式和其他句式的也有所不同,对本书归纳的"致使结构对应律"确实在某一方面构成反例;二是本书提出的"致使结构对应律"存在缺陷,其内容不符合现代汉语致使结构的实际情况,不具有解释力和预测力,需要修正。

先来看第二种解释。如果本书提出的"致使结构对应律"真的存在严重缺陷，那么，应该不会只有上面提到的几种句式在某一方面不符合这一规律，而是大多数致使结构都违反这一规律。而实际的情况是，其他致使结构都符合这一规律预测的结果，而且，上述句式也只是在使役/被役省隐的可能性这一形式特征上，不符合本书根据"致使结构对应律"提出的预测，其他功能和形式方面都是符合预测的。这说明，本书提出的"致使结构对应律"是适用于大多数现代汉语致使结构的，上述句式在某些地方违反该对应律，只能说明这种情况是特例。在语言学中，任何规律性的预测都不可能解释所有的现象，总会有一两个反例，也正因为有少数反例存在，才更说明这种规律是科学的、可证伪的，其解释力是有限的。因此，本书排除第二种可能性解释，采用第一种可能性解释。

既然确认致使义"被"字句、致使义"把"字句和致使义重动句对本书提出的"致使结构对应律"在某一形式特征上构成反例，那么，本书将尝试从句法形态特征和标记理论两个角度，对这些在某些方面违反"致使结构对应律"的致使结构进行分析，以期找出较为合理的解释。

1. 句法形态层面的解释

首先，本书尝试解释，含 V 得结构的致使义"被"字句和含动结结构的致使义"把"字句，在使役/被役省隐的可能性这一形式特征上不符合"致使结构对应律"的原因。

为了更为清晰地显示这些致使结构违反对应律的地方，本书将上述句式在图 5-2、图 5-3、图 5-4、图 5-5 中的形式特征和功能特征的表现综合为图 5-6。

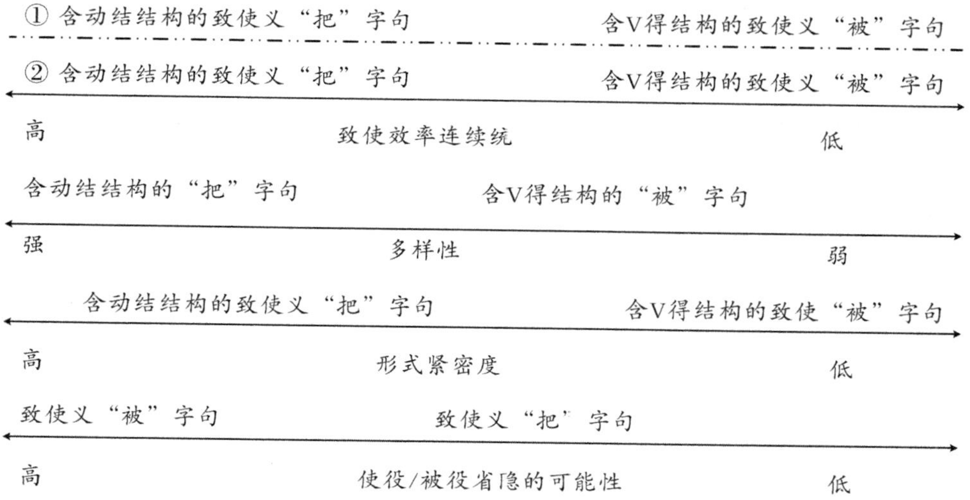

① 含动结结构的致使义"把"字句	含V得结构的致使义"被"字句
② 含动结结构的致使义"把"字句	含V得结构的致使义"被"字句

高	致使效率连续统	低
含动结结构的"把"字句	含V得结构的"被"字句	

强	多样性	弱
含动结结构的致使义"把"字句		含V得结构的致使"被"字句

高	形式紧密度	低
致使义"被"字句	致使义"把"字句	

| 高 | 使役/被役省隐的可能性 | 低 |

图 5-6　含 V 得结构的致使义"被"字句、含动结结构的致使义"把"字句的形式和功能特征

若按照"致使结构对应律"来预测,含有 V 得结构的致使义"被"字句的形式紧密度较低,其使役/被役省隐的可能性应该也比较低,但实际情况恰恰相反,该类"被"字句和含动结结构"被"字句的一样,都比较高。这是由致使义"被"字句的句法形式决定的。具体而言,两种结构的致使义"被"字句的使役和被役都出现在致使动词和致使结果之前,使役或被役省隐与否不影响其所在句式的形式紧密度的高低,因此才会出现两种致使义"被"字句的使役/被役省隐的可能性相同的情况。例如"张三被李四逗笑了"和"张三被李四逗得哈哈大笑",前一个句子的"逗笑"是动结结构,后一个句子的"逗得哈哈大笑"是 V 得结构,前者的形式紧密度高于后者,使役"张三"和被役"李四"的省隐不影响形式紧密度的高低,因为二者都在致使动词和结果补语之前。可见,致使义"被"字句在使役/被役省隐的可能性这一形式特征上不完全符合对应性规律的预测,是由其特定的句法结构所决定的,并不是"致使结构对应律"存在问题。

含动结结构的致使义"把"字句的多样性、致使效率以及形式紧密度都比较高,其使役/被役省隐的可能性按规律预测也应该较高,但实际情况是,该句式的此项特征相对较低;而含有 V 得结构的致使义"把"字句在上述三种连续统中都比较低,其使役/被役省隐的可能性和另一类"把"字句表现相同(即要求相对较低),这符合对应性规律的预测。含动结结构的致使义"把"字句违反"致使结构对应律"预测的结果,其原因和上一段分析的致使义"被"字句的相似。"把"字句中的使役和被役也都在致使动词和结果补语之前,使役或被役出现与否不影响句子的形式紧密度的高低。正是由于致使义"把"字句特定的句法结构,造成了两种不同结构的致使义"把"字句在使役/被役省隐的可能性这一形式特征上有相同的表现,使得该句式在这一点上不完全符合根据"致使结构对应律"做出的预测。

其次,本书尝试探讨两种致使义重动句在某些形式特征和功能特征上违反"致使结构对应律"的原因。现将本章的图 5-2、图 5-3、图 5-4、图 5-5 中致使义重动句的形式特征和功能特征综合为图 5-7。

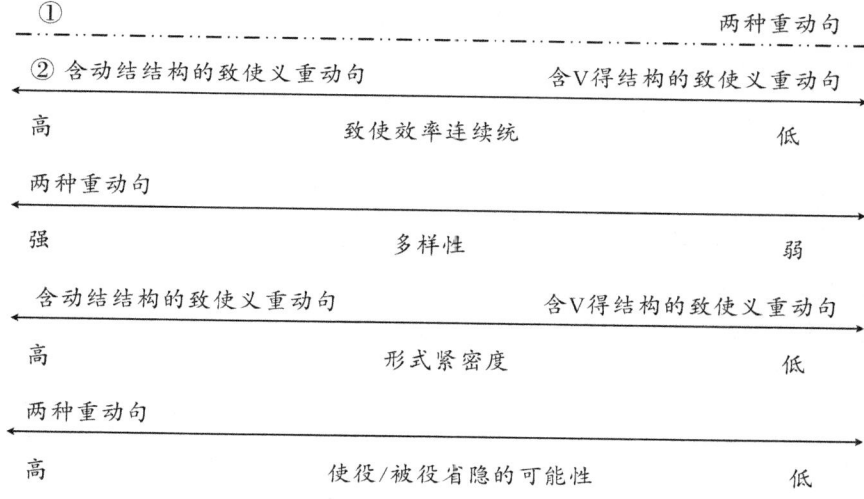

图 5-7 致使义重动句的形式特征和功能特征

图 5-7 清晰地显示了两种致使义重动句在各个形式特征和功能特征上的表现。我们通过对比不难找出它们不符合"致使结构对应律"预测的地方。

若按照致使效率连续统的第一种情况来看,含动结结构的致使义重动句的致使效率和多样性都很低,按"致使结构对应律"的预测,其形式紧密度和使役/被役省隐的可能性也应该比较低,但是二者实际上却比较高,形式特征明显不符合预测。含 V 得结构的致使义重动句的致使效率、多样性和形式紧密度都很低,按"致使结构对应律"进行预测,其使役/被役省隐的可能性应该也比较低,但事实上却比较高,也明显不符合对应律的预测。

若按照致使效率连续统的第二种情况来看,含动结结构的致使义重动句的致使效率、形式紧密度和使役/被役省隐的可能性都比较高,按"致使结构对应律"进行预测,其多样性也应该比较高,但实际上很低,不符合对应律的预测。含 V 得结构的致使义重动句的致使效率、多样性、形式紧密度都很低,但使役/被役省隐的可能性却很高,也不符合对应律的预测。

总的来看,不论是哪种情况,两种致使义重动句都在某种形式特征或功能特征上不符合"致使结构对应律"的预测,即它们在形式连续统(使役/被役省隐的可能性)和功能连续统(多样性)中的位置无法形成对应关系。对于本书提出的"致使结构对应律"而言,它们确实构成了反例,该对应律不完全适用于这两种致使义重动句。

构成反例的原因也很明显,两种致使义重动句在上述功能特征和形式特征上表现出来的差异,都是由重动句的句法特征决定的。例如,动词的重复出现,使役和被役常常同指且被役省隐等,这些都在某种程度上影响了致使义重动句的形式特征和功能特征。重动句的句法形态特征本书第三章第一节已有详细阐述,此处只简要提及,不再详细展开论述。

除此之外,更为重要的原因是,重动句的形式特征和功能特征,会受到它们各自包含的"动结结构"和"V得结构"的影响,二者在形式特征和功能特征上的差异,会影响其所在句式的形式特征(形式紧密度)和功能特征(致使效率),导致含有这两种结构的致使义重动句在这两个特征上的表现各不相同。具体而言,"动结结构"的形式紧密度高于"V得结构",因此,前者所在的致使义重动句的形式紧密度也相应的高于后者所在的致使义重动句。而两种致使义重动句的致使效率之所以有相同和不同两种情况,是因为若根据致使的直接程度判断致使效率,则由于动结结构比V得结构表达的致使更为直接,所以,含"动结结构"的致使义重动句的致使效率高于含"V得结构"的;若根据被役的施事性强弱来判断,则由于两者致使义重动句中被役的施事性强度相同,所以,他们的致使效率相同。(有关内容也可参考本章第三节)而"动结结构"和"V得结构"的形式特征(形式紧密度)和功能特征(致使效率)的差异,极少影响其所在句式的使役和被役的各种特征,不仅如此,致使结构的多样性和使役/被役省隐的可能性都是基于使役和被役的各种特征参数而得出的,因此,含有"动结结构"和"V得结构"的致使义重动句的多样性和使役/被役省隐的可能性是相同的。

2. 标记理论层面的解释

依据"元标记模式(meta-markedness pattern)"理论,意义和形式都有无标记项和有标记项。有标记和无标记是一对相对的概念。例如,意义或形式上简单的是无标记项,复杂的是有标记项;符合预期结果的是无标记项,意外结果则是有标记项。无标记的形式和意义构成无标记配对,有标记的形式和意义也同样构成无标记配对。这种关联标记模式就是形式和意义之间的"象似性"。语言结构的"象似性"就是一种"元标记模式"。(参见沈家煊,1999:328)Givón(1991:106)也提出了元象似性标记原则(the meta-iconic markedness principle),即在认知上有标记的(例如复杂的)范畴其结构也倾向于有标记的。下文尝试从标记理论的层面,解释致使义"被"字句、致使义"把"字句和致使义重动句在某些形式特征和功能特征上不完全符合"致使结构对应律"的原因。

首先来分析致使义重动句构成反例的原因。本书在第三章第一小节中曾对致使义重动句有过详细分析,该句式的形式特征是致使动词重复出现两次(第一个致使动词后带致使工具,第二次出现的致使动词后带结果补语),而其他致使结构中致使动词只出现一次。从标记理论来看,致使义重动句的句法形态特征,相对于其他致使结构来说是有标记的。而致使义重动句表达的是一种超常性量变的致使结果,而其他致使结构表达的是正常量的致使结果,相对而言,前者是有标记的,后者是无标记的。可见,致使义重动句不论是在句法形态上(动词重复)还是功能特征上(超常致使量),相对于其他致使结构而言,它都是一种有标记的或者说标记程度很高的致使结构,而多个有标记特征在一起恰好构成无标记配对。同样的,两种致使义重动句在部分形式特征和功能特征上表现出和预测相反的结果,也是有标记的。有标记的句式和该句式有标记的形式-功能对应关系的表现,恰好构成无标记配对(即无标记表达)。反之,如果致使义重动句在形式-功能对应关系上表现出的结果和规律所预测的相同,则是无标记的。而无标记的特征表现和有标记的句式构成的是有标记配对,有标记配对是不稳定的,在语言中极少存在,这不仅不符合"元标记模式",也违反了形式和意义之间的"象似性"。

  需要指出的是,本书这里所讲的有标记、无标记都是相对的,从有标记到无标记是一个标记程度逐渐降低的连续统。相对而言,致使义重动句的标记程度比较高,其他致使结构,如致使义"把"字句、致使义"被"字句、使动句、兼语句等,标记程度比较低。但标记程度较低的这些致使结构,它们之间也有标记程度的高低之别。鉴于这些句式的标记程度和本章讨论的内容联系不是很紧密,因此本书在此暂不对其细加区分。

  其次,致使义"被"字句的特例也可以用标记理论来解释。从功能上来看,致使义"被"字句在表达致使这一功能上,侧重凸显其从被役观察致使这一视角。这是该句式有别于其他致使结构之处,其他致使结构都是从使役的角度描述致使的。而少数的情况是有标记的,多数的则是无标记的。因此,从描述致使情景的视角上来看,致使义"被"字句是有标记的。从形式上来看,致使义"被"字句中的被役在句首位置,这相对于其他致使结构来说也是有标记的情况,而且它在使役/被役省隐的可能性上对"致使结构对应律"构成反例,相对于其他符合"致使结构对应律"的句式而言也是有标记的。上述这些有标记的功能特征和形式特征恰好组成无标记配对。如果该句式在形式上的表现不是有标记的,反而不能和其有标记的功能构成无标记配对。

  再次,致使义"把"字句的反例也同样可以用标记理论来解释,该句式本身就是一种有标记的句式。致使义"把"字句当中的致使动词在被役之后,而不是像典型的致使结构,例如动结句或使动句,致使动词在被役之前。而致使义"把"字句在使役/被役省隐的可能性上对"致使结构对应律"构成反例,相对于其他符合"致使结构对应律"的句式而言也是有标记的。同样的,上述这些有标记特征组成的是无标记配对。

由此可见,致使义"被"字句、致使义"把"字句和致使义重动句在某一部分形式特征或功能特征上不符合"致使结构对应律",并非是该规律缺乏解释力或者存在严重缺陷,而是这些句式自身句法结构的复杂性和特殊性造成的。

四、小结

本小节用使动句、"使"字句、包含动结构构和V得结构的致使义"被"字句、致使义"把"字句和致使义重动句对"致使结构对应律"进行了验证。验证结果显示,这些致使结构基本符合"致使结构对应律",只有致使义"把"字句、致使义"被"字句和致使义重动句在某些形式特征和功能特征上违反该对应律,构成反例,但这三种句式的其他功能特征和形式特征都符合该对应律的预测。而且,从标记理论来看,这一表现是符合这三种句式自身的句法结构特征的,是它们特殊的形式特征和功能特征造成的。因此,这些反例并不能否定"致使结构对应律"的正确性和解释力,"致使结构对应律"是成立的,是适用于绝大多数现代汉语致使结构的。

第四节 致使结构对应律的价值

学者们对形式-功能对应关系研究的主要分歧,集中在对应关系中的形式标志问题上。目前,比较有影响力的观点有以下两种:第一种观点认为,致使结构的"致使机制(causative mechanism)"即表层形式特征是形式标志;第二种观点认为,致使结构的"能产性"是形式标志。从"致使结构对应律"(详见本章第一节)的具体内容来看,现代汉语致使结构的形式-功能对应关系,其形式特征表现为表层形式特征即致使机制,如形式紧密度、使役/被役省隐的可能性等;其功能特征表现为各种功能和语义参数,如致使效率、多样性等。也就是说,本书的分析结果和第一种观点近似。

语言学界对致使结构形式-功能对应关系的看法,大致可归纳为三种观点:"致使形式"和"直接性"对应说、"意义(meaning)"和"机制(mechanism)"对应说、"句法融合程度"和"语义融合程度"对应说。本书第一章已经对这些对应说进行了回顾,并指出了他们在分析现代汉语致使结构的形式-功能对应关系上的局限(详见第一章第二节和第三章第二节)。本书提出的致使结构形式-功能对应关系规律即"致使结构对应律",并不是简单地等同于前人的某一种观点,而是在已有理论的基础上,针对现代汉语的实际情况归纳出的致使结构形式-功能对应关系规律。

以 Comrie(1981,1989)为代表的"致使形式和直接性对应说"所提出的形式类型和语义功能类型的对应,是指句法型、形态型、词汇型致使结构和直接致使、间接致使之间的对应关系。就现代汉语致使结构而言,这种对应关系仅仅适用于使动句和兼语句,对其他致使结构都不适用(相关论述见第三章第三节)。相对而言,本书提出的"致使结构对应律"适用于所有的现代汉语致使结构,虽然在个别致使结构的某些功能特征或形式特征上遇到反例,但是这种情况的存在有其特殊的原因(详细内容见第五章第三节),并非致使结构对应律的问题,而且,从整体上看,致使结构对应律能够对现代汉语中的致使结构的形式-功能对应关系进行较为有效的阐释。

以 Dixon(2000)为代表的"意义(meaning)"和"机制(mechanism)"对应说,认为致使的不同机制类型和形式紧密度及其所具有的各项语义特征参数值之间存在对应关系。此观点是和本书提出的对应关系最为接近的一种对应说。所不同的是,本书提出的形式特征参数不仅包括形式紧密度,还包括使役/被役省隐的可能性,这也是能够较为直观地从外在的句法形态上体现现代汉语致使结构的形式特征差别的一个参数,这一参数较为切合现代汉语的实际形式特征。此外,本书提出的各项功能(即语义)特征参数也有别于 Dixon(2000)。在该文的各项语义特征中,文章对动词的语义分类(分为状态动词和动作动词)并不适用于现代汉语,本书将在第六章提出适用于现代汉语致使动词的分类,并探讨现代汉语的致使动词和致使结构形式-功能对应之间的关系。

以 Givón(1980,1990,1991,2001)和 Shibatani & Pardeshi(2002)为代表的"句法融合程度"和"语义融合程度"对应说,也不适用于极少有形态变化的现代汉语(详见本书第一章第二节)。而本书提出的"致使结构对应律"的各种参数,能对现代汉语致使结构的各种特征进行较为有效地鉴别和比较,较之前文的各种对应说,更适用于没有形态变化的现代汉语。

"致使结构对应律"对现代汉语致使结构而言具有预测力、普遍性和解释力,弥补了前文提到的对应说在解释现代汉语致使结构形式-功能对应关系上的不足,是致使结构形式-功能对应关系研究中的一次有益的理论探索。

第六章 致使动词对应律

致使动词的形式特征和功能特征与致使结构的形式-功能对应关系紧密相关。在现代汉语中,致使动词的功能特征表现为致使动词的语义粘合等级,致使动词的形式特征表现为该动词所在致使结构的形式紧密度,二者形成临摹性对应关系,此种对应兼有显性和隐性编码策略。本书的"致使动词"[①]是指出现在现代汉语的各种致使结构中的主动词。本书以句法位置及其出现的句式作为判断致使动词的标准。本书的致使动词不仅包括具有致使义的动词,也包括不具有致使义的动词。

本章将从现代汉语的致使动词入手,探讨致使动词的语义粘合力、语义粘合等级、语义类别等问题,归纳其中的对应性规律。

第一节 对应关系中的致使动词研究

致使动词是致使结构形式-功能对应关系研究中不可或缺的一部分,Dixon(2000)、Givón(1980,1991,2001)、Shibatani & Pardeshi(2002)等学者在探讨致使结构形式-功能对应关系时,都涉及致使动词的相关问题(可参考第一章第二节的相关文献回顾)。

Dixon(2000)提出,致使动词的及物性、行为或动作两种语义参数是对应关系中的功能特征的表现形式。Givón(2001)提出了动词的认知语义粘合等级,

---

[①] 致使动词可以出现在不同的论元结构框架中,这一点早已被 Goldberg(2001)证实。该文对致使动词出现的论元结构受限制的观点提出质疑,认为致使动词可以出现的论元结构很广泛,在受事论元省隐的结构中,致使动词在满足一定的语义和句法条件下仍可以出现。具体论述详见 Goldberg, A. E. Patient arguments of causative verbs can be omitted: the role of information structure in argument distribution [J]. Language Sciences, 2001 (23):503–524.

并指出动词的语义粘合力和其所在句子的形式特征相对应。Shibatani & Pardeshi(2002)研究指出：直接致使和词汇型致使相对应，其中的动词是非动态不及物动词；而间接致使和能产型致使相对应，其中的动词是动态不及物动词或及物动词。相比而言，Dixon(2000)和 Shibatani & Pardeshi(2002)等按及物和不及物对动词进行分类的做法并不适用于现代汉语，按自主和非自主对动词进行分类对现代汉语来说更为适用，马庆株(1992)、牛顺心(2004)等学者都对此有所论述。而 Givón(2001)提出的动词的认知语义粘合等级及其分析方法，对现代汉语致使动词来说，具有较强的可操作性和适用性，下文将对此进行详细探讨。

在汉语语言学界，现代汉语致使动词虽然一直颇受学者的关注，但以往的研究多集中在某一种致使结构当中的动词上。如王红旗(1995)对各类动结句述补结构的配价问题的探讨，程琪龙、王宗炎(1994)对"把"字句和兼语句中补足语动词的语义差异的考察，提出"把"字句和使令兼语句的最大的语义差异是：后者动2(第二个谓语动词)含有控制变化语义，而前者动2偏重状态语义。

随着研究的深入，学者们开始对致使动词进行较为全面的研究，如邢欣(1995)用配价语法理论集中探讨了致使动词的增价问题，刘永耕(2000)、牛顺心(2004)、周红(2005)等学者从语义或功能的角度探讨了致使动词的分类及其特征。

刘永耕(2000)以是否包含使令义为标准，将现代汉语的及物动词分为使令类动词和非使令类动词两大类，使令类动词又按照其使令义的强弱(即使令度)分为显性和隐性两个次类，显性使令义动词又细分为七种。该文尝试揭示使令度与词义类型之间相关联、相对立的关系。

牛顺心(2004)指出：Dixon(2000:63)把动词分为行为动词(action verb)和状态动词(state and process verb)的这种分类方法，并不适用于现代汉语致使动词。该文认为，根据现代汉语致使动词的语义特点及句法特征，将其分为自主动词和行为动词更为合理。例如，使令式中的主动词主要是行为动词，而且是自主动词；致动式中的主动词是体现人的心情和感受的形容词以及非自主动词，这一类动词是从使令式中的动词发展而来；隔开式中的主动词可以是自主动词，也可以是非自主动词。

周红(2005:128-130)根据致使动词本身除致使义外是否还带有其他词汇意义，将致使动词分为两类：一类是只有致使义的纯致使动词(Va)，一类是除致使义之外还有其他词汇义的具体致使动词(Vb)。该文又将 Vb 类动词按所处的句法结构分为：处于递系结构的 Vb1 类和语义上要求处于动宾结构中的 Vb2 类。

总的来看，上述研究大都是从不同的角度对致使动词进行分类，并没有将其纳入致使结构的形式-功能对应关系的研究当中,还有不少问题需要有更加全面的考察和深入的分析,例如致使动词的整体特征、致使动词与致使结构的形式特征和功能特征之间的关系等等。因此,本书将现代汉语致使动词研究纳入致使结构的形式-功能对应关系的研究范围之中,力求通过对致使动词的全面考察和深入分析,从致使动词的特征上窥见一些致使结构形式-功能对应关系的规律。

第二节 致使动词语义粘合等级

本书所说的"认知-语义粘合(semantic-cognitive bond)"概念源自 Givón(2001),是指可以带补足语的动词(complement-taking verbs)与其补足语(complements)在认知语义层面的联系紧密程度。动词和补足语的语义联系越紧密,该动词的语义粘合力就越强,反之就越弱。不同动词的"认知-语义粘合能力(semantic-cognitive bond power)"(下文简称"语义粘合力")存在级差,构成动词语义粘合等级(semantic bond scale of verbs)。

现代汉语的致使动词是否和英语中可以带补足语的动词一样,也存在语义粘合力的差别,形成致使动词的语义粘合等级,这将是本小节讨论的重点。由于认知-语义粘合的概念及相关理论和分析方法都源自 Givón(2001),所以,我们有必要先来回顾一下 Givón(1980,1991,2001)的相关研究。

一、Givón(1980,1991,2001)可以带补足语的动词的语义粘合等级

Givón(1980)对补足语(complements)的类型和约束[①]等级(the binding hierarchy)进行了研究,该文证实了补足语的语义(semantic)层面和句法(syntactic)层面的两个约束等级之间存在对应关系,并提出了蕴涵性等级预测(implicational hierarchy prediction)。Givón(1991:95-96)在探讨语法编码的象似性(iconicity)问题时,也谈到了可以带补足语的动词的约束等级及其和所在句式中的补足语的句法对应关系。

在上述研究的基础上,Givón(2001)以补足语和句联(clause union)的关系为研究对象,对英语中可以带补足语的动词进行了更为详细的研究。该文把这

[①] "约束"是指主句动词的施事对补足语小句的施事的影响,施加的影响越强,主句动词在补足语约束等级上的位置越高。

些动词分为情态动词(modality verbs)、操控动词(manipulation verbs)和感知-认知-话语动词(perception-cognition-utterance verbs),并用以下六个语义参数对其语义粘合等级进行分析:关于事件状态(event hood)的参数,如共时性(co-temporality)、直接联系(direct contact)、同指(co-reference)①等;关于施事性的参数,如意志性(intentionality)、控制(control)②、遏制力(coercive power)③等。动词所在的句子具备上述参数的数量越多,该动词的"认知-语义粘合"能力越强。该文分析得出:情态动词、操控动词和感知-认知-话语动词的"认知-语义粘合"能力存在级差,这种级差具体体现在这些动词所在句子的表义功能及其与补足语小句的结合程度上。在此,本书引用Givón(2001:43)文章中的表格(12),即本章的表6-1,来具体分析上述观点。

表6-1　Givón(2001)语义等级-句法形式对应表

Semantic scale of verbs	Syntax of Comp-clause
a. She let go of the kinfe.	Co-lexicalized Comp.
b. She made him shave.	Bare-stem Comp.
c. She let him go home.	
d. She had him arrested.	
e. She caused him to switch jobs.	Infinitive Comp.
f. She told him to leave.	
g. She asked him to leave.	
h. She allowed him to leave.	
i. She wanted him to leave.	
j. She'd like him to leave.	
k. She'd like for him to leave.	For-to Comp.
l. She suggested that he leave.	Subjunctive Comp
m. She wished that he should leave.	
n. She agreed that he should leave.	

---

①"同指"是指事件1和事件2内相关指称的融合程度。
②"控制"是指主动词表示的动作对补足语动词表示的动作的控制作用。
③"遏制力"是指主句主语对补足语小句主语发出的强制力。

接上表

Semantic scale of verbs	Syntax of Comp-clause
o. She knew that he left.	Indirect quote Comp.
p. She said that he might leave later.	
q. She said, "he might leave later."	Direct quote Comp.

由表6-1可知,不同语义粘合等级的动词与其补足语动词在句法形式上的距离远近(即紧密程度)有着很明显的对应关系。例如,表6-1的(a)句的"let"和"go"之间没有其他成分,距离最近,是词汇化从句。若用Givón(2001)提出的六种语义粘合参数来检验,则发现二者有共同的时空关系,接触非常直接且同指,句中宾语的动作是否实现要靠主语的意志和控制,主语又有较强的控制力,主句和补足语小句所表达的两个事件具有较高的语义融合度,具备所有六种语义粘合参数。例句(b)中的"make"和"shave"之间隔着"him",主动词和补足语动词的接触没有例句(a)直接,例句(c-d)都是此种情况。此类动词的语义粘合程度低于第一种,只具备五种语义粘合参数。依照此分析方法,表6-1中例句(c-q)中的各类动词的语义粘合度也都依次降低。

而且,正如Givón(2001:43-44)所指出的,表6-1中动词语义粘合等级虽和补足语的类型形成对应关系,但是这些可以带补足语的动词的语义并没有清晰的、绝对的界限,其所在句子表达的语义功能也是连续渐变的,如例句(a-e)编码(code)的是成功的操控(successful manipulation),例句(f-j)编码企图性操控(intended manipulation)①,例句(k-q)则不表操控关系。

总之,Givón(2001)分析出的语义粘合等级和句法结构的对应关系,对英语来说是全面、准确、适用的②。而且,该对应关系不仅在英语中存在,在其他语言的致使结构中也同样存在。例如,Soto(2001:197-244)在对Cora语(墨西哥西北部的一种阿兹特克[Uto-Aztecan]语)进行研究之后发现,在该语言中,致使结构的形式标志(formal devices)和动词的语义类别(verbal semantic classes)之间存在较强的对应关系(a strong relation)。

---

① "企图性操控"这一概念,按本书第二章对致使的界定以及本书对致使和操控的关系的分析,它属于本书所定义致使中的非典型致使。
② 关于表6-1中动词的语义粘合程度等级的正确性,赵丹静(2009)也做过较为详细的论述(详见赵丹静:《Givón的语义控制参数在汉语单纯致使动词中的应用分析》,载《语言理论研究》,第19-21页,2009年第2期),限于篇幅,本书在此不再转引其论述。

现代汉语不像英语或阿兹特克语那样有着丰富的形态变化,许多致使结构的形式较为相似,例如"使"字句和兼语句、使动句和动结句等。现代汉语的致使动词是否存在语义粘合力的差异,是否和致使结构的形式特征有对应关系,这些问题将在下文逐一讨论。

二、致使动词的语义粘合力

本节用 Givón(2001)提出的共时性、直接联系、同指、意志性、控制性和遏制力这六种语义粘合参数,按动词所在的句式,逐一分析它们的语义粘合力的强弱。由于此处的分析涉及共时性的问题,因此,本书在搜集例句时,选取的都是句法语义条件相同的致使结构,以求尽量排除时间副词、句子的语气类型等因素的干扰。

(一)"使"字句中致使动词的语义粘合力

在现代汉语的致使动词中,出现在"使"字句的致使动词只有"使、令、叫、让、致使、导致"等,它们在句中只表致使义。

赵丹静(2009)以 Givón(2001)提出的六个语义粘合参数为参照,从正反两方面对汉语中的"使、令、让、叫、给、要"进行了分析,认为这六个致使动词的语义粘合力的强弱依次递减。该文的分析存在以下问题:首先,文中的"让、叫"都是表示使令义的,"给、要"也都不是纯致使义动词,该文没有严格区分单纯表致使义的"叫、让"和单纯表使令义的"叫、让";其次,该文在分析"使"的语义粘合力强于"令"时,在二者的六种语义粘合参数相同的情况下,以"令"的语气比"使"弱为由,认为其语义粘合力低于"使"。本书认为赵文的观点尚有可商榷之处,不敢苟同。

"使"字句中的致使动词,在使役、被役、致使力等其他致使要素都处于同等条件时,它们的语义粘合力是没有差别的;但当它们所在句子中的各种致使要素的特征不同时(例如使役的有生性、无生性等),它们的语义粘合能力确实存在差异。我们先来看一组例句,句中画线部分即是符合本书定义的致使动词。

(50)a. 疲乏<u>使</u>他们昏昏欲睡,可是饥渴与气氛<u>令</u>他们难以入梦。(老舍《蜕》,引自赵丹静,2009)

b. 响声越大证明钓到的鱼就越大,但越容易暴露目标,<u>叫</u>人心里直发抖……(崔晓《麻子阿哥》)

c. 这汽车这司机这座椅<u>让</u>我心安理得。(引自宛新政,2005:70)

d. 王家雄在骑车滑下跑道时多蹬了四下,<u>致使</u>车速过快。(引自宛新政,2005:68)

e. 这就<u>导致</u>苏小沪在报社总觉得抑郁不快而豆儿却如鱼得水。(方方《白雾》)

f. 他<u>使</u>学生端正了学习态度。

本书尝试用 Givón（2001）提出的六个参数对上述例句进行分析。分析发现，例句（50a）中的"使"所在小句中的两个事件"疲乏"和"昏昏欲睡"具有共时性，联系直接，而且二者同指，即两个事件中相关指称的语义融合度较高，两个事件中的"他们"已经高度融合，两个事件在语义上已经构成一个整体，若将致使事件和结果事件分开，则前者在语义上不能自足。使役"疲乏"不具有意志性，但有遏制力（可以抵制被役发出的抗拒力）。"使"对"昏昏欲睡"有控制力，可以实现致使结果"他们昏昏欲睡"。该例句具备五种语义粘合参数，参数值为5。后续小句中的"令"以及例句（50b-e）中的致使动词所在句子，情况大致相同，语义粘合参数值都是5。

例句（50f）的两个事件"他使学生"和"学生端正了学习态度"具有直接联系、共时性、同指，使役"他"具有意志性、遏制力，"使"对"端正"有控制力，可以实现致使结果"端正了学习态度"。该句子的语义粘合力参数值是6，语义粘合力强。

比较例句（50a-e）和例句（50f），二者具备的语义粘合参数的差别仅表现在使役的意志性上。前者句中的使役多是事件，而事件是不具备意志性的（参见本书第三章），都是无生性的、无意志性的；后者的使役是人，是有生性的、有意志性的。在本书抽样调查的"使"字句中，含"使、令、叫、让、致使、导致"的句子各随机抽取20例，总计120例。其中，使役是有意志性的例句数量依次是0、2、3、8、0、0，共计13例，约占总数的10.8%。可见，使役是有意志性的"使"字句只是很少的一部分（主要出现在含有"令、叫、让"的句子中）。也就是说，语义粘合力参数值为6的"使"字句只是少数，大多数"使"字句的语义粘合力参数值是5。

基于上述分析，虽然出现在"使"字句的致使动词的语义粘合力参数值不完全相同，但取其总体趋向，可以确定为5，即大多数此类致使动词都具有较强的语义粘合力。在各种句法语义条件相同的情况下，这些致使动词的语义粘合能力相同，彼此之间并不存在级差。

（二）兼语句中致使动词的语义粘合力

可以出现在兼语句中的致使动词是一个相对封闭的类。本书对《汉语动词用法词典》①中的1223个动词(共2117个义项)进行了全面考察,统计结果显示,词典中标注了可以进入兼语句的致使动词有171个(188个义项),其中,可以进入符合本书定义的兼语句的有146个(166个义项)②。常见的出现在兼语句中的致使动词有"劝、请、命令、派"等,如例句(51)中的画线部分。相关例句如下:

(51)a. 每户人家<u>派</u>两个人去领饭菜。(余华《活着》)
　　　b. 一些好心的同事<u>规劝</u>她改嫁,她无动于衷。(陆星儿《一个和一个》)
　　　c. 学校里现在正缺个语文教员,你<u>叫</u>蓝东阳<u>请</u>大哥来干。(老舍《四世同堂》)

例句(51a)中致使事件"每户人家派两个人"和结果事件"两个人去领饭菜"之间不具有共时性,也没有直接联系,而且二者不同指(即两个事件内相关指称"两个人"的语义融合程度很低,该词所在的两个事件在语义上各自可以作为一个独立完整的事件存在)。"每户人家"没有意志性和遏制力,"派"对"领"没有控制能力,这一点从致使结果不一定实现可以看出。"领饭菜"这件事能否实现很大程度上要看被役"两个人"的意愿,这种意愿足以抵消使役"每户人家"发出的遏制力,摆脱其控制。所以,例句(51a)不具备所有的语义粘合参数,即致使动词的语义粘合力很弱。例句(51b)中的使役"同事"具有意志性,但没有遏制力(即无法遏制被役发出的抵制力以确保致使结果的实现),其他参数特

---

① 孟琮、郑怀德:《汉语动词用法词典》,商务印书馆,1999年版。
② 这146个用于兼语句的动词是:安插、安排、安置、帮、帮助、保护、布置、操纵、搀、撤、称^1、抽$^1_{(2)}$、抽^2、传$_{(5)}$、吹$_{(2)}$、促使、刺激$_{(1)(2)}$、催$_{(1)(2)}$、调、调动、动员、点$_{(8)}$、逗、发动$_{(2)}$、罚、放$_{(1)}$、赶$_{(3)(4)}$、雇、鼓动、号召、集中、哄(上声)$_{(1)}$、教、叫$^1_{(2)(3)}$、教训、教育、接$_{(4)}$、接收、警告、救济、救、拉$^1_{(3)(2)(5)(6)}$、立$_{(4)}$、连累、领导、留$_{(1)(3)}$、命令、磨$_{(4)}$、拿、撵、派、派遣、培养、捧$_{(2)}$、聘请、乞求、骗、启发、牵连、抢$^1_{(5)}$、请求、请$_{(1)(2)}$、求$_{(1)}$、驱逐、劝、让$_{(1)(4)}$、惹$_{(2)(3)}$、认$_{(2)}$、使唤$_{(1)(2)}$、升$_{(2)}$、侍候、收、率领、送$_{(3)}$、抬$_{(2)}$、套$_{(4)}$、讨$_{(2)(3)}$、提$_{(4)(5)(7)}$、提拔、挑^{12}、调、挑(上声)$_{(4)}$、挑拨、通知、推动、推$_{(1)(7)}$、拖、推荐、托^1、托^2、驮、委托、喂$_{(2)}$、吸收、吸引、协助、选、选举、选择、训、训练、压$_{(3)}$、压制、养$_{(1)}$、养活、要求、邀请、引诱、招$_{(1)(3)}$、招呼、召集、支持$_{(1)}$、支配$_{(1)(2)}$、支使、支援、指导、指点、抓$_{(3)}$、转、捉、组织、逼、督促、勾引、鼓励、害、喊$_{(1)(2)}$、换$_{(2)}$、叫$^2_{(1)(2)}$、交代$_{(2)}$、扣$_{(3)}$、扣留、强迫、限制、要、引诱、阻挡、阻止、嘱咐、指责、指定、原谅、提醒、找^1、挑选、用$_{(1)(2)}$。(上标数字表示同形词的排序,下标数字表示多义词的义项排序)

征该句子也都不具备。例句(51c)也是类似的情况。因此,它们都只具备一种语义粘合参数。而根据本书对兼语句的考察和界定,其使役都是有生命有意志性的。在本书搜集到的兼语句中,使役为无意志性的例句仅有两例,而这两例都是具有拟人手法的,可以认为,句中的使役也都被赋予了生命和意志性。也就是说,例句(51a)也可以看作是具备意志性的,它的语义粘合力参数是1。

可见,出现在兼语句的致使动词的语义粘合力参数值都是1,语义粘合力很弱。

(三) 使动句中致使动词的语义粘合力

可以出现在使动句中的致使动词也是一个相对封闭的类。本书也对《汉语动词用法词典》(商务印书馆,1999年版)中的1223个动词进行了全面考察,统计结果显示,标注了使动用法且符合本书定义的致使动词有144个(159个义项)①。出现在使动句和兼语句中的致使动词,两类合计共290个词②。常见的出现在使动句中的致使动词有"丰富、活跃、端正、苦"等,例句(52)中的画线部分即是该类致使动词。相关例句如下:

---

① 这144个有使动用法的动词是:暴露、闭、变化、愁、变、出(5)、出版、出去、倒(dǎo)、登²、颠倒、掉²、定、动弹、冻(1)(2)、斗(2)、端正、断(2)、断绝、堆、对(3)、饿(2)、发(6)、发动(3)、发扬、发挥(1)、发展、翻(7)、方便、放松、分裂、丰富、改(1)、改变(1)(2)、改革、改进、改良、改善、改正、感动、搁(2)、巩固、贯彻、过(1)(3)、拐(1)、关、滚、合(1)、轰动、化、恢复、回(3)、活动(1)、积累、集合、集中、加强、减(2)、减少、降低、将(jiàng)(2)、接(1)、结束、解放、解决、紧、解散(1)(2)、进(1)(2)、纠正、卷(1)、开动、开(5)、渴、扩充、扩大、立、练、流露、落(4)、迷、满足(1)、密切、灭亡、灭(1)(2)、明确、模糊、磨(1)、扭(1)、扭转、跑(1)、配(1)、便宜、起(1)、破(2)(3)(4)(5)(6)(7)、破坏、普及、气、迁移、欠(1)、去、确定(2)、散、伤、实现、升(1)(2)、顺(1)(2)、松、缩(2)、缩小、抬、探、提高、停(1)(3)、通(3)、通过(2)、统一、突出、退(1)(3)、褪、脱、弯、完、完成、稳定、下(6)(7)、响、卸(2)、延长、摇、摇晃、移动、增加、增长、展开(1)、震动(1)(2)、住(2)、转(1)、转变、转移、转(zhuàn)、走、醉、坐(3)、削弱。《汉语动词用法词典》只是将这些动词标注为带致使宾语的动词,并没有给出一个明确的标准来判断什么样的词是致使动词。有些其标注为带致使宾语的动词,如"成立、出版"等,本书认为,这类词已经完全等同于一般的及物动词了。像这样的动词都被排除在本书所定义的"具体非纯致使动词(即具有使动用法的动词)"之外。

② 这一统计结果和周红(2005)统计《汉语动词用法词典》的结果稍有出入。据周红(2005)对词典中所有的动词进行的考察,第二类中的第一小类(即可以进入兼语句)的致使动词有155个,可以进入第二类中的第二小类(即可以进入使动句)的致使动词有144个,两类合计共299个。数据差异主要集中在兼语句中致使动词数量上,这和本书与周红(2005)对兼语句的界定的不同、相关问题的看法不同有关。

(52) a. 学生们端正了学习态度。

b. 贞说:那可苦了你呢!(转引自宛新政,2005:236)

c. 听了母亲的话,我一阵羞愧,满意了媳妇委屈了母亲,我这儿子当成什么样子了!(转引自宛新政,2005:239)

d. 可以说,他的参与丰富了本书的内容。(转引自宛新政,2005:233)

例句(52a)"学生们端正了学习态度"中表达的两个事件(即致使事件和结果事件)具有高度的共时性,二者同指、联系直接,二者几乎已经融合为一个事件,使役"学生"具有意志性和遏制力,具有实现致使结果的能力。主动词"端"对补足语"正"的控制非常强,二者已经融合为一个动词。因此,例句(52a)具有全部六种语义粘合参数,参数值为6,该句致使动词具有极强的语义粘合能力。例句(52c)和(52a)情况相同,不再赘述。

例句(52b)中的使役没有出现,该句和其他列句的语法语义特征不同,分析结果不足以代表该类句式中大多数致使动词的特征,因此不予考虑。例句(52d)中的使役"他的参与"是一个无意志性的事件,但这一使役具有遏制力,这一点由致使结果的实现就可以看出。因此该句子只具备其他五种语义参数特征,参数值为5。此外,本书考察了宛新政(2005)一书第八章中的139个使动句例句,其中,使役是无意志性的使动句41例,约占总数的29.4%。

可见,大多数使动句的使役是有意志性的。虽然各种使动句具备的语义粘合力参数不尽相同,但大多数都具备六种。因此,本书将出现在使动句中的致使动词的语义粘合力参数值定为6,即语义粘合能力极强。

(四)含动结结构句式中致使动词的语义粘合力

含动结结构的句式,是指动结句以及含有动结结构的致使义重动句、致使义"把"字句和致使义"被"字句。出现在上述句式中的致使动词,本书称之为"含动结结构句式中的致使动词"。常见的此类动词,如例句(53)中的画线部分。相关例句如下:

(53) a. 他有一次推醒了李云芳,小声说你听你听……(刘恒《贫嘴张大民的幸福生活》)

b. 你没正经的,要不请我吃饭去吧,我这坐着听你说都听饿了。(王朔《顽主》)

c. 我愈看愈气,后来忍不住就把这本薄薄的线装书撕破了。(巴金《家》)

d. 我将锅拿出来放在地上，两个年轻人挥起锄头就砸，才那么三五下，好端端的一口锅就被砸烂了。（余华《活着》）

e. 刑罚专家的死，永久地割断了他与那四桩往事联系的可能。（余华《往事与刑罚》）

例句(53a)中的"推醒"是动结结构，致使动作是"推"，致使结果是"醒"，句中的两个事件"他推李云芳"和"李云芳醒"发生的时间有两种可能，也许他一推李云芳李云芳就醒了，二者完全同时，也许是推的动作停了以后李云芳才醒，二者是相继发生的。从广义的角度来看，可以认为这两个事件有共时性、直接联系且同指，但和使动句相比，此类句式中两个事件的共时性要差一些，联系的直接程度要低一些。句中的使役"他"具有意志性和遏制力，"推"对"醒"也有较强的控制力。可见，例句(53a)具有全部六种语义粘合参数，该句中的动词具有极强的语义粘合能力。例句(53b-d)中的致使动词也都有着相同的语义粘合能力，不再赘述。

例句(53e)的分析结果和(53a)相似，两个事件具有共时性、直接联系且同指，动词"割"也对"断"有控制力。所不同的是，例句(53e)中的使役虽然有遏制力，但是无意志性。此类句子只具备五种语义粘合力参数。本书从北京大学CCL语料库现代汉语语料中抽取了200条动结式的例句，其中，使役为无意志性的只有21条，约占总数的10.5%。可见，此种类型的句子只是很小一部分，不足以代表含有动结结构句式具有多少语义粘合力参数的整体情况，总的来看，大多数该类句式都是具备六种语义粘合力参数的。

鉴于上述分析，本书认为，含动结结构句式中的致使动词的语义粘合力参数值是6，即语义粘合力很强。

（五）含V得结构句式中致使动词的语义粘合力

含V得结构的句式，是指V得句以及含有V得结构的致使义重动句、致使义"把"字句和致使义"被"字句。出现在上述句式中的致使动词，本书称之为"含V得结构句式中的致使动词"。常见的此类动词，如例句(54)中的画线部分。相关例句如下：

(54) a. 白花花的毒日头<u>晒</u>得你嗓子冒烟。（张承志《北方的河》）

b. 门没锁，一推就开了，我看一眼<u>吓</u>得立刻带上门跑回来了。（王朔《玩的就是心跳》）

c. "你看着办吧，来点蛋糕和小点心，<u>看</u>电影<u>看</u>得肚子都饿了，填填饥。"姑娘轻松熟练地作了一连串的吩咐。（陆文夫《清高》）

d. 一阵风把他手里的伞<u>吹</u>得旋转起来,他连忙闭上嘴,用力捏紧伞柄。(巴金《家》)
e. 大炮在空中怒吼,房屋被<u>震撼</u>得轧轧地响。(同上)
f. 他<u>打</u>得小狗汪汪叫。(自省例句)

例句(54a)中的两个事件"日头晒你"和"你嗓子冒烟"之间没有共时性或者说共时性非常弱,是相继发生的两件事情,联系直接且同指。使役"日头"不具有意志性和遏制力,主动词"晒"对"冒烟"的控制能力较弱,即"晒"可以导致"冒烟"但没有能力强制实现"冒烟"。因此,例句(54a)具备三种语义粘合参数。

例句(54b)中的两个事件不具有共时性,"我吓"和"我立刻带上门跑回来"是相继发生的两件事情,但联系直接,且二者同指。使役"我"具有意志性,但没有遏制力(使役被役同指,使役没有对被役实施遏制)。"吓"对"跑"的控制能力较弱。该句子只具备四种语义粘合参数。例句(54c)的使役和被役虽然不同指,但被役"肚子"是使役"姑娘"的一部分,使役同样没有对被役实施遏制。例句(54c)和(54b)的其他情况相同,也只具备四种语义参数,具体内容不再赘述。

例句(54d)中的两个事件"风吹伞"和"伞旋转"不具有共时性,但联系直接且同指。使役"风"具有遏制力,但不具有意志性。主动词"吹"对"旋转"的控制能力较弱。因此,该句子也同样只具备三种语义粘合参数。例句(54e)和(54d)的分析结果一样,不再赘述。

例句(54f)中的两个事件"他打小狗"和"小狗汪汪叫"也不具有共时性,但二者有直接联系且同指。使役"他"具有意志性和遏制力。主动词"打"对补尾语"汪汪叫"的控制能力较弱。该句子具备五种语义参数。

上述例句基本涵盖了各种类型的含有 V 得结构的致使句式,例句也尽量涵盖了使役和被役的有生性的各种可能。例如,例句(54a)使役是无生的,被役是有生的,二者不同指,例句(54b)的使役和被役同指,都是有生性的,例句(54f)的使役和被役都是有生性的,二者不同指,例句(54c-e)的选择也考虑到了使役和被役的多样性。综合前文对上述例句的分析结果,包含有 V 得结构的四类句式所具备的语义粘合参数值不完全相同,其平均值约为 4。其他此类致使动词也都有着类似的情形,本书不再一一分析。综上可知,含 V 得结构的致使句式中致使动词的语义粘合力参数值是 4,语义粘合力中等。

三、致使动词的语义粘合等级

根据上文的分析,出现在使动句、含动结构的致使句、"使"字句、含 V 得结构的致使句以及兼语句中的致使动词,它们的语义粘合力参数值依次为:6、6、5、4、1。这表明,出现在上述句式中的致使动词,其语义粘合力依次降低。虽然前两类致使动词的语义粘合力参数值相同,但前文已经指出,含动结结构的致使句的"共时性"稍弱于使动句。因此,含动结结构致使句中的致使动词的语义粘合力稍弱于(小于或等于)使动句中的致使动词的语义粘合力。

出现在使动句、包含动结结构的致使句、"使"字句、包含 V 得结构的致使句和兼语句中的致使动词,其语义粘合力依次递减,形成级差,构成了现代汉语的致使动词语义粘合等级。各个等级之间的边界不是截然分开的,而是模糊的、渐变的。具体而言,含 V 得结构的致使句中的致使动词,其语义粘合力参数的平均值为 4,但该类致使动词的语义粘合力参数值有 3、4、5 等多种情况。而其他致使结构如含动结结构的致使句、"使"字句等,其内部成员具备的粘合力参数也都不是完全相同的(具体情况可参考前文的分析)。使动句和含动结结构的致使句中的致使动词的语义粘合力参数值相同,二者的差异很小。这些分析结果都恰好印证了前文的观点,即致使动词语义粘合等级是一个连续统,各个等级之间的边界是模糊的,呈现连续变化状态,该连续统如图 6-1 所示。

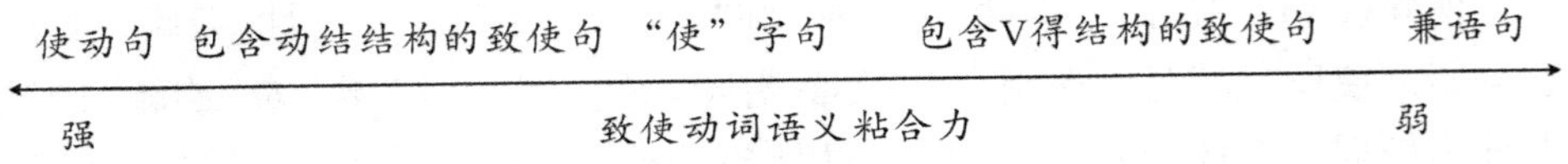

使动句	包含动结结构的致使句	"使"字句	包含V得结构的致使句	兼语句
强		致使动词语义粘合力		弱

图 6-1 致使动词语义粘合等级

第三节 致使动词对应律

一、致使动词对应律的内容

上文分析出了现代汉语致使动词的语义粘合等级,若将图 6-1 与"现代汉语致使结构形式紧密度连续统"即第三章的图 3-6 相对照,可以得到如下图式:

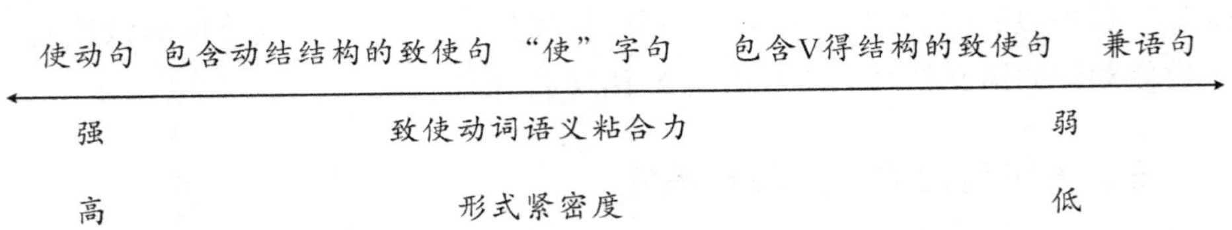

使动句	包含动结结构的致使句	"使"字句	包含V得结构的致使句	兼语句
强		致使动词语义粘合力		弱
高		形式紧密度		低

图 6-2 致使动词语义粘合力和形式紧密度连续统

图 6-2 显示,使动句中的致使动词的语义粘合力最强,形式紧密度也最高;兼语句中的致使动词的语义粘合力最弱,形式紧密度也最弱;其他几种句式的形式紧密度和其致使动词的语义粘合力也都呈现临摹性的对应关系。致使动词的语义粘合等级是致使结构的功能特征的表现,致使结构的形式紧密度是致使结构的形式特征的表现,二者形成的对应关系恰是致使结构形式-功能对应关系的体现。

本书将上述对应关系概括为一条蕴涵性预测(implicational hierarchy prediction),称其为"致使动词所体现的形式-功能对应性规律"(简称"致使动词对应律")。具体内容如下:

致使动词出现的句式不同,其语义粘合力也不同。致使动词的语义粘合力较强,其所在句式的形式紧密度也一定较高,致使动词的语义粘合力较弱,其所在句式的形式紧密度也相对较低;反之亦然。

由"致使动词对应律"可知,处于语义粘合等级较高位置的致使动词,不能出现在形式紧密度较低的句式中,若某个致使动词出现在形式紧密度低的句式中,则其语义粘合力不可能较高;反之,出现在形式紧密度较高的句式中的致使动词,必然是处于语义粘合等级较高位置的,不可能处于语义粘合等级的较低位置。

"致使动词对应律"是通过考察现代汉语中的所有类型(除形态型致使之外)的致使结构中的致使动词得出的,适用于本书所考察的所有现代汉语致使结构,尚未发现违反该对应律的情况,因此本书暂且不再在现代汉语内部进行验证。

也许会有学者指出,同一个致使动词可能会出现在不同的语义粘合等级中。例如,"推"既可以出现在含有 V 得结构的句子中(如"我推得他差点摔倒"),又可以出现在含有动结结构的句子中(如"他推倒了大树"),还可以出现在兼语句中(如"他推我去门外扫地"),三种情况下"推"的语义粘合力各不相同。此种情况是否说明本书的致使动词语义粘合等级的划分存在问题?

现代汉语致使动词语义粘合力等级的划分并没有问题,同一个动词也确实可以出现在不同的语义粘合等级中,这并不对语义粘合力等级构成反例。具体而言,理由有如下几点。

首先,本书的语义粘合等级的各个级别之间的边界是模糊的,存在交叠地带,这就可能造成一个动词可以出现在两个相邻语义粘合等级的局面。例如,致使动词"推"既可以出现在含有 V 得结构的致使句中,如"我推得她差点摔倒在地"、"我推他推得手疼"等;还可以出现在兼语句中,如"他推我去门外扫地"等。根据前文的分析,前一类句子中致使动词的语义粘合力是中等,后一类句子中致使动词的语义粘合力较弱,而这两个语义粘合等级恰是相邻的。

其次,同一个动词不仅可以出现在相邻的语义粘合等级中,还可以出现在不相邻的语义粘合等级中。上文分析的"推",不仅可以出现在 V 得句和兼语句中,还可以出现在含有动结结构的致使句中,如"他又一次推醒了李云芳"、"我把他推醒了"等。此类句子中的致使动词的语义粘合力较强,在语义粘合等级上并不与 V 得句和兼语句中的致使动词相邻。

再次,能同时进入多个致使结构的致使动词的数量也是有限的①,是一个相对封闭的类,而且这些致使动词能够并且只能同时出现在包含动结结构的致使句、包含 V 得结构的致使句和兼语句当中。

最后,一个致使动词可以出现在不同的语义粘合等级中,最根本的原因是致使动词在不同的致使结构中具有不同的语义粘合力。致使动词的语义粘合力和其所在句子中的前后成分的语义特征紧密相关,该致使动词最终体现出的语义粘合力是诸多成分(比如被役的抵制力的强弱、意志性、控制性等)共同作用的结果,会因众多语义因素的不同而不同。因此,同一个致使动词在不同致使结构中才会显示出不同强度的语义粘合力。例如,前文提到的三个例句中的"推",它们是同一个致使动词,只是在不同的句式中表现出不同强度的语义粘合力而已。具体而言,在"推醒"中,被役没有抵制力,使役的控制力和意志性都很强,致使事件和结果事件的共时空性较强,因而致使动词表现出很强的语义粘合力;在"我推得她差点摔倒在地"中,被役的抵制力很弱,使役的控制力和意志性都很强,两个事件的共时空性较强,因而致使动词的语义粘合力呈现中等状态;在"他推我去门外扫地"中,被役的抵制力、意志性都较强,使役的控制力和意志性也都较强,两个事件不一定共时空,因而致使动词的语义粘合力呈现较弱状态。

---

① 本书对《汉语动词用法词典》中的动词进行了统计,结果显示,可以同时进入包含动结结构的致使句、包含 V 得结构的致使句和兼语句的致使动词一共有 29 个,均为单音节动词。这 29 个动词是:抽^2、吹$_{(2)}$、催$_{(1)(2)}$、逗、赶$_{(3)(4)}$、哄(上声)$_{(1)}$、教、磨$_{(4)}$、拉$^1_{(1)(2)(5)(6)}$、撵、骗、拖$_{(2)(3)}$、惹$_{(2)(3)}$、抬、提$_{(4)(5)(7)}$、挑$^{12}_{(1)}$、托^1、推$_{(1)(7)}$、喂$_{(2)}$、压$_{(3)}$、养$_{(1)}$、抓$_{(3)}$、转$_{(3)}$、捉、逼、喊$_{(1)(2)}$、害、扣$_{(3)}$、用$_{(1)(2)}$。(上标数字表示同形词的排序,下标数字表示多义词的义项排序。)

因此,本书的"致使动词对应律"是具有解释力和预测力的,同一个致使动词确实可以出现在不同的语义粘合等级中,但其存在是有限制条件的,是有原因的,这一现象并不对语义粘合等级构成反例。

二、致使动词对应律的性质

"致使动词对应律"所体现的致使结构形式-功能的对应关系,兼有显性编码策略和隐性编码策略。致使结构的形式紧密度是一种显性编码策略,大多是可以从致使动词和结果补语的距离远近上直观判断的;而致使动词的语义粘合等级是一种隐性编码策略,是非直观的,需要分析才能得出的。这两种编码策略在"致使动词对应律"中共同起作用,并无主次之分。

"致使结构对应律"所体现的对应关系是一种以隐性编码策略为主的对应(第五章第二节已有论述),"致使动词对应律"是兼有显性和隐性编码策略的对应。总的来看,在现代汉语致使结构的形式-功能对应关系中,隐性编码策略使用较多,是主要编码手段。这也验证了本书第一章提出的假设,即现代汉语致使结构的形式-功能对应关系是一种以隐性编码策略为主的对应关系。

三、致使动词对应律与致使动词的语义类别

前文对致使动词的语义粘合力的分析是以其所在句式为类别入手的,可以说是对致使动词的一种形式分类。那么,致使动词的语义类别和语义粘合等级之间是否相关,和该致使动词所在句子的形式类别有无对应关系,和"致使动词对应律"有无关联,这些问题将在下文重点分析。

(一)致使动词的语义类别

本书以是否只具有致使义为标准,把所有出现在现代汉语致使结构中的致使动词分为非致使义动词和致使义动词,后者又根据其是否只表示致使义分为纯致使义动词和非纯致使义动词,其中非纯致使义动词又可细分为使令义致使动词和使动义致使动词。根据上述分类,现代汉语的致使动词可以归纳为如下三类。

第一类,只具有致使义的致使动词,即"纯致使义致使动词"。此类致使动词是一个相对封闭的类,数量有限,只有"使、令、叫、让、致使、使得、导致"等。这一类致使动词主要构成"使"字句,如本章例句(50)。"使、令、叫、让"具有两种词汇义,一类是纯粹致使义(即本书第一类致使动词),一类是具体的致使义(即本书第二类中的第一小类致使动词)。

第二类,除含有致使义之外还含有其他词汇意义的致使动词,本书称之为

"非纯致使义致使动词"。该类致使动词数量有限,可分为两小类:一类表示较为抽象的致使义,本书称之为"使令义致使动词",例如"劝、请、命令、派"等,这一类致使动词主要构成兼语句,如本章例句(51);另外一类表达较为具体的致使动作和致使结果,本书称之为"使动义致使动词",例如"富、活跃、端正、苦"等,该类动词本身带有"使变化"的意义,主要构成使动句,如本章例句(52)。

第三类,本身没有致使义但在致使结构中做主动词的致使动词,本书称之为"非致使义致使动词"。此类动词可以进入的句式较多,如致使义重动句、致使义"把"字句、致使义"被"字句、动结句、V得句等,如本章例句(53)、(54)。本书第三类致使动词即周红(2006)文章中的"潜在致使动词",此类致使动词都是自主动词①,有致使力的传递这一语义特征并且符合句子的音节制约,单音节动词居多(参见周红,2005、2006)。

现将上述语义分类结果用图6-3汇总如下。

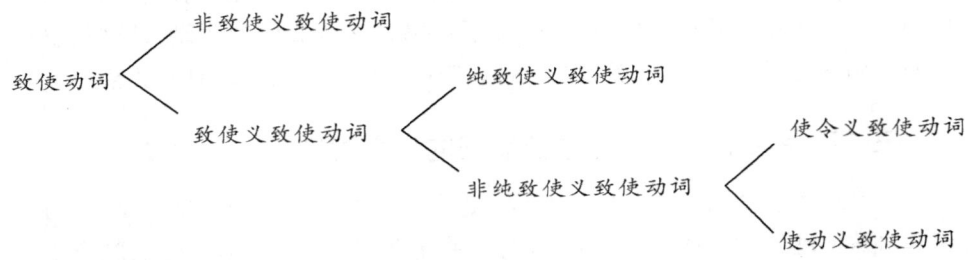

图6-3 致使动词语义类别

(二)语义类别和致使动词对应律的关系

通过对致使动词的语义分类,本书发现,绝大部分不同语义类的致使动词都有着各自相应出现的致使结构,对各自的语义粘合力强弱和其所在句式的形式紧密度也都有着相应的要求。现将前文考察过的致使动词的语义类别、致使动词所在句式、致使结构的形式紧密度、致使动词的语义粘合力等参数综合列入表6-2。

---

① "自主动词"这一概念源自马庆株:《自主动词和非自主动词》,载《汉语动词和动词性结构》,第13—14页,北京语言学院出版社,1992年版。

表 6-2 致使动词各种特征一览表

致使动词的语义类别	使动义	非致使义	纯致使义	非致使义	使令义/非致使义
致使动词所在句式	使动句	含动结结构的致使句	"使"字句	含V得结构的致使句	兼语句
形式紧密度	极强	很强	强	中	弱
语义粘合力	极高	很高	高	中	低

从表 6-2 可以看出,非致使义致使动词可以出现在多种致使结构中,如含动结结构的致使句、含 V 得结构的致使句、兼语句等。而使动义致使动词一般只出现在使动句中,语义粘合等级极高,所在句式的形式紧密度极强。纯致使义致使动词一般只出现在"使"字句中,语义粘合等级高,所在句式的形式紧密度强。

可见,致使动词的语义类别对其在"致使动词对应律"中体现的特征是有一定限制的,或者说,某些致使动词的语义类别和其出现的致使结构类型之间是有一定的对应关系的。例如,使动义致使动词和纯致使义致使动词只能分别处于"致使动词对应律"的形式特征连续统和功能特征连续统的左端和中间,而且它们只出现在使动句和"使"字句当中,反之,出现在这两类句式中的致使动词,一定是上述两种语义类别的致使动词。因此,我们可以直接根据它们的语义类别,来判断它们所在的句式以及其他相关特征。而其他语义类别的致使动词可以出现的句式比较多,各种相关特征之间没有明显的对应关系,也就是说,这些语义类别对致使动词的各项特征没有太多的限制。

四、致使动词对应律的价值

本章对"致使动词对应律"的分析与探讨,是在 Givón(1980,1991,2001)的理论框架下进行的,延用其文章中的"认知-语义粘合"的概念和语义粘合力参数,但本书对致使动词的分类方法有别于 Givón(2001)。

Givón(2001)先从语义的角度给动词进行分类,然后按照动词的语义类别逐一分析它们的语义粘合力的强弱,而这一分析方法并不适用于现代汉语的致使动词,本章的讨论已经证实了这一点。从语义上对现代汉语的致使动词进行分类,并不能有效地鉴别不同语义类的致使动词的语义粘合力强弱,因为有些致使动词虽然语义类别相同,但是却可以出现在不同的语义粘合等级上。例如前文分析得出的非致使义动词,这一类致使动词既可以出现在语义粘合等级很高的等级上,也可以出现在语义粘合等级的中、低等级上。若用 Givón(2001)的语义分类的方法进行研究,则很难判断整个非致使义动词在语义粘合等级上的位置。因此,本书扬弃了 Givón(2001)从语义的角度给动词进行分类的做法,对其研究方法进行了一些修正。

本书根据现代汉语的实际情况,按照致使动词所在句式(即按形式特征)的不同对其进行分类。事实证明,本书的研究方法更适用于现代汉语致使动词的分析。在此研究方法下,本书逐一分析不同致使结构中的致使动词的语义粘合力强弱,并最终归纳出了致使动词的语义粘合等级,找出该等级和形式紧密度之间的对应关系,提出了"致使动词对应律"。当然,致使动词的语义类别也并非和语义粘合力等级、致使动词所出现的致使结构的类型及其形式紧密度毫无关系,本书也分析了它们之间的关系,并进一步总结出致使动词的语义类别和"致使动词对应律"之间的限制关系。

总之,"致使动词对应律"不仅是对语言事实和规律的新发现,更是对现代汉语致使结构的形式-功能对应关系的新发现,在致使结构形式-功能对应关系研究中具有一定的理论价值。

第七章 对应律的预测力和跨语言解释力

本章重点探讨"致使结构对应律"和"致使动词对应律"的预测力和跨语言解释力,首先检讨"致使结构对应律"和"致使动词对应律"具有预测力和跨语言解释力的前提条件;其次通过对英语和中国境内的独龙语①当中的致使结构的考察,检验"致使结构对应律"和"致使动词对应律"的跨语言解释力和预测力。

选择英语和独龙语(Dulong language)作为考察对象,是因为这两种语言在类型学上具有代表性。从类型学的分类来看,独龙语是孤立语(isolating language),属于汉藏语系藏缅语族②,该语族与汉语的亲属关系一向为大多数学者所承认,独龙语在语音、词汇、语法等方面都和汉语有许多相似之处;而英语是屈折语③(inflecting language),属于印欧语系日耳曼语族,在语音、词汇、语法等

---

① 关于中国境内独龙语的使用情况详见罗仁地、杨将领:《独龙/日旺语动词的反身和中间态标志》,载《中国民族语言论丛》,第13—35页,1996年版。
② 目前,学界对汉藏语系所包括的具体语言主要有两种不同的看法。一种观点认为,汉藏语系主要分为四个语族:汉语、藏缅语族、侗台语族(或称壮侗语族、侗泰语族、台语族等)和苗瑶语族。该观点是1973年李方桂在美国的《中国语言学报》(*Journal of Chinese Linguistics*)第一卷第一期上发表的《中国的语言和方言》中提出的,内容转引自徐通锵(1991:47)。另一种观点认为,侗台和苗瑶两个语族不属于汉藏语系,应该把它们和南岛语系诸语言归为一类,建立一个澳-台大语族。该观点是白保罗(P. K. Benedict)1972年在《汉藏语言概论》一文中提出的。本书采用第一种观点,有关此分类的具体内容详见戴庆厦:《二十世纪的中国少数民族语言研究》,第1页,书海出版社,1998年版。
③ 拉丁语、德语及荷兰语等是颇为典型的屈折语。古英语也是屈折语,现代英语尽管保留有部分屈折语的词形变化,但现代英语的语法基本上朝向分析语的方向发展。因此,现代英语是不太典型的屈折语。之所以选英语这个不典型的屈折语,一是因为在语言学界关于致使的研究中,绝大多数都是以英语为考察对象的,本书也以英语来检验对应律,可以更好地验证本书的对应律的跨语言解释力和预测力;二是因为笔者对德语或拉丁语等典型屈折语的熟悉程度远不及英语。

方面都和汉语都有着较大的差别。其次,这两种语言的语料和已有研究材料相对而言都比较丰富,便于查找、整理和研究。从已有的研究文献来看,独龙语的语料和其致使结构的分析研究,比中国境内的其他汉藏语系的非汉语语言的语料及研究成果更丰富、更全面一些。英语语料则不仅有文献中的大量例句,还有多个网络语料库(如CCS/BNC)为研究英语致使结构提供了大量的语料,可供研究者在线检索词句。正是基于上述两方面考虑,本章选用这两种语言作为考察对象,力求通过考察这两种不同类型的语言中的致使结构,检验本书提出的两条对应律在不同的语系、不同类型的语言中是否具有预测力和跨语言解释力。

第一节 对应律的前提条件

第五章、第六章提出的"致使结构对应律"和"致使动词对应律"是有其成立的前提条件的,即这两条对应性规律只适用于具有两种或两种以上致使结构的语言。只有在满足这一前提条件的语言中,这两条对应性规律才能够具有预测力和解释力。

本章之所以提出上述前提条件,是基于以下考虑。

"致使结构对应律"和"致使动词对应律"都是从对各种致使结构的比较分析中归纳出来的,不论是形式特征参数,还是功能特征参数,都是取其相对参数值并非绝对参数值。现代汉语当中有多种致使结构,各种致使结构的形式特征和功能特征提供了可比较的参数值,因此能够比较出它们之间的关系,使得这两条对应律都具有预测力和解释力。反之,若某种语言当中只有一种致使表达形式,我们无法对其形式特征参数和功能特征参数的高低强弱进行比较,也就无法进一步归纳出其中的对应关系,"致使结构对应律"和"致使动词对应律"的解释力和预测力就受到了极大的限制。因此,这两条对应律的适用对象必须满足一个前提条件,即该语言必须拥有两种或两种以上的致使结构。只有满足这一前提条件,这两条对应律才能对该语言发挥解释力和预测力。也正是基于此原因,在检验"致使结构对应律"和"致使动词对应律"的跨语言解释力时,本书选取的都是具有两种或两种以上致使结构的语言,如英语和独龙语等。

无独有偶,Comrie(1981,1989)、Dixon(2000)、Givón(2001)和Shibatani & Pardeshi(2002)各自归纳出的致使结构形式-功能对应关系,也存在同样的局限,即只适用于具有两种或者更多致使结构的语言。

可见,任何规律性的预测都是有其成立的前提条件的,都是有其适用的环境的,不存在放之四海而皆准的对应性规律。Dixon(2000)曾对这一局限有明确的阐述,并提出若某种语言中只有一种致使机制(即形式类型),那就不足以确定它是致使结构,需要用其提出的九种语义参数分析该结构的语义特征,而后才能确定该结构是否是致使结构。虽然目前还没有学者发现只有一种致使结构的语言,但我们并不能排除存在这种语言的可能。

第二节 对应律在英语中的体现

一、英语中的致使结构

根据 Comrie(1989:158-177)的研究,现代英语中有多种表达致使的方式,如使用致使连词、结果连词(because/so that)或者介词短语(because of/thanks to),使用表致使的分离式谓语(separate predicate)(如动词"to cause"或者"to bring it about that"),或者使用本身包含致使概念的谓语(例如在句子"John killed Bill"当中的"kill")。从本书搜集到的英文文献来看,对致使表达的研究大都集中在谓语含有致使概念的致使结构上。这种结构要么是用分离谓语表达致使,如英语中的"cause";要么是用语义复合(semantic component)谓语表达致使,如英语中的"kill"。就 Comrie(1989:158-177)提出的致使表达方式来看,前三种都是通过连词或介词短语来表达致使的,都是复句或篇章层面的;后两种是通过谓语来表达的,是句法形态层面的。而本书对致使结构的研究只限于单句的句法形态层面,因此,本书在用英语的致使结构来验证"致使结构对应律"和"致使动词对应律"时,只选取通过谓语来表达致使概念的致使结构。

具体而言,本章用来验证的英语致使结构有两类,一类是词汇型致使,即用本身含有致使概念的谓语来表达致使的致使结构,如例句(55a,55b),此类结构中的致使动词有"kill/break/melt"等;另一类是分析型致使,即用分离式谓语表达致使的致使结构,如例句(55b,55d),此类结构中的致使动词有"make/let/set/have"等。相关例句[①]如下:

[①]例句引自 Comrie, Bernard. Language universals and linguistic typology (2nd edition) [M]. Oxford: Blackwell, 1989:159-163.

(55) a. John killed Bill.
　　 b. I broke the window.
　　 c. John caused me to be late.
　　 d. I brought it about that John went.

二、致使结构对应律在英语中的体现

在展开具体分析之前,有必要再重温一下"致使结构对应律"的内容:致使结构的致使效率越高,多样性越强,则其形式紧密度越高,使役/被役省隐的可能性越高;致使结构的致使效率越低,多样性越弱,则其形式紧密度越低,使役/被役省隐的可能性越低。反之亦然。

下文将从致使效率、多样性、形式紧密度和使役/被役省隐的可能性四个方面,以本书第六章表6-1中的分析型致使例句和其他文献中的词汇型致使例句为分析对象,对英语中的词汇型和分析型两种致使结构进行考察,检验本书提出的"致使结构对应律"在英语中是否存在,是否具有跨语言的解释力。

(一) 形式紧密度

英语中的分析型和词汇型两种致使结构的形式紧密度的差异很明显,分析型的形式紧密度小于词汇型。如例句(55c)中致使动作"cause"和致使结果"late"被其他成分隔开,而例句(55a)中"kill"一词就包含了致使动作和致使结果,二者结合得非常紧密,前者的形式紧密度明显小于后者。分析型致使的各种类型的形式紧密度也有差异,如第六章表6-1中的例句从(a)到(j),形式紧密度递减,这一点本书在第六章已经有所分析,不再赘述。

(二) 使役/被役省隐的可能性

英语的句子没有无主语的情况,因此,致使结构(词汇型和句法型)中的使役做主语时,使役是一定出现的(祈使句除外),如第六章表6-1中的句子。本书在考察使役/被役的省隐问题时,不论何种语言都只选取陈述句(即句子的无标记状态)来进行考察,最大限度地排除其他因素的干扰。据本书考察,被役省隐的情况只发生在词汇型致使结构中。

根据Givón(2001:126)提出的句法、语义的及物性典型映射关系(prototypical mapping between semantic and syntactic transitivity),当一个简单小句(simple clause)表达一个语义上具有及物性的事件(a semantically transitive event)时,事件的施事是小句的主语,事件的受事是小句的直接宾语。而出现在英语致使结构中的动词都是典型的及物动词,因此,及物动词构成的简单句也遵循此映射关系。也就是说,绝大多数情况下,由及物动词构成的词汇型致使结构,句中的使役是主语,被役是直接宾语。本书这里讨论的问题,也可以说是主语和直接宾语是否出现的问题。

词汇型致使结构中的被役(即直接宾语)可以省隐,如例句(56)。句中省隐的被役,都是可以根据致使动词和具体的语境预见到的、不定指的、不具体的,即都是符合 Goldberg(2001)提出的"受事论元在低话语凸显条件下省略原则"的。相关例句如下:

(56) a. Tigers only kill at night.
 (引自 Hiromi Onaozuka,2007)
 b. The chef-in-training chopped and diced all afternoon.
 (引自 Goldberg,2001)

例句(56a)中"kill"的对象即被役成分没有出现,(56b)中的被役成分也没有出现。但是这些被役都是可以预见到的,比如被老虎杀死的大多都是一些小动物,厨师训练时切的东西无非是一些食材。

分析型致使结构中的使役和被役都必须出现,若二者省隐其一则不能成句。例如,第六章表6-1中的(a)句"She let go of him"不能说成"*She let go of"或者"*let go of him";(b)句"She made him shave"不能说成"*made him shave"(祈使句除外)或者"*She made shave"。

由上述分析可知,词汇型致使的使役/被役省隐的可能性高于分析型致使,而且前者的形式紧密度也高于后者,二者在形式参数上的表现符合"致使结构对应律",即若形式紧密度越高,则使役/被役省隐的可能性越高。如图7-1所示。

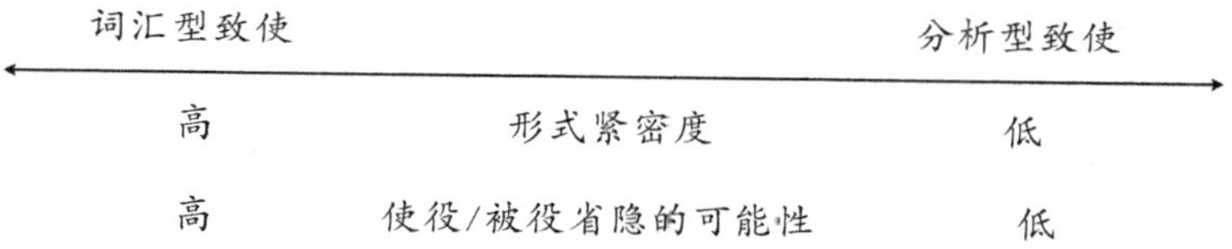

词汇型致使		分析型致使
高	形式紧密度	低
高	使役/被役省隐的可能性	低

图7-1 英语的两种致使结构的形式特征

若按照"致使结构对应律"进行推测,则词汇型致使的致使效率和多样性都应高于分析型致使。接下来本书将对此推测进行验证。

(三) 致使效率

前文在分析现代汉语致使结构的致使效率时,考察的参数是:被役的施事性(agentivity)、致使的已然和未然(realized or unrealized)、致使的直接程度(degree of direct contact)、被役的抵制力(resist power)强弱。致使越直接,被役的抵制力越小,施事性越弱,致使越容易实现,致使效率越高。

在分析英语致使结构的致使效率时,本书依然用上述参数。本书选取英语的词汇型致使和分析型致使进行分析比较,考察得出的结果是:英语中的词汇型致使的致使效率高于分析型致使。

现以例句(55a)和第六章表6-1中的例句为例,具体分析如下。

英语致使结构的已然和未然是由致使动词的语义来体现的,例如"make"在致使结构中表达的致使是已然的,而"persuade"在致使结构中表达的致使是不一定是已然的。从致使的已然、未然来看,词汇型致使必定是已然的,如例句(55a)中的"kill"所表达的致使;分析型致使结构则不一定表达已然致使,例如第六章表6-1中例句(b-e)表达的致使是已然的(即Givón[2001]所讲的"成功的操控"),而例句(f-j)表达的致使是未然的。

从被役的施事性来看,词汇型致使如例句(55a),其中的"Bill"具备有生性,但没有使因性、控制性和意志性,施事性特征很弱。分析型致使则呈现形式紧密度越大,被役施事性越强的趋势。例如,第六章表6-1中例句(b)中的"him"具有使因性、控制性和有生性,但不具有意志性,是在使役"she"的施力下去跳舞的,而非有意图地主动为之。很明显,分析型致使中的被役,其施事性特征比词汇型致使中的被役强。而且,第六章表6-1例句(f)中的"him"具有使因性、控制性、有生性和意志性,可以去实施使役要求的致使结果,也可以不去实施这一结果,此类结构中的被役的施事性更强。综合第六章表6-1中的例句来看,从(b)到(f),句子的形式紧密度逐渐增大,被役的施事性特征也越来越强。总之,分析型致使中被役的施事性大于词汇型致使中被役的施事性。

被役的抵制力和施事性是一致的,施事性强的被役抵制力自然也强。因此,分析型致使中被役的抵制力也大于词汇型致使中被役的抵制力。

从致使的直接程度来看,毋庸置疑,词汇型致使比分析型致使更为直接,这一点单从形式上就可以很明显地看出来。词汇型致使的致使动词包含了致使动作和致使结果,中间没有被其他成分隔开,致使力的传递非常直接;分析型致使的致使动词和致使结果由两个动词或谓词性成分担任,二者之间还有其他成分,其距离远近随致使结果的句法表现形式的不同而不同,例如第六章表6-1中的例句从上到下致使的直接性依次递减。

综上所述,词汇型致使的致使效率高于分析型致使,如图7-2所示。

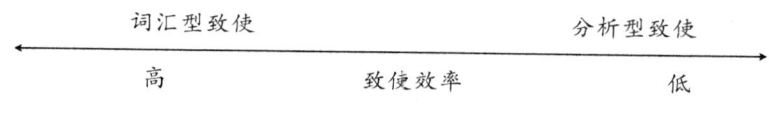

图7-2 英语的两种致使结构的致使效率

此外,分析型致使内部也存在致使效率的差别。根据本书对第六章表6-1中的分析型致使例句的考察,句中致使动词语义等级较高的致使结构,形式紧密度、致使效率也较高,句中致使动词的语义等级较低的致使结构,形式紧密度、致使效率也较低。这一分析结果,符合本书根据"致使结构对应律"做出的预测。

(四)多样性

前文考察现代汉语致使结构的多样性时曾提到,多样性是一种隐性编码策略,其普遍性有待跨语言的验证。若英语中也存在不同致使结构的多样性差异,则证明多样性具有跨语言的普遍性;反之,则证明多样性并不具有跨语言的普遍性,只适于用现代汉语。

本小节仍然选用有生性、意志性、控制性、意识性和使因性等参数来考察英语致使结构中使役和被役的多样性特征。按前文的预测,词汇型致使的多样性应大于分析型致使的。

1. 选取动词

要分析英语致使结构的多样性,本书必须在语料库中选取一定量的致使结构进行统计研究。而英语致使结构的选取,主要是根据句中的致使动词来进行的,以致使动词作为检索词在语料库中随机抽取例句。英语中有大量的致使动词,我们不可能一一检索。因此,在选取词汇型致使和分析型致使中的致使动词进行语料检索之前,必须先明确在英语中大致上有哪些动词可以出现在这两类致使结构中,这些致使动词可以分为哪些类别,然后,从不同类别的动词中选取出几个作为代表,用它们作为关键词在语料库中进行检索,抽取一定数量的例句,以此作为分析对象。

根据Givón(2001)第三章对动词的分类,英语中的动词有以下几类:带傀儡主语(dummy-subject)的动词、系动词、简单不及物动词、简单及物动词(典型/不典型)、不及物动词(带间接宾语)、双及物动词、带补足语小句的动词。其中,典型的及物动词和带补足语的动词可以出现在致使结构中。

具体而言,出现在词汇型致使结构中的典型及物动词,按 Givón(2001)的分类(语义分类)有以下几种:物理上毁坏某物的动词,如"break/demolish"等;改变宾语的物理状态的动词,如"crack/cut/bend/kill"等;改变宾语物理位置的动词,如"shift/scatter/drop"等;改变宾语的表面特征的动词,如"bleach"等;改变宾语的内部性质的动词,如"heat/chill"等;表明动作方式的、改变受事宾语的动词,如"murder/smash/shred"等;表明工具和处所的动词,如"knife/house"等。

当然,词汇型致使中的致使动词还可以再细分为不同的小类。Dixon(2000:38-39)将词汇型致使动词分为两类:一个单独的词语可以有致使或非致使两种功能;两个无关的形式共现于致使关系中①。第一类词汇型致使动词如"trip/explode/melt/dissolve/walk/arch/knit/spill"等,"trip"既可以用在"John tripped"中做不及物动词,也可以用在"Mary tripped John"中做及物动词,构成致使结构。第二类词汇型致使动词如"be dead"和"kill"、"come out"和"take out"。相比而言,Givón(2001)是从语义角度分类的,而 Dixon(2000)是从形式关系的角度分类的;前者是对所有典型及物动词的分类,后者则只是对词汇型致使中的动词的分类。本书只是要通过抽取个别词汇型致使动词来考察其所在句式的整体多样性强弱,并非考察不同词汇型致使结构多样性的差别。因此,本书不再将词汇型致使细分小类并对其进行多样性考察,但本书在语料检索时对 Dixon(2000)提出的两种词汇型致使动词都会有所关照,以求考察的全面性。

按 Givón(2001)的分类,出现在分析型致使结构中的动词都是可以带补足语的。Givón(2001)把可以带补足语的动词分为情态动词、感知-认知-话语动词和操控动词三小类,具体内容第四章已有提及,不再重复。其中,操控动词可以构成分析型致使结构。本书第六章表 6-1 中的动词都是分析型致使结构中的。

基于上述分析,本书从构成词汇型致使的各类动词中各选一词作为代表,即"break/kill/scatter/heat/bleach/murder/knife/house",以这些动词所在的致使结构作为考察对象,分析其多样性的各项特征。此外,本书依照第六章表 6-1 中的语义类别,选取"make /have/let/cause/ask"所在的分析型致使结构作为考察对象,分析其多样性的各项特征。最终综合各个词语所在句子的分析结果,

---

①原文如下:These are of two kinds: (a) when a single lexeme can be used in either a causative or a non-causative function; and (b) when there are two unrelated forms, that appear to be in causative relation.

得出两种致使结构的多样性参数,并比较它们的强弱。

2. 英语语料库的选取

本书使用的英语语料库是 Corpus Concordance Sampler(CCS)网络语料库,该语料库的全称是 The Collins Word banks Online English corpus Sampler,单词量为五亿六千万个,包括书面语和口语语料。该语料库包括三个分库:英国的书籍、电台广播、音像制品、报纸杂志等(三亿六千万单词);美国的书籍、电台广播等(一亿单词);英国的录音转写(一亿单词)。CCS 的单词总量和本书在进行中文语料检索时所使用的北京大学 CCL 现代汉语语料库①的单词总量大体相当,前者单词量是五亿六千万个词(word),后者单词量是四亿七千七百万字(character)。

本书对词汇型致使结构和分析型致使结构中的致使动词分别进行检索,各类均按每个动词随机选取 100 条例句的办法进行操作(CCS 语料库只提供 100 条检索结果)。然后,从随机抽取的 100 条例句中选出表达致使的句子,进而对这些句子中的使役和被役的各项参数分别进行考察,最终汇总考察结果,比较两种类型的致使结构的多样性强弱。

由于某些动词在 CCS 语料库随机提供的语料中找不到做致使动词的用例或者用例太少,例如 have/let,而且该语料库只能检索单词不识别短语。在这种情况下,本书用英国国家语料库(BNC)进行辅助检索。该语料库可以检索单词和短语,但提供语料的数量较少,只能查看到检索结具中的 50 条。因此本书只是把 BNC 语料库作为一个辅助性的语料库来使用,主要的语料都来自 CCS 语料库。

3. 词汇型致使结构的多样性

本书选取"break/kill/scatter/heat/bleach/murder/knife/house"为考察对象,对英语的词汇型致使结构的多样性进行考察。本书在语料库中对上述动词进行检索,随机各抽取 100 条共计 800 个例句,除"knife/house"之外,属于词汇型致使的例句共 75 个。"knife/house"在语料库中没有检索到词汇型致使用法的例句,这两个词的致使例句②来自 Givón(2001:128)。至此,此处考察的例句总数是 77 个。本书对这些动词所在句子中的使役和被役的有生性、意志性、控制性、意识性和使因性进行了考察。现将各动词出现的各类句式列举如下(句中的使役和被役均加了下划线):

---

①CCL 语料库网络版的现代汉语语料的单词量及其具体的语料来源详见该网站。
②这两个例句是:(66) a. She knifed him. (stab with a knife) (67) b. She housed them all winter. (keep in the house)

(57) a. Heat oil and butter in a non-stick frying pan.

　　b. Open lemons and fruitlessly, so to speak, trying to bleach my face white.

　　c. Virginia says THIS gang did more than break your nose.

　　d. In later life new experiences may allow the child to break old boundaries.

　　e. You might break your leg at 18.

　　f. The BBC's cinema work won't kill the TV play.

　　g. He was trying to kill the spaceman.

　　h. Miguel smirked, lips quivering with his attempt to kill the smile.

　　i. Pile on top of the Pavlov and scatter the chocolate curls over.

　　j. A Diablo in full cry will scatter chickens long before you arrive.

　　k. I hope that everyone will now accept that I did not murder my wife.

　　l. President of Malawi, on charges of plotting to murder his opponents.

　　m. She knifed him.

　　n. She housed them all winter.

考察发现,此处选取的八个动词虽然都是词汇型致使动词,但它们的典型程度不同。"knife/house"做致使动词的情况很少,是极不典型的词汇型致使动词,而"break/kill"做致使动词的情况很普遍,也是文献中常常引用的、较为典型的词汇型致使动词。

具体到多样性的考察,"break/kill/scatter"所在的词汇型致使结构的使役和被役较为多样,而其他动词所在句子的使役和被役的情况都比较单一。本书这里只对这三个动词的情况进行简单分析。"Break"所在句子的多样性有三种情况:例句(57c)中的使役"gang"虽是指有生命的一群人,但意识性弱,被役有生命、无意识;而例句(57d)中的使役则是有生命、有意识的,被役无生命、无意识;例句(57e)中的使役有生命、有意识,被役有生命、无意识。"kill、scatter"的情况和"break"大体相似,只是本书发现"kill"所在的句子中有一例使役和被役都是无生命、无意识的,即例句(57f);"scatter"所在句子中的使役都是有生命、有意识的,但是被役不一定都是有生命、有意识的,如例句(57i)中的被役是无生命、无意识的,例句(57j)中的被役有生命、有弱意识性。现将上述分析结果汇总如表7-1。

表 7-1　英语的词汇型致使结构的多样性

参数值	动词	有生性		意识性		控制性		意志性		使因性	
		使役	被役	使役	被役	使役	被役	使役	被役	使役	被役
0	heat	+	−	+	−	+	−	+	−	+	−
0	bleach	+	−	+	−	+	−	+	−	+	−
−1	break	±	±	±	−	+	−	+	−	+	−
−2	kill	±	±	±	±	±	±	±	−	+	−
2	scatter	±	±	+	±	+	−	+	−	+	−
3	murder	+	+	+	±	+	−	+	−	+	−
4	knife	+	+	+	+	+	−	+	−	+	−
4	house	+	+	+	+	+	−	+	−	+	−
−2	汇总	±	±	±	±	±	−	±	−	+	−

从表 7-1 的统计结果来看,上述动词所在的词汇型致使结构中的使役和被役的各项特征的差别仅在于,使役和被役是否有生命、有意识,使役是否有意志性,其他各项特征都是相同的。就英语中的词汇型致使结构的多样性而言,使役必须具有使因性,被役无意志性、控制性和使因性,其他参数特征使役和被役可以具备,也可以不具备。根据表 7-1 统计的数据,"heat/bleach/break/kill/scatter/murder/knife/house"这些动词所在句子的多样性参数值依次是:0、0、−1、−2、2、3、4、4。汇总一栏的多样性参数值为−2。这一数值反映的是整个词汇型致使结构的多样性概况。

4. 分析型致使结构的多样性

本书选取"make /have/let/cause/ask"为考察对象,对英语的分析型致使结构的多样性进行考察。本书在语料库中随机抽取含有上述动词的句子各 100 条,共计 500 条,其中属于分析型致使的句子共 172 个。本书对这些句子中的使役和被役的有生性、意识性、意志性、控制性和使因性一一进行了考察。现选取一部分比较有代表性的句子列举如下,句中的使役和被役均加了下划线。这些句子基本上展示出了上述五个动词所在的致使句式可能具有的各种多样性特征。相关例句如下:

(58) a. You make the sun shine brighter than Doris Day.

　　 b. I wonder whether the human reality is always to make servant hood into lordship.

c. You've just got to make yourself be really firm with him Yeah.

d. She had him panting after her all right!

e. The defensive remark had him slanting a rather grim glance at her and she felt even worse.

f. Judi had her young face back again, and it looked good.

g. She had her nervous breakdown and relived the whole experience, so to her Aberfan lasted actually happened two years ago.

h. You cannot let the house dominate your life.

i. I'd never let anyone cut a stick of her hemlock woods.

j. Set-aside Scheme, that it will not by itself cause a substantial move to less intensive farming.

k. Disagreement continue unchecked will not only cause him much anxiety.

l. The Justice Department may now ask Perkin-Elmer to pay a sizable fine.

m. You may ask Aunt Mathilda and Uncle Titus to send up some……

分析上述例句发现,除"ask"所在的分析型致使结构中的被役具有较强的控制性和使因性(如例句[58l-m])之外,其他动词的被役的使因性和控制性要么没有,要么比较弱。"Let"所在的分析型致使结构中的使役必须具备所有的五种特征,而其他动词对使役都没有这种要求。除此之外,这五个动词所在句子的使役和被役所具有的施事特征大致相同。本书将分析结果汇总如表7-2,表中上标1表示具有较弱该特征。

表 7-2 英语的分析型致使结构的多样性

参数值	动词	有生性		意识性		控制性		意志性		使因性	
		使役	被役	使役	被役	使役	被役	使役	被役	使役	被役
0	make	±	±	±	±	±	$±^1$	±	−	+	$±^1$
0	have	±	±	±	±	±	$±^1$	±	−	+	$±^1$
4	let	+	±	+	±	+	$±^1$	+	−	+	$±^1$
0	cause	±	±	±	±	±	$±^1$	±	−	+	$±^1$
3	ask	±	±	±	±	+	+	±	−	+	+
0	汇总	±	±	±	±	±	±	±	−	+	±

从表7-2可以看出,"make/have/let/cause/ask"所在句子中的使役和被役具备的各种参数特征大致相同。总的来看,在英语的分析型致使结构中,被役不具有意志性,使役必须有使因性,使役和被役对其他特征没有必然的要求。同样是用于分析型致使的动词,它们所在致使句式的多样性也是有差异的,从各自的参数值就可以看出来。上表中的几个动词所在句子的多样性参数值依次是:0、0、4、0、3。汇总这一栏的参数值是0,该数值反映的是整个分析型致使结构的多样性概况。

但需要指出的是,由于受考察例句数量的限制,上述表格中的多样性统计数值都只是根据抽样调查结果汇总之后得出的一个相对的数据参照,用这些数据进行比较得出的结论,也只是大体上反映两种类型的致使结构的多样性差异,并不是绝对数值上的差异。

5. 英语致使类型的多样性比较

动词所在句子的多样性参数值越小,说明其要求句中使役和被役必须具备的特征越少,即使役和被役具备什么样的特征具有多种可能性。因此,多样性参数值越小,句子的多样性越强。从前文的分析结果来看,虽然在词汇型和分析型这两大类致使结构内部都存在一些多样性的差异,并不是所有句子的多样性参数值都一样,但是,从汇总的特征来看,这两类致使结构的多样性的差异还是比较明显的。英语中的词汇型致使结构的多样性参数值是-2,分析型致使结构的多样性参数值是0,前者的多样性参数小于后者,也就是说,词汇型致使的多样性大于分析型致使的多样性(如图7-3)。这一分析结果,符合前文根据"致使结构对应律"做出的预测。

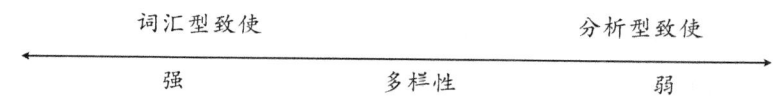

图7-3 英语的两种致使结构的多样性

(五)小结

本小节从形式紧密度、使役/被役省隐的可能性、致使效率和多样性这四个方面,参考了英语中的词汇型致使和分析型致使。现将这四个方面的分析结果汇总为图7-4。

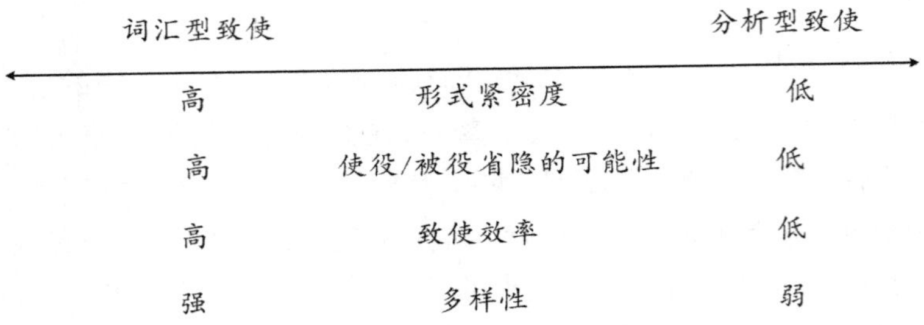

	词汇型致使		分析型致使
高		形式紧密度	低
高		使役/被役省隐的可能性	低
高		致使效率	低
强		多样性	弱

图 7-4　英语的两种致使结构的形式和功能特征

分析结果显示：词汇型致使的形式紧密度、使役/被役省隐的可能性、致使效率和多样性都高于分析型致使，二者在形式和功能上的表现符合本书提出的"致使结构对应律"的预测。这说明"致使结构对应律"不仅适用于现代汉语，也适用于英语等语言，具有跨语言解释力。

三、致使动词对应律在英语中的体现

本书提出的"致使动词对应律"是指：致使动词出现的句式不同，其语义粘合力也不同。致使动词的语义粘合力较强，其所在句式的形式紧密度也一定较高，致使动词的语义粘合力较弱，其所在句式的形式紧密度也相对较低；反之亦然。

Givón(1980,2001)对英语中的可带补足语的动词(其中包括分析型致使中的致使动词)进行了论述，证实了英语中可以带补足语的动词的语义等级与其补足语小句的形式特征之间存在对应关系。但由于该文不是专门研究致使的，所以，该文分析的对象不仅包含本书所定义的致使结构，还包含操控等其他结构。若抽出其中和致使动词、致使结构相关的内容来看，致使动词的语义粘合等级和其所在句式的形式紧密度也依然存在对应关系。

本小节再次节选 Givón(2001:43)书中表格中涉及致使结构的部分来做具体的论证分析，将删节过的表格记作第七章的表 7-3。

表 7-3　Givón(2001)致使动词的语义等级与句法形式对应关系

Semantic scale of verbs	Syntax of Comp-clause
a. She let go of the kinfe.	Co-lexicalized Comp.
b. She made him shave.	Bare-stem Comp.
c. She let him go home.	
d. She had him arrested.	
e. She caused him to switch jobs.	Infinitive Comp.
f. She told him to leave.	
g. She asked her to leave.	
h. She allowed him to leave.	
i. She wanted him to leave.	
j. She'd like him to leave.	

　　从形式紧密度来看,表 7-3 中的三种形式类型的致使结构的形式紧密度依次降低。具体而言,处于第一语义层级即"Co-lexicalized Comp"这一形式类型中的动词,如"let go",语义等级位置最高,其所在结构的紧密度也最高,致使动词"let"和结果补语"go"已经词汇化了。而处在语义等级第二层即"Bare-stem Comp"这一形式类型的句子中的致使动词,它们和补足语之间隔着动词的受事即被役成分,形式紧密度低于第一格中的动词,这三个动词的语义粘合力也小于第一等级的动词。处在语义等级第三层即"Infinitive Comp"这一形式类型中的致使动词,它们和补足语之间同样隔着动词的受事即被役成分,而且被役和致使结果之间还隔着"to",其形式紧密度低于第一和第二层级中的动词。

　　表 7-3 中的致使结构都是分析型致使,其形式紧密度明显低于词汇型致使,因为前者的致使事件和结果事件都融合在致使动词中,如例句(55a,55b)中的"kill"和"broke"。而后者是用分离式的谓语表达的,致使事件和结果事件被其他成分隔开,如表 7-3 中(e)句的"caused him"和"switch jobs"。

　　从语义粘合力来看,分析型致使中的致使动词的语义粘合力低于词汇型致使结构中的。具体而言,若用 Givón(2001)提出的六种语义粘合参数(即共时性、直接联系、同指、意志性、遏制力和控制)来检验此类致使动词,不难发现,该类致使动词所在句子的致使事件和结果事件之间具有共时性(如"kill"这一动作和结果"die"之间没有时间间隔),二者同指、有直接联系。使役具有极强的意志力和遏制力(如[55a]中的"John"),主句动词"kill"对补足语小句动词"die"具有控制能力。该类致使动词具备六种语义粘合参数,语义粘合力很强。而分析型致使结构中的致使动词所在的句子,虽然使役具有意志力和遏制力,致使动词具有一定的控制力,致使事件和结果事件同指,但两个事件不一定具有共时性和直接联系。如表7-3中(e)句的致使事件"she cause him"和结果事件"he switches jobs"不一定同时发生,也不一定有直接联系。该类致使动词只具备四种或者更少的语义粘合参数,粘合力低于词汇型致使结构中的致使动词。

总之,不论是语义粘合力还是形式紧密度,词汇型致使的这两个特征都高于分析型致使的,如图7-5所示。

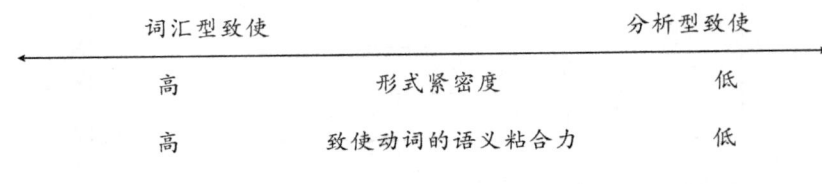

图7-5　英语的两种致使结构的形式紧密度和动词语义粘合力

可见,英语中致使动词的语义粘合等级和其所在句子的形式紧密度存在对应关系,即若致使动词的语义粘合等级越高,则其所在句子的形式紧密度也越高,反之亦然。这些表现符合本书的"致使动词对应律"的内容,证明了"致使动词对应律"具有跨语言解释力。

第三节　对应律在独龙语中的体现

在汉藏语系中,现在的藏缅、侗台和苗瑶等各语族的语言表达致使时,形态型致使不再是主要的表达手段,在有的语言中甚至已经消失,分析型致使已经成为主要的表达手段。其中,侗台语和苗瑶语中的致使都以分析型致使为主,藏缅语中存在形态型、分析型等多种致使结构。

孙宏开(1998)曾对藏缅语中的致使表达进行分析。形态型致用给动词加前缀的方法表致使,如独龙语用"sɯ-"这个前缀来表示致使义,"gui^{55}"是"穿","sɯ^{31} gui^{55}"意思是"使穿";分析型致使主要是致使标记加在动词前后表示致使,如贵琼语"si^{51}"表示"衣服破","si^{51} ku^{33}"表示"使破"。

牛顺心(2004:91)研究指出,壮语、布依语、黎语、侗语、水语、松佬语等都有和汉语相同的分析型致使——使令句(如例句[59b]),傣语、侗语、伙佬语、壮语、黎语等都有和动结式相似的复合型致使(如例句[59a])。在黎语、布依语、壮语等语言中还存在和汉语的 V 得句相似的致使结构(如例句[59c,59d])。吉卫苗语(湘西苗语)、黔东苗语、瑶族布努语等都存在类似使令句的结构,如例句(59e),多数苗语中都有类似汉语的动结式、V 得句的结构,如例句(59f,59g)。相关例句如下:

(59) a. 傣语

  ham^3 ta^6 kon^2 pɔ^2 xɯn^3 moi^6 jɯt^8 jmt^8.
  给 眼睛 人 已经 疼 酸
  使人眼睛酸疼。

b. 侗语

  ja:u^2 sət^7 ja:n^2 wo^1 la^4.
  我 扫 屋 干净 了
  我把屋子扫干净了。

c. 布依语

  ti1 ka:ŋ^3 dai^4 pu^{4}pu^4 tu^5 zo^4 tsai^2.
  他 讲 得 个个 都 知道 齐
  他讲得人人都明白。

d. 壮语

  Rap haeux neix naek dwk bouxboux cungi rap mbouj hwnj.
  担 米 这 重 得 个个   都 挑 不 起
  这担米重得人人都扛不起来。

e. 黔东苗语

　Mongx　go1　nenx　dax.
　你　　叫　　他　　来

　你叫他来。

f. 黔东苗语

　tid　jangx　ib　laib　zaid　hvib.
　造　成　　一　栋　　房　　新

　建成一栋新房子。

g. 黔东苗语

　Wil　diek　gid　mongub　gub　mongl.
　我　　笑　　得　　痛　　　肚　子

　我笑得肚子痛。

独龙语属于藏缅语族,有形态型致使和分析型致使,可以表达"致使、致动和役使"①三个小类。本小节将具体考察"致使结构对应律"和"致使动词对应律"在独龙语中的体现,研究所用语料选自孙宏开(1982),罗仁地、杨将领(1996),杨将领(2001)和崔霞(2009)等。这些文献中的独龙语语料,大都来自中国云南省贡山县境内独龙江方言中的土语孔目话。

一、独龙语中的致使结构类型

据杨将领(2001)的研究,独龙语用粘着形态和分析形式两种不同的语法手段表达致使。下文将对这两种致使类型依次展开分析。

(一) 独龙语的形态型致使

由粘着形态构成的致使是形态型致使,独龙语中的该类致使主要是在动词前加前缀表致使,三个前缀各有不同的分布环境。根据杨将领(2001)的研究,

---

① 这三个致使义转引自杨将领:《独龙语动词的使动范畴》,载《民族语文》,第26页,2001年第4期。

前缀"tə³¹-"主要是加在词根声母是擦音的不自主动词前,例如"çi⁵³"表示死,"tə³¹çi⁵³"就表示弄死,又如"çɯl⁵³"表示变凉,"tə³¹çɯl⁵³"表示弄凉,详见例句(60a,60b)。(前一句是一般动词句,后一句是形态型致使句,后文的两对例句均是如此)前缀"də³¹-"主要是加在声母是浊塞音的不自主动词前,如"bu⁵⁵"表示火伤造成的灼痛,"də³¹bu⁵⁵"表示使灼痛,再如"gaŋ⁵⁵"表示钝,"də³¹gaŋ⁵⁵"表示弄钝,详见例句(60c,60d)。前缀"sə³¹-"主要是加在非擦音的动词上,如"bət⁵⁵"表示(水)干,"sə³¹bət⁵⁵"表示弄干,再如"kəi⁵⁵"表示吃,"sə³¹kəi⁵⁵"表示使吃,又如例句(60e,60f)中的动词"bəi⁵⁵"表示完,"sə³¹bəi⁵⁵"表示用完、用尽。相关例句如下:

(60) a. ŋaŋ⁵⁵ çɯl⁵³ di³¹.
水　　凉　　(体附加成分)
水凉了。

b. ŋaŋ⁵⁵ təu⁽³⁾⁵⁵ pa³¹ tə³¹ çɯl⁵³ ɹət³¹.
水　一下(命令)(使)凉(后加)
(你)把水弄凉点。

c. bin⁵⁵ ma⁵⁵ bu⁵⁵ mi³¹ mə³¹ dʑan⁵⁵.
(火)伤口 灼痛 (原因)(否定)忍受
伤口太疼(我)受不了啦。

d. tə³¹ mi⁵⁵ mi³¹ də³¹buŋ⁵⁵ niŋ³¹.
火　(助)　(使)灼痛(语气)
(我)要用火烧(这只虫)。

e. tə³¹ ma⁵⁵ baːi⁵⁵ luːŋ³¹.
　箭　　完　(体附加成分)
箭用完了。

f. ŋɑ⁵³ tə³¹ ma⁵⁵ nɑ³¹ sə³¹bɑːi⁵⁵ luːŋ³¹.

我　　箭　（人称）（使）完　（体附加成分）

（你）把我的箭用完了。

　　根据杨将领(2001)的统计,独龙语中加前缀表致使的动词有 172 对,这些动词是从 1327 个独龙语孔目话动词中筛选出来的。其中,加前缀"tə³¹-、də³¹-、sə³¹-"的动词数量分别是 8 对、6 对、158 对。从数量上来看,在动词前添加第三种前缀"sə³¹-"是独龙语形态型致使的主要形式。

　　崔霞(2009:140-142)指出,"动词前加'sə³¹-'的使动句,一般都同时具有主语和使动宾语。动词元音是否变长,视主语与宾语的搭配情况而定","动词末尾音节的韵母如带韵尾,则韵母主要元音一律变为长元音,其声调一律变为高平调"。具体而言有三种情况,第一,"当主语是第一人称单数,使动宾语是第二人称复数时,动词元音一律由短变长",如例(61a,61b)中动词找"lɑ⁵³"、穿(鞋)"gui⁵⁵"变为"sə³¹ lɑːi⁵³/⁵⁵"、"sə³¹ guːi⁵³/⁵⁵";第二,"当主语是第一人称复数,使动宾语是其他任何人称、数时,动词元音一律由短变长",如例(61c,61d)中动词穿(鞋)"gui⁵⁵"、睡"ip⁵⁵"变为"sə³¹ guːi⁵³/⁵⁵"、"sə³¹ iːp⁵⁵";第三,"主语是第二人称单数,使动宾语是第三人称的单数、双数或复数时,动词元音一律由短变长",如例(61e)中的动词穿(衣)变为"nɑ³¹ sə³¹ gɑː⁵³";其他变化也都与一般句主语带宾语的情况相同。相关例句如下(均引自崔霞,2009:141-142):

(61) a. ŋɑ⁵³ nɯ³¹niŋ⁵⁵ sə³¹ lɑːi⁵³/⁵⁵.

我　你们　使找

我使你们找。

b. ŋɑ⁵³ nɯ³¹niŋ⁵⁵ sə³¹guːi⁵³/⁵⁵.

我　你们　使穿

我使你们穿（鞋）。

c. iːŋ⁵⁵ əŋ⁵⁵ sə³¹guːi⁵³/⁵⁵.

我们　他　使穿

我们使他穿（鞋）。

d. i:ŋ⁵⁵ əŋ⁵⁵ sə³¹i:p⁵⁵.

　我们　他　使睡

　我们使他睡觉。

e. nəi⁵³ əŋ⁵³ na³¹ sə³¹gɑ:⁵³.

　你　他　　使穿衣

　你使他穿衣服。

（二）独龙语的分析型致使

杨将领（2001）考察指出，独龙语中的分析型致使有两种结构。第一种结构的语法形式是：动词+tɑ⁵⁵（助词）+wɑ⁵³（做、搞、弄）。其中，第一个动词表示结果，多是不自主动词，也可是自主动词，后一个动词是意义比较抽象的自主动词。该语法形式的语法意义是致使，如例句（62a,62b）。第二种结构的语法形式是：自主动词+动词 dʐɯɹ⁵⁵／sə³¹ dʐɯɹ⁵⁵（让、使），语法意义是"役使"即本书所说的使令，如例句（62c,62d）。独龙语中有大量的不自主动词（主要是双音节动词）不能用形态型致使即附加前缀来表示致使，只能用第一种分析形式。因此第一种分析型致使是比较能产的。第二种结构中"dʐɯɹ⁵⁵／sə³¹ dʐɯɹ⁵⁵"（让）是一个虚化了的动词，表示要求或允许，独龙语中的自主动词都可以用第二种结构来表达致使。

崔霞（2009：143-144）进一步指出，在第一种分析型致使结构中，根据动词的不同又可以分为两种情况：第一，"前一个动词表示结果，有自主动词①，也有不自主动词，以不自主动词居多，后一个动词是意义比较抽象的自主动词 wɑ⁵³'做、弄'"，如（62a,62b）；第二，"当前一个动词是自主动词时，这一分析式使动句的语法意义有两种情况"，一种是主体无意识或不小心导致了客体的动作行为，如例句（62e），另一种是主体故意为之，如例句（62f）。崔霞（2009：145）还指出，"第二种分析形式句子的前一个动词如果是使动词的话，可以构成甲役使

---

①崔霞（2009：143）在该文注释 26 中指出："杨将领先生认为，动词的自主不自主性是指动作能否为施事的主观意志所控制，能为施事意志所控制的动作是自主的，反之是不自主的。"具体论述详见崔霞：《独龙语系属比较研究》，中央民族大学博士论文，2009 年。

乙,乙致使或致动丙的多重使动结构",如例句(62c,62d,62g)。相关例句[①]如下:

(62) a. ŋa⁵³ ɟɔˀ⁵⁵ bɹeŋ⁵⁵ taˀ⁵⁵　nə³¹　ɔː⁵³ luːŋ³¹.
　　　　我　衣服　破　(助)(人称)　做　(体附加成分)
　　　　(你)把我的衣服弄破了。

b. pə³¹ ɟaːŋ⁵³ ŋəi⁵³ mi³¹ ɟaˀ⁵⁵ dzə³¹ ɟe⁵⁵ ŋɯl⁵⁵ pɔˀ⁵⁵ ɕɯ³¹ taˀ⁵⁵waŋ⁵³ niŋ³¹
　(命令)看　我　(助)这　　纸　钱　　变成(助)　做(语气)
　　　　看!我把这纸变成钱。

c. əŋ⁵³ di⁵⁵mən⁵⁵ (mə³¹nə³¹)　dʑɯ⁵⁵ nɯ³¹.
　　他　去　(否定,人称)　　让　(语气)
　　　　(你)别让(允许)他去。

d. ŋəi⁵³ mi³¹　əŋ⁵³ ɟɔˀ⁵⁵ dzəl⁵⁵ dʑɯ⁵⁵ dzin³¹.
　　我　(助)他　衣服　洗　让　(体附加成分)
　　　　我让他(去)洗衣服了。

e. na³¹gɔˀ⁵⁵ mi³¹ ka³¹teˀ⁵⁵ mlaː⁵⁵taˀ⁵⁵　nə³¹　ɔː⁵³luːŋ³¹.
　　孩子　(助)　扣子　吞　(助)(人称)　做　(体)
　　　　(你)使孩子吞吃了纽扣。

[①]例句(62a-d)摘自杨将领:《独龙语动词的使动范畴》,载《民族语文》,第18-27页,2001年第4期。例句(62e-g)摘自崔霞:《独龙语系属比较研究》,第144页,中央民族大学博士论文,2009年。

f. əŋ⁵³ mi³¹ sə³¹ lɑʔ⁵⁵ pi⁵³ ŋɔːm⁵³ tɑʔ⁵⁵ waŋ⁵³ dʑin³¹.

他（助） 盐粉 吃 （助）做 （体）

（我）使他吃掉了盐粉。

g. əŋ⁵³ ŋaŋ tə³¹ su⁵⁵ pə³¹ dʑɯːɹ⁵⁵.

他 水（使）开（命令）让

（你）让他烧开水。

二、对应律的体现

（一）致使结构对应律在独龙语中的体现

1. 验证形式特征

第一，从形式紧密度来看，独龙语的形态型致使结构的形式紧密度高于分析型致使结构。

独龙语的形态型致使结构是用动词加前缀来表示致使的，如（60b），致使动词和致使结果融合在一个词上，形式紧密度较高。

独龙语的分析型致使有两种类型。

第一种分析型致使结构，通过表结果的动词后面加上助词和表示"做、搞"意义的动词等成分来表示致使，例如（62b）；致使动作和致使结果是由几个词语通过句法手段来表示的，而不是由一个词来表达。显然，此类致使结构的形式紧密度低于形态型致使。而且，在助词和表"做、搞"意义的动词之间还可能会插入其他成分，例如（62a）中的致使结果"bɹeŋ⁵⁵"（破）在前，致使动作"ɔː⁵³"（做）在后，二者之间隔有助词和人称这两个成分，此类致使结果的形式紧密度显然更低于形态型致使。

第二种分析型致使结构，用表致使结果的自主动词加上表"使、让"的词来表致使，这种致使结构类似于现代汉语中的兼语句。此类结构中表致使结果的自主动词和表致使动作的动词一前一后相邻出现，如例句（62d）；致使结果和致使动作之间也可能会插入表示否定、命令或人称的其他成分，如例句（62c，62g）。不论是哪种情况，该类致使结构中的致使动作和致使结果也都是由几个词语通过句法手段表示的，其形式紧密度也都是低于形态型致使的。

总的来看，两种分析型致使结构的形式紧密度都低于形态型致使结构。若按本书提出的"致使动词对应律"进行预测的话，分析型致使结构中致使动词的语义粘合力也应该低于形态型致使结构中致使动词的语义粘合力。

第二,从句子使役/被役省隐的可能性来看,形态型致使允许使役省隐(如例句[60b])或者使役被役都省隐(如例句[60d])。从本书搜集到的语料来看,没有发现被役省隐的句子。分析型致使只有使役省隐(如例句[62a,62c])这一种情况。显然,形态型致使的使役/被役省隐的可能性高于分析型致使。

综合上述两方面形式参数的考察结果,独龙语中的形态型致使和分析型致使的形式紧密度依次降低,使役/被役省隐的可能性也依次降低。这符合"致使结构对应律"的内容,即形式紧密度与使役/被役省隐的可能性成正比。现将这种对应关系用图7-6展示如下。

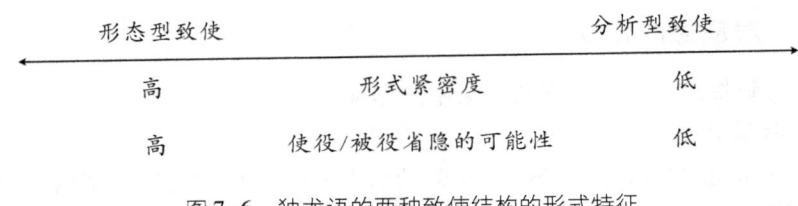

图7-6 独龙语的两种致使结构的形式特征

2. 验证功能特征

第一,从致使效率来看,独龙语中的形态型致使的致使效率高于分析型致使。

由于语料有限,本书考察的例句仅限于杨将领(2001)文章中的例句,考察从以下四个方面展开:被役的施事性、致使的已然和未然、致使的直接程度、被役的抵制力强弱。

形态型致使结构中被役的施事性远远弱于分析型的,详见表7-4。表格中的上标1表示该特征较弱。

表7-4 独龙语中两种致使中被役的施事性特征

施事性参数	有生性	使因性	控制性	意志性
形态型致使的被役	±	−	−	−
分析型致使的被役	±	±[1]	±[1]	−

在分析型致使中,第二种致使形式中的被役的控制性比第一种的强(参见杨将领,2001:26),但这并不影响分析型致使的施事性特征的整体强弱,因此本

书在这里不再对这两类细加区分。

形态型致使结构表达的都是已然致使,分析型致使结构表达的致使有些是已然的(如例[62a]),有些是未然的(如列[62c,62d])。致使的直接程度的差别更是明显,形态型高于分析型。分析型中的被役有些(有生命有意识的实体)具有抵制力(如[62c,62d])中的他"əŋ^{53}"),而形态型中的被役则都没有抵制力(如[60d,60f]中的水"ɳɑŋ^{55}"、箭"mɑ^{55}"等),前者被役的抵制力强于后者。综合这四个参数不难发现,形态型致使的致使效率高于分析型致使的。

第二,形态型致使和分析型致使的多样性分析详情如表7-5所示。

表7-5 独龙语中两和致使的多样性特征

参数值	致使类型	有生性		意识性		控制性		意志性		使因性	
		使役	被役	使役	被役	使役	被役	使役	被役	使役	被役
2	形态型	+	±	+	±	+	−	+	−	+	−
4	分析型	+	±	+	±	+	±[1]	+	−	+	±[1]

从表7-5可知,形态型致使结构的多样性参数值大于分析型致使结构。多样性参数值越小,多样性越强。因此,前者的多样性特征强于后者。

综合上述两种功能特征的分析结果,本书发现,独龙语中的形态型致使和分析型致使的两种功能特征之间存在对应关系,即致使效率越高,多样性越强,反之亦然。这符合"致使结构对应律"的内容,即致使效率与多样性成正比。现将此对应关系用图7-7展示如下:

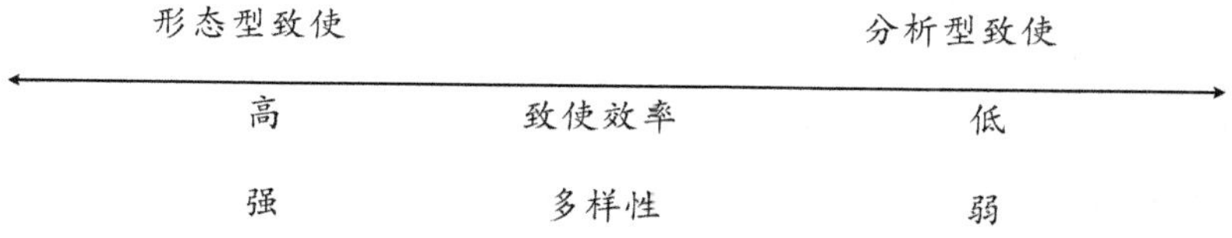

```
    形态型致使                      分析型致使
←─────────────────────────────────────────→
    高          致使效率           低
    强          多样性             弱
```

图7-7 独龙语的两种致使结构的功能特征

3. 形式和功能的对应

综合前文对形式特征和功能特征的分析结果,独龙语形态型致使的形式紧密度、使役/被役省隐的可能性、致使效率和多样性都高于分析型致使,二者在各种形式特征和功能特征上呈现对应关系,如图7-8所示。

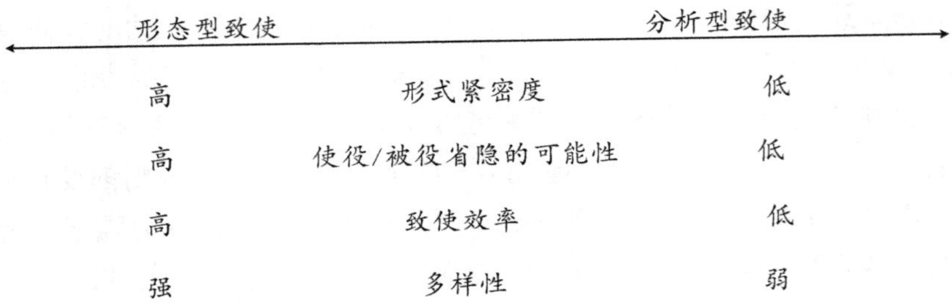

```
            形态型致使                              分析型致使
        ←——————————————————————————————————————————→
            高              形式紧密度                  低

            高         使役/被役省隐的可能性              低

            高              致使效率                    低

            强              多样性                     弱
```

图 7-8 独龙语的两种致使结构的形式和功能特征

图 7-8 清晰地显示,在独龙语中,若一种致使结构的形式紧密度和使役/被役省隐的可能性较高,则其致使效率和多样性也较高,反之亦然。这一形式特征和功能特征之间的对应关系,显然符合本书提出的"致使结构对应律"。这不仅证实了该对应律适用于独龙语,也验证了该对应规律的跨语言解释力和预测力。

(二)致使动词对应律在独龙语中的体现

从本书搜集到的语料来看,独龙语只有形态型和分析型两种致使结构。这两种致使结构的形式紧密度,本章第三节已有简要论述。独龙语中的形态型致使(如例句[60])中致使动作和致使结果都融合在一个动词上,而分析型致使(如例句[62])中不论是哪种结构,其中的致使动作和致使结果都是分离的,而且是结果在先动作在后。显然,形态型致使的形式紧密度高于分析型致使。

那么,形态型致使和分析型致使当中的致使动词的语义粘合力是否也如"致使动词对应律"所预测的那样呢?此处本书仍然用 Givón(2001)的共时性、直接联系、同指、意志性、控制性和遏制力这六种语义粘合参数对独龙语中的致使动词的语义粘合等级进行考察。

先来看形态型致使结构中致使动词的情况。如例句(60b),句中的致使动作和致使结果具有共时性,两个事件同指且有直接联系。使役"你"具有意志性和遏制力,主动词"tə³¹ ɕɯl⁵³"(使变凉)有控制能力。该形态型致使结构具备六种语义粘合力参数,参数值为 6,其致使动词的语义粘合力极强。其他形态型致使例句的分析结果大致相同,不再赘述。

再来看分析型致使结构中致使动词的情况。第一种分析型致使结构,如例句(62a),句中的致使事件和结果事件具有共时性、有直接联系且同指,使役具备意志性和遏制力,但是主动词"ɔː⁵³"(做)没有控制力。该形态型致使结构具备五种语义粘合力参数,参数值为5,其致使动词的语义粘合力较强。其他此类分析型致使结构的情况相同,不再赘述。第二种分析型致使结构,如例句(62d),该句中的致使事件和结果事件没有共时性、联系不直接、不同指。主动词"dʑɯl⁵⁵"(让)有控制能力。使役具备意志性,但没有遏制力,这一点从致使结果能够被否定可以看出。该形态型致使结构具备两种语义粘合力参数,参数值为2,语义粘合力较弱。其他此类分析型致使结构的情况类似,不再赘述。

总的来看,在分析型致使结构中,动词的语义粘合力大体存在较强和较弱两种情况,二者的参数值平均为3.5;而形态型致使结构的动词语义粘合力参数值是6。相比而言,后者的致使动词语义粘合力大于前者。现将上述分析结果汇总如表7-6。

表7-6 独龙语致使结构的语义粘合力与形式紧密度特征

独龙语的致使类型	形态型致使	分析型致使
致使动词的语义粘合力	强	弱
致使结构的形式紧密度	高	低

综上所述,形态型致使结构和分析型致使结构的形式紧密度依次降低,二者的致使动词的语义粘合力依次减弱。可见,在独龙语中,若一种致使结构的形式紧密度较低,该结构中致使动词的语义粘合力也较低,反之亦然。这些分析结果均符合"致使动词对应律"的内容,验证了该对应律的跨语言解释力和预测力。

由本小节的分析可知,"致使结构对应律"和"致使动词对应律"都适用于独龙语中的致使结构。这一分析结果说明,本书提出的这两条对应律是具有预测力和跨语言解释力的。

第八章　余论

本研究以功能类型学的理论和方法为指导,在吸取前人研究成果的基础上,对现代汉语的致使结构进行了较为全面、系统的考察。本书界定了语言学中的致使概念、致使结构以及致使和其他相关范畴的关系,明确了现代汉语中存在哪些致使结构、致使结构的功能类型和形式类型,考察了现代汉语致使结构的形式特征和功能特征,分析出现代汉语致使结构的形式-功能对应关系,并将其归纳为"致使结构对应律"和"致使动词对应律"。这两条对应律在英语和独龙语中也都有体现,具有跨语言的解释力和预测力。

本章将在前文的研究基础上,进一步归纳和总结现代汉语致使结构的形式-功能对应关系的规律,探讨现代汉语中的原型致使,反思本研究的理论突破和研究价值,检讨研究中存在的不足,并提出和本研究相关但本书尚未解决、尚待深入研究的问题,留待日后做进一步的探讨。

第一节　致使结构形式-功能对应律及总律

一、致使结构形式-功能对应律

本书第五章和第六章分别归纳出了"致使结构对应律"和"致使动词对应律",第七章对这两条对应律的预测力和跨语言解释力分别进行了验证。对照这两条对应律,致使结构的形式紧密度、使役/被役省隐的可能性、致使效率、多样性、致使动词的语义粘合力等特征之间都存在对应关系。这种对应关系表现为:如果致使结构的形式紧密度(或其他任意一种特征)很高,其他四种参数也都会很高;如果致使结构的形式紧密度(或其他任意一种特征)很低,其他四种参数也都会很低;反之亦然。上述对应关系可概括为一条蕴涵性预测,即"致使结构形式-功能对应律",具体内容如下。

致使结构形式-功能对应律:
致使结构的致使效率越高,多样性越强,致使动词的语义粘合力越强,则其形式紧密度越高,使役/被役省隐的可能性越高;致使结构的致使效率越低,多样性越弱,致使动词的语义粘合力越弱,则其形式紧密度越低,使役/被役省隐的可能性越低。反之亦然。

"致使结构形式-功能对应律"是对"致使结构对应律"和"致使动词对应律"的综合和概括,鉴于前文已经验证了后两者的预测力和跨语言解释力,因此,本书的"致使结构形式-功能对应律"也是具有预测力和跨语言解释力的,在此不再对其进行验证。

二、致使结构形式-功能对应总律

从"致使结构形式-功能对应律"的具体内容来看,致使结构的形式紧密度和使役/被役省隐的可能性都是致使结构的形式特征,致使效率、多样性和致使动词的语义粘合力都是致使结构的功能特征。由此可见,"致使结构形式-功能对应律"所阐述的对应关系,其实也就是致使结构的形式特征和功能特征的对应关系。

基于上述分析,本书将"致使结构形式-功能对应律"的内容进一步概括为一条总的对应性规律,称其为"致使结构形式-功能对应总律"。该对应总律的具体内容如下。

致使结构形式-功能对应总律:
致使结构的功能特征越强,其形式特征越强;功能特征越弱,其形式特征越弱。反之亦然。

三、对应总律和对应律的关系

"致使结构形式-功能对应总律"是对致使结构形式-功能对应关系的规律的概括性表述,"致使结构形式-功能对应律"是对前者的具体阐述。"致使结构形式-功能对应总律"概括的是致使结构形式-功能对应关系的规律的总特征,简短、扼要;"致使结构形式-功能对应律"阐述的是致使结构形式-功能对应关系的规律的具体内容,各种形式特征和功能特征清晰明确,具有可操作性。

虽然存有上述差别,但是二者的相同之处也是显而易见的。

首先,"致使结构形式-功能对应律"是本书在"致使结构对应律"和"致使动词对应律"的基础上归纳出来的,而这两种对应性规律都是已经验证了的,都是具有预测力和跨语言解释力的。因此,"致使结构形式-功能对应律"也是具有预测力和跨语言解释力的。而"致使结构形式-功能对应总律"是对"致使结构形式-功能对应律"的进一步的概括,也具有同样的预测力和跨语言解释力。

其次,"致使结构形式-功能对应总律"和"致使结构形式-功能对应律"都有着相同的前提条件,即这些规律只适用于拥有两种或者两种以上致使结构的语言。只有在满足这一前提条件时,这两条对应性规律才具有跨语言的预测力和解释力。

综上所述,"致使结构形式-功能对应总律"和"致使结构形式-功能对应律"既有联系,又有区别,是在不同的层面对现代汉语致使结构形式-功能对应关系的规律的概括性表述。

四、对应律和对应总律的性质

从理论上说,任何一种语言在致使结构的形式-功能对应关系中,形式标志和功能标志都有可能具有多种选择,但必有某一种形式标志和功能标志的对应方式是最有效的。例如有些语言的致使结构的形式-功能对应方式使用的是显性编码策略,但也不排除使用隐性编码策略的可能。本书第一章提出的假设是:现代汉语致使结构的形式-功能对应关系是一种以"隐性编码策略"为主的对应关系,这种对应关系更多地体现在各种形式特征参数和功能特征参数之间的对应上。

"致使结构形式-功能对应总律"和"致使结构形式-功能对应律"的性质,都验证了本书在第一章提出的假设。

具体而言,首先,"致使结构形式-功能对应总律"和"致使结构形式-功能对应律"中的各种形式标志和功能标志之间的对应,对现代汉语致使结构的形式-功能对应关系来说,是较为有效的对应方式。该对应方式适用于所有的现代汉语的致使结构,具有预测力和跨语言解释力。其次,在这种对应方式中,致使效率、多样性、致使动词的语义粘合力以及使役/被役省隐的可能性等特征,都是使用的隐性编码策略,只有形式紧密度这项特征使用的是显性编码策略。总的来看,这两则对应律所概括的对应关系都是以隐性编码策略为主的,对现代汉语致使结构而言,都是较为有效的对应方式。

第二节 原型致使和典型程度

一、现代汉语中的原型致使

在现代汉语的致使范畴中,致使的表现形式多种多样。从认知的角度来看,人类的概念范畴大都有其认知原型,致使范畴也应有其认知原型,即原型致使(prototype causative)。本书使用的"原型"概念源自 Dixon(2000:70),并不完全等同于现代范畴理论中的"原型"概念。现代范畴理论认为,在一个范畴内部,具有最多该范畴特征的成员被称为原型,原型具有与本范畴内其他成员最多的共性,与相邻范畴最少的共性。范畴之间的边界是模糊的,一个范畴中远离原型的成员可能具有相邻范畴的某些特征。一个范畴内部有其典型成员(即原型)和非典型成员,它们按照典型程度的不同形成一个连续统(参见 Croft,2000)。虽然 Dixon(2000)也赞同范畴内部有典型和非典型成员,从典型到不典型是一个连续统,但该文并没有将"原型"这一概念局限在"具有该范畴特征最多的成员"上。

依照 Dixon(2000)的原型致使概念以及该文对原型致使的界定,原型致使并不完全等同于最典型的致使,它可以是具有致使特征最多的、最典型的成员,也可以是具有致使特征最少的、最不典型的成员。致使范畴中的各个成员都是具有相似性的,它们的差别都只是程度的问题,即该范畴中的各个成员具有的原型致使特征的多少不同而已。该成员具备某个原型致使的特征越多,就越接近某个原型致使;反之,就越远离该原型致使。

本书曾在第一章的文献回顾中提到,Dixon(2000:76-77)根据该文分析的致使结构的意义-机制对应关系的具体内容,归纳出了两种原型致使。由于考察对象和研究方法的差异,该文分析的对应关系并不完全适用于现代汉语,该文归纳的两种原型致使也不完全切合现代汉语的实际。但本书赞同该文提出的原型致使及其归纳原型致使的方法,并将此方法运用到现代汉语的原型致使的分析中。

本书根据"致使结构形式-功能对应律"的内容,以致使的形式特征和功能特征的强弱差异为标准,归纳出了两种上述特征都极强或者都极弱的致使,将二者界定为现代汉语的两种特征完全相反的原型致使。这两种原型致使的具体特征如下。

原型致使1：形式紧密度极高，使役/被役省隐的可能性极高，致使效率和多样性都很强，被役的施事性特征极少，致使动词的语义粘合力极强，致使非常直接，致使结果必定实现。

原型致使2：形式紧密度极低，使役/被役省隐的可能性极低，致使效率和多样性都很弱，被役的施事性特征极多，致使动词的语义粘合力极弱，致使非常间接，致使结果不一定实现。

原型致使1具备的各种功能特征和形式特征最强，表达的致使是直接的、已然的、最典型的，是致使范畴的典型成员，处于核心位置。因此，原型致使1又可以称作"最典型的致使"。相比而言，原型致使2具备的各种功能特征和形式特征最弱，表达的致使是间接的、未然的、最不典型的，是致使范畴的非典型成员，处于边缘位置。因此，原型致使2又可以称作"最不典型的致使"。

原型致使1和原型致使2，这两种原型致使的各种形式特征、功能特征的强弱，都分别和其表达的致使的典型程度存在明显的对应。本书将这一对应关系称之为"致使的形式、功能特征与典型程度的对应关系"，这种对应关系可以简单描述如下。

致使的形式、功能特征与典型程度的对应关系：

若某种致使的各种形式特征和功能特征都很强，那么，该致使一定是非常直接的、必定实现的、非常典型的致使；若某种致使的各种形式特征和功能特征都很弱，那么，该致使一定是非常间接的、不一定能实现的、非常不典型的致使。反之亦然。

现代汉语中的上述两种原型致使，它们的形式特征和功能特征与致使的典型程度之间体现出的对应关系，都是具有典型性和代表性的，一个是最典型的致使，一个是最不典型的致使。那么，按照这一对应关系来推论的话，介于最典型致使和最不典型致使二者之间的致使，依照各自的形式特征和功能特征的强弱也会呈现出典型程度的差异。现代汉语的各种致使结构的典型性呈现何种情形，下一节将对此做具体分析。

二、致使结构的典型程度

从原型致使1到原型致使2，前者的典型程度最高，后者的典型程度最低，二者之间并没有一个明确的分界，而是构成一个致使的典型程度连续统，其他类型的致使按照各自具有的各种形式和功能特征的多少和强弱，依次处于致使的典型程度连续统的不同位置。具体内容如图8-1所示。

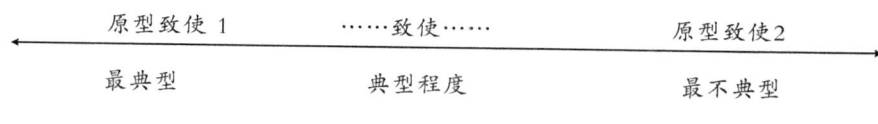

图8-1　致使的典型程度连续统

图8-1中的原型致使1、原型致使2以及介于二者之间的各种致使,它们在现代汉语中分别表现为不同的致使结构。越接近原型致使1的一端,致使的典型程度就越高,越接近原型致使2的一端,致使的典型程度就越低。原型致使1在现代汉语中的表现形式是形态型致使句和使动句,如例句(63a,63b),是最典型的致使。原型致使2在现代汉语中的表现为兼语句,如例句(63c),是最不典型的致使。介于原型致使1和原型致使2之间的其他致使,在现代汉语中的表现形式分别是"使"字句(如例句[63d])、动结句(如例句[63e])、V得句(如例句[63f])、致使义"把"字句(如例句[63g])、致使义"被"字句(如例句[63h,63i])和致使义重动句(如例句[63j,63k])。相关例句如下:

(63) a. 麻烦你空间屋子给我。

b. "非典"恐惧着成千上万的人群。(《文汇读书周报》2003/4/25,转引自宛新政,2005:232)

c. 微微轻响的皮轮像阵利飕的小风似的催着他跑,飞快而平稳。(老舍《骆驼祥子》)

d. 绿袄在电灯下闪出些柔软而微带凄惨的丝光,因为短小,还露出一点点白裤腰来,使绿色更加明显素净。(老舍《骆驼祥子》)

e. 他叫醒了丁二爷,把心中那些不十分清楚而确实美的风景告诉了丁二爷。(老舍《离婚》)

f. 我看,我的命要丧在你手中,刚才那句话要是别人说的,不管他是男还是女,我会一拳打得他眼里冒金星!(老舍《残雾》)

g. 田里的活已经把家珍累得说话都没力气了,有庆非得把他娘累死。(余华《活着》)

h. 这是个独门独户的小院,但只剩下了南屋和西屋,正房被火烧得只剩下乌黑的几堵残墙。(邓友梅《烟壶》)

i. 心中的委屈仿佛已经都被泪冲洗干净,像一阵大雨把胡同里的树叶与渣滓洗净了那样。(老舍《四世同堂》)

j. 宝庆的态度很严肃。他两眼瞧着前面,想心事想得出了神。(老舍《鼓书艺人》)

k. 我说你是烧糊涂了还是喝酒喝糊涂了?(张永琛《像雾像雨又像风》)

依照本书第三章、第四章、第五章和第六章对现代汉语中各种致使结构的形式特征、功能特征的考察①,"使"字句、动结句、V得句、致使义"把"字句、致使义"被"字句和致使义重动句,这些致使结构具备的原型致使1和原型致使2的各项特征的多少和强弱都有所不同,也就是说,它们各自的典型程度是不同的。

具体而言,动结句所具有的形式特征和功能特征较为接近原型致使1,典型程度较高。V得句的各种特征较为接近原型致使2,典型程度较低。"使"字句的各种特征则介于原型致使1和原型致使2之间,典型程度居中。致使义"把"字句、致使义"被"字句和致使义重动句则要二分处理,含有动结结构的上述三种句式,其形式特征和功能特征较为接近动结句,即典型程度相对较高;含有V得结构的上述三种句式,其形式特征和功能特征较为接近V得句,即典型程度相对较低。加之前文对形态型致使句、使动句和兼语句的典型程度的分析,总的来看,现代汉语中的这些致使结构的典型程度由低到高,呈现出连续统状态。

现将现代汉语中的致使结构,按照它们各自具备的原型致使1、原型致使2的形式特征和功能特征的多少和强弱(即典型程度的高低),依次列入现代汉语致使结构的典型程度连续统中,它们的典型与不典型都是相对而言的,彼此之间没有绝对的界限。具体内容如图8-2所示。

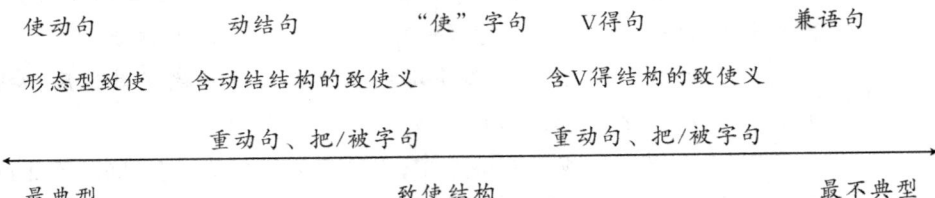

图8-2 现代汉语致使结构典型程度连续统

---

①具体内容可参照第三章的图3-6、图3-7和第五章的图5-1、图5-2、图5-3、图5-4、图5-5以及第六章的表6-2。

第三节 研究总结

一、本研究的理论突破

本研究是在 Givón(2001)的功能类型学理论的框架下,以功能语言学理论为指导展开探讨的,本书提出的现代汉语致使结构的形式-功能对应关系、"致使结构形式-功能对应关系总律"和"致使结构形式-功能对应律",都是在对现代汉语的实际语料进行考察之后分析得出的。这些规律既是本书在致使结构形式-功能对应关系研究、现代汉语致使结构研究等方面取得的一点小小的突破,同时又是在继承和批判已有研究的基础上对前人的相关理论的修正和扩展。

首先,本书扩充了 Givón(2001)的动词语义粘合等级的理论,扬弃了该文的某些不适合现代汉语实际的研究方法。

Givón(2001)对英语中可以带补足语的动词按照语义进行分类,并指出不同语义类别的可以带补足语的动词,其"认知-语义粘合"能力存在级差,这种级差具体体现在这些动词所在句子的表意功能以及这些动词与其补足语小句的结合程度上。虽然现代汉语的致使动词也是一种能够带补足语的动词,从理论上讲也可以使用该文的相关理论和方法进行研究,但是,Givón(2001)按语义对可以带补足语的动词进行分类的研究方法,并不适用于现代汉语致使动词的研究。因为,属于同一语义类别的致使动词或同一个致使动词,可能会出现在几个不同的语义粘合等级上,研究者很难从整体上判断某一语义类别致使动词的语义粘合等级的高低。

鉴于此,本研究扬弃了 Givón(2001)的按语义对动词进行分类的研究方法,提出了自己的观点。本研究的具体研究方法是:结合现代汉语致使动词的实际情况,从致使结构的形式类型入手,逐一分析不同致使句式中的致使动词的语义粘合力强度,归纳致使动词的语义粘合等级。事实证明,对现代汉语而言,按致使动词所在句式的形式类型对其进行分类,并在此基础上分析各种致使动词的语义粘合力强弱,这才是较为有效的、切实可行的研究方法。

此外,本研究不仅分析了现代汉语致使动词的语义粘合等级,还由此进一步分析出了该等级和致使结构的形式紧密度之间的对应关系,并将其归纳为"致使动词对应律",而这也正是致使结构形式-功能对应关系的表现之一。上述论断是对Givón(2001)的动词语义粘合等级理论的扩展。因为,该文只是指出了动词的语义粘合等级和其补足语小句的句法形式特征之间有对应关系(参见本书表6-1),并没有明确指出动词的语义粘合等级与其所在句子的形式紧密度之间存在对应关系。

其次,在致使结构的形式类型问题上,本研究对Comrie(1981,1989)的相关理论进行了补充;在致使结构的形式-功能对应关系问题上,本研究指出了Comrie(1981,1989)提出的致使的形式类型和语义功能类型的对应在解释汉语致使结构时的局限。

Comrie(1981,1989)将人类语言中的致使结构按形式特征分为分析型、形态型和词汇型,而这一分类并不完全适用于现代汉语的致使结构。例如,现代汉语中的动结句,并不完全符合Comrie(1981,1989)所定义的上述三种类型中的某一种,很难毫无争议地归入其中一类。如果本研究一味地遵循Comrie(1981,1989)的形式分类,将动结句归入词汇型或者分析型致使结构,那么,无论哪种归类方法,都会在某种程度上抹杀了动结句的形式特征。而且,Comrie(1981,1989)也指出,人类语言中的致使结构的形式类型不仅仅只有这三种,还存在其他的一些类型。因此,本研究没有拘泥于Comrie(1981,1989)的致使结构的形式分类模式,而是针对现代汉语的实际情况,根据动结句的各项句法形态特征,将其单独列为一种致使类型——复合型。这样一来,现代汉语中的致使结构就有分析型、形态型、词汇型和复合型四种。这种分类,使得四种致使类型各自的内部成员都有较为一致的、区别于其他致使类型的形式特征,也使得这四种致使类型之间有了较为明晰的区别特征,能够反映出现代汉语致使结构的形式类型的实际情况,避免了因笼统的三分造成的不同致使类型之间的分界模糊、特征不够明晰等问题。

Comrie(1981,1989)提出的句法型、形态型、词汇型致使结构和直接致使、间接致使之间的对应关系,并不适用于现代汉语的致使结构。本研究分析发现,对现代汉语的致使结构而言,该对应关系仅仅适用于使动句和兼语句(相关论述见第三章第三节、第五章第三节),而本研究提出的"致使结构对应律"适用于所有的现代汉语致使结构。对于现代汉语致使结构而言,Comrie(1981,1989)提出的对应关系的解释力是极为有限的。

再次,Shibatani & Pardeshi(2002)从语义的角度将致使结构分为直接致使、间接致使和联系型致使,并指出了三者的时空特征。本研究借鉴其研究方法,也对现代汉语的致使结构做了语义类型的划分。本书研究发现,现代汉语中也存在介于直接致使和间接致使之间的类型,所不同的是,此类联系型致使的时空特征不同于 Shibatani & Pardeshi(2002)所做的界定。这是本书对现代汉语致使结构语义类型的新发现,也是对 Shibatani & Pardeshi(2002)的联系型致使定义的补充和修正,即联系型致使的时空特征有多种可能,或者是相同时间、不同空间,或者是不同时间、相同空间,不同语言中的联系型致使结构对时空特征的选择可能不同。

最后,本书在详细考察现代汉语的各种致使结构之后,对文献回顾中提及的(如 Givón,1980,1990,1991,2001;Comrie,1981,1989;Dixon,2000;Shibatani & Pardeshi,2002 等)关于致使结构的形式-功能对应关系的某些观点进行了批评,提出了更为切合现代汉语实际的、能够有效鉴别形式-功能对应关系的形式参数和功能参数。形式参数如致使结构的形式紧密度、使役/被役省隐的可能性等,功能参数如致使效率、多样性和致使动词的语义粘合力等。通过对这些参数的考察,本书得出了能够有效体现现代汉语致使结构形式-功能对应关系的数据,从而清晰呈现了这种对应关系并归纳出其中的规律——"致使结构对应律"和"致使动词对应律"。经验证,这两条对应律都具有跨语言的解释力和预测力,本书又将其归纳为"致使结构形式-功能对应律",并进一步总结为"致使结构形式-功能对应总律"。这些规律的提出,不仅是本书对现代汉语致使结构研究方法的创新和突破,也是本书对已有文献中关于致使结构形式-功能对应关系的某些理论的修正和补充。

二、本研究的价值

语言学研究不仅要能准确描写和分析语言现象,更需要能够通过对语言事实的分析提出有跨语言解释力和预测力的理论,这才是语言学研究的价值所在。而本研究不仅具有系统性,条理清晰、逻辑严密,而且描写和解释并重,重视理论上的突破与创新。因此,本研究在理论上取得的突破是有一定的学术价值的,具体而言,可总结为以下几点。

第一,本研究在一定程度上解决了汉语语言学界致使研究中存在的某些问题。例如,本研究深入探讨了致使概念以及致使和与其他相近似的语法范畴(因果、处置、操控等)的关系,界定了构成致使的必有要素和可有要素,使语言学中的致使这一概念更为明确清晰。又如,本研究明确界定了现代汉语中的致使结构的类型,并对本研究所涉及的各种致使结构逐一重新进行了界定,避免了以往研究中对致使结构的范围、某种致使结构的内涵和外延界定不清的问题。这不仅有助于明确现代汉语致使结构的概念和范围,也有助于构建一个清晰的现代汉语语法体系。若能将其合理有效地应用于汉语语法教学和对外汉语教学,或许能够避免因将众多致使结构作为特殊句式进行教学而带来的内容上的凌乱与烦琐,使学生能够更为系统地学习致使范畴。

第二,本研究为致使结构形式-功能对应关系研究提供了一个新的观点,在一定程度上解决了西方语言学界的致使形式-功能对应关系理论都不完全适用于现代汉语的问题。第八章第三节对此已有相关论述,具体内容此处不再赘述。

第三,本研究坚持对语言事实的描写、分析和解释并重,在解释语言现象时,重视理论的运用和创新。本研究是在批判地接受前人的理论和观点,勇于指出前人对语言现象研究的不足或理论观点的疏漏,并有针对性地对其进行修正、补充,而不是简单地、不加批评地将西方语言学中的相关理论直接运用到现代汉语的致使研究中去。

第四,本研究将现代汉语的致使结构纳入人类语言的致使结构形式-功能对应关系的研究当中,不仅为汉语语言学界的致使研究开拓了新的视野,提供了新的理论方法,而且填补了现代汉语致使结构的形式-功能对应关系研究的空白,为该研究做出了一些尝试性的理论创建。此外,本研究也为西方语言学界的致使结构形式-功能对应关系研究补充了翔实的现代汉语致使结构的研究内容,改变了以往语言学研究中极少涉及现代汉语致使结构形式-功能对应关系的状况,更为语言学的致使研究提供了具有预测力和跨语言解释力的新观点、新理论。

综上所述,本研究在发现语言事实、分析语言现象、寻找语言规律、修正和创新语言理论等方面,都做出了有益的尝试,取得了一定的突破,具有一定的学术价值和理论价值。

三、本研究的不足

由于受到语料数量、写作时间以及个人科研能力等多种因素的限制,本研究尚存在以下不足。

首先,本研究并没有用一个统一的标准或单一的视角对现代汉语中的各种致使结构进行重新命名,而是在前人的研究基础上,沿用以往学术文献中的名称,对各个句式的内涵和外延重新进行界定。这种做法缺少创新。在后续的相关研究中,可继续探究对现代汉语的致使结构进行重新命名的问题。

其次,在用英语和独龙语中的致使结构对本研究提出的"致使结构对应律"和"致使动词对应律"进行验证时,限于语料数量的限制,本研究没能对英语和独龙语中的致使动词进行穷尽性的分类和研究,考察的例句数量也相对较少。

究其原因,一是因为英语中的致使动词数量太多,难以穷尽,加之语料库的下载数量受限制,也使得本研究无法大规模地搜集相关语料。二是因为本研究从已有文献中搜集到的独龙语例句和独龙语致使动词的数量都很有限,无法对其进行穷尽性的研究。如果能增加更多英语致使动词的分析,如果独龙语的致使动词的语料更丰富一些,本研究对这两种语言的致使结构的考察也许会有更多新的发现,对"致使结构对应律"和"致使动词对应律"的检验也会更加充分。

四、需进一步探讨的问题

(一)致使结构形式-功能对应关系存在的原因

人类语言中的致使结构普遍存在形式和功能的对应关系。本书认为,该对应关系存在的原因应该是共通的、复杂多样的,语言的"象似性(iconicity)"和"临摹性(isomorphism)"只是原因之一。

语言存在"象似性"(iconicity)是 Haiman(1980,1983)提出,"象似性"即概念的距离和语言表达的距离之间有象似性关系,并通过致使(causative)、协同(coordination)、及物(transtivity)、领有(possession)等语言范畴证实了象似性动因的存在。Haiman(1983)所指出的象似性动因(motivation)的具体内容是:第一,各种语言表达的距离与它们的概念距离相对应;第二,一种语言表达形式的分离,与它所表达的事件或宾语在概念上的独立相对应;第三,说话人之间的社会距离与信息的长度、所指内容相对应。

在 Haiman(1980,1983)提出"象似性"理论后不久,Givón(1985)指出:语言编码的"象似性"是一种"临摹性(isomorphism)"的编码构造,是基于临摹性这一预设概念而存在的。"临摹性"不是"象似性"的动因或解释,而是"象似性"这一概念的必要组成部分。该文还指出,Givón(1980)所研究的补足语的语义约束等级和句法约束等级之间的系统对应关系,正是象似性在句法上的体现。

随着研究的不断深入,Givón(1991:87-94)又进一步指出,"象似性编码(code)原则"表现在以下几个方面:数量原则(the quantity principle)、邻近原则(the proximity principle)、顺序原则(sequential order principles)等。

数量原则包括以下内容:一个较大的信息块将用较大的组块编码;可预测性弱的信息将用到更多的编码材料;较多的、主要的信息将用到较多的编码材料。

邻近原则包括:概念上、认知上或功能上接近的实体,其语言编码也将接近(例如时空顺序等);若时间或空间在一个编码层次,且在一个概念组块中极其相关,则功能算子也将紧挨在一起。

顺序原则包括语义线性顺序原则和语用线性顺序原则两方面。前者是指小句在话语中的顺序将和其描述事件发生的时间顺序对应。后者是指较为重要的或紧急的信息倾向于放在语串之首，可及性弱或预测性低的信息也倾向于放在语串之首。

根据语言的"象似性原则"，语言表达和概念内容之间存在象似性。而语言表达是语言的外在形式的表现，概念内容是语言的功能的表现。因此，语言的形式和功能也存在象似性，形式和功能之间的对应关系正是语言象似性的体现。现代汉语致使结构的形式和功能之间存在对应关系，正是基于语言的"象似性"。Tai(1985)和周红(2005)等都对此有所论述。Tai(1985)提出，汉语语法更倾向于和概念世界的原则相对应，而不是和句法、形态范畴的语法规则相对应，汉语的语序遵循时间顺序原则。周红(2005:377)也提出了"致使遵循时间顺序性原则和距离象似性原则"。不仅是汉语，英语、日语等其他语言的致使结构形式-功能对应关系的具体表现形式虽然不一样，但也都是基于语言的象似性的。Dixon(2000)、Givón(1990,1991,2001)、Shibatani & Pardeshi(2002)和Shuping Huang & Lily I-wen Su(2005)等人的相关研究成果也都印证了这一点。

但是，语言的象似性只是致使结构的形式和功能之间存在对应关系的诸多原因之一，还有许多其他因素也都在影响和制约着这种对应关系。正如Givón(1991:106)指出的，语言编码的象似性受多种因素干扰，如来自历时的制约因素：编码时常由于语音磨损(phonological attrition)而被侵蚀(erode)，信息(message)时常由于创造性的描述(creative elaboration)而被改变。尽管有各种干扰因素，但是编码的象似性还是不可逆的趋势。这一趋势有着生物上的动因，也受到文化和认知上的诸多复杂因素的影响。可见，语言的历时发展过程、社会文化、人们的认知等诸多因素，都会影响致使结构形式-功能对应关系的具体表现形式，都有可能是该对应关系形成的原因。

综上所述，人类语言中存在致使结构形式-功能对应关系，其原因应该是共通的，也是非常复杂的，象似性只是众多原因之一，致使结构的历时发展过程、社会文化和人们的认知等诸多因素都有待日后进一步研究。

（二）对应关系在现代汉语中体现为两条对应律的原因

现代汉语致使结构的形式-功能对应关系之所以表现为"致使结构对应律"和"致使动词对应律"，而不是Comrie(1981,1989)提出的致使的形式类型和直接致使、间接致使之间的对应，不是Dixon(2000)提出的意义和机制之间的对应，也不是Givón(2001)提出的可以带补足语的动词的句法等级和语义等级的临摹性对应，更不是Shibatani & Pardeshi(2002)提出的"能产性"与致使事件、结果事件的时空情形的重合程度之间的对应,其原因是较为复杂的。

从本书的研究来看,现代汉语的形式特征和功能特征是原因之一。

从形式特征来看,现代汉语形态变化极少,没有时、体、态等语法标记,主要使用语序和虚词等手段来实现句法功能,词语以双音节为主,属 SVO 型语言,这些都已经是学界的共识。语言符号在形式上的特征,大致有以下三种:符号的线性顺序;符号之间的距离远近;符号的出现与不出现。具体到现代汉语的致使结构,其形式上表现出的特征,无非是致使动词和结果补语、使役和被役的前后顺序、距离远近,使役、被役、致使动词、补足语等成分是否出现等。这些都决定了现代汉语致使结构在形式上只有可能在上述特征上表现出各种变化和异同。而本书将这些特征概括为形式紧密度、使役/被役的省隐等。

从功能特征来看,现代汉语的很多句子都具有一定的能产性,但在能产性上没有表现出很大的差异,其差异往往表现在句式义等方面。正如 Tai(1985)所指出的,现代汉语更倾向于和概念世界的原则相对应。对现代汉语的致使结构来说,其功能就是表达致使情景。不同的致使结构表达不同的致使义,对句中成分的语义特征的要求也有差别。有的致使结构表达的致使语义已经实现,而有的不一定能实现;有的致使结构能包容句中的使役和被役具有多种多样的语义特征(如使役既可以是有生命的,也可以是无生命的),有的则相对受限制(如使役必须是有生命、有意识的)。而本书将这些特征概括为致使效率、致使结构的多样性等。

除此之外,影响和制约现代汉语致使结构形式-功能对应关系的具体表现形式的因素还有很多,例如致使结构的来源、历时发展过程等。限于本书的研究范围、篇幅以及时间限制,这些都留待日后做进一步的研究。

参考文献

蔡向阳. 论缅语动词的使动范畴[J]. 解放军外国语学院学报,2005(6):43-48.

陈 虎. 汉语"得"字补语结构新探[J]. 解放军外国语学院学报,2001(2):56-60.

陈 平. 试论汉语中三种句子成分与语义成分的配位原则[J]. 中国语文,1994(3):161-168.

陈昌来. 论现代汉语的致使结构[J]. 井冈山师范学院学报,2001(3):28-33.

陈承泽. 国文法草创[M]. 北京:商务印书馆,1982.

程明霞. 致使概念的原型范畴研究[J]. 湖南科技学院学报,2008(1):156-158.

程琪龙. 系统功能语法导论[M]. 汕头:汕头大学出版社,1994.

程琪龙. Jackendoff"致使概念结构"评介[J]. 当代语言学,1997(3):26-31.

程琪龙. 致使概念语义结构的认知研究[J]. 现代外语,2001(2):121-132.

程琪龙. 认知语言学概论——语言的神经认知基础[M]. 北京:外语教学与研究出版社,2001.

程琪龙. 致使对象角色的选择和操作[J]. 外国语(上海外国语大学学报),2007(1):35-41.

崔 霞. 独龙语系属比较研究[D]. 北京:中央民族大学,2009.

戴浩一. 以认知为基础的汉语功能语法刍议(一)[J]. 叶蜚声译. 国外语言学,1990(4):21-27.

戴浩一. 以认知为基础的汉语功能语法刍议(二)[J]. 叶蜚声译. 国外语

言学,1991(1):25-33.

戴庆厦．二十世纪的中国少数民族语言研究[M]．太原:书海出版社,1998.

邓守信．汉语使成式的语义·功能主义与汉语语法[M]．北京:北京语言学院出版社,1994.

丁声树．现代汉语语法讲话[M]．北京:商务印书馆,1961.

多杰东智．简析安多藏语动词的自主非自主与使动自动关系[J]．中央民族大学学报(哲学社会科学版),2008(2):114-117.

范　晓．复动"V得"句[J]．语言教学与研究,1993(4):57-74.

范　晓．论"致使"结构[C]．中国语文杂志社．语法研究和探索(十)．北京:商务印书馆,2000:135-151.

高更生,王红旗．汉语教学语法研究[M]．北京:语文出版社．1996.

郭　锐．述结式的论元结构[C]．汉语语法研究的新拓展(一)——21世纪首届现代汉语国际研讨会论文集．浙江:浙江教育出版社,2002.

郭　锐．把字句的语义构造和论元结构[J]．语言学论丛．2003:28.

郭　锐,叶向阳．致使表达的类型学和汉语的致使表达[R]．第一届肯特岗国际汉语语言学圆桌会议(KRIRCCL-I)．新加坡:新加坡国立大学,2001.

郭继懋,王红旗．粘合补语和组合补语表达差异的认知分析[J]．世界汉语教学,2000(2):14-22.

郭姝慧．"使"字句的成句条件[J]．语文研究,2004(2):24-27.

郭姝慧．现代汉语致使句研究[D]．北京:北京语言大学,2004.

郭姝慧．倒置致使句的类型及其制约条件[J]．世界汉语教学,2006(2):40-50.

何元建．论使役句的类型学特征[J]．语言科学,2004(1):29-42.

何元建,王玲玲．论汉语使役句[J]．汉语学习,2002(4):1-9.

贺晓玲．两种表致使义句式的异同考察——"使"字句和"把"字句[D]．广州:暨南大学,2001.

胡敕瑞．动结句的早期形式及其判定标准[J]．中国语文,2005(3):214-225.

胡文泽．汉语句法分析的一个不同角度[C]．石锋．海外中国语言学研究．北京:语文出版社,1994:31-53.

胡裕树,范　晓．动词研究综述[M]．太原:山西高教联合出版社,1996.

胡正微．词的使动用法的新动向[C]．语言教学与研究,2002(1):28-30.

黄锦章. 汉语中的使役连续统及其形式紧密度问题[J]. 华东师范大学学报(哲学社会科学版), 2004(5):100-105.

黄晓琴. 试论动结句的三种宾语[J]. 汉语学报, 2006(3):69-72.

蒋绍愚. 近代汉语研究概况[M]. 北京:北京大学出版社, 1994.

金海月. 朝汉致使范畴对比研究[D]. 北京:中央民族大学, 2007.

金海月. 从朝鲜语反观汉语的"V得"致使结构[J]. 汉语学习, 2008(2):75-81.

阚哲华. 论致使动词与起始动词的独立生成[J]. 嘉应学院学报, 2007(4):107-111.

阚哲华. 被使者的语法表现形式的原型特征解释[J]. 当代语言, 2008(1):26-34.

李纳, 石毓智. 汉语动词拷贝结构的演化过程[J]. 国外语言学. 1997(3):16-24.

李临定. 现代汉语句型[M]. 北京:商务印书馆, 1986.

李佐丰. 文言实词[M]. 北京:语文出版社, 1994.

梁晓波, 孙亚. 致使概念的认知观[J]. 外国语, 2002(4):38-45.

廖秋中. 也谈形式主义与功能主义[J]. 国外语言学, 1991(2):31-33.

蔺璜. 八十年代以来动结句研究综述[J]. 山西大学学报, 1998(2):68-73.

刘维群. 论重动句的特点[J]. 南开学报, 1986(3):16-24.

刘永耕. 使令度和使令类动词的再分类[J]. 语文研究, 2000(2):8-13.

刘永耕. 使令类动词和致使词[J]. 新疆大学学报, 2000(3):93-96.

刘子瑜. 也谈结构助词"得"的来源及"V得C"述补结构的形成[J]. 中国语文, 2003(4):379-381.

陆俭明, 马真. "名词+动词"词语串浅析[J]. 中国语文, 1996(3):183-188.

罗仁地, 杨将领. 独龙/日旺语动词的反身和中间态标志[C]. 中国民族语言论丛. 北京:中央民族大学出版社, 1996:13-35.

吕叔湘. 中国文法要略[M]. 北京:商务印书馆, 1982.

吕叔湘. 汉语语法论文集(增订本)[M]. 北京:商务印书馆, 1984.

吕叔湘. 现代汉语八百词[M]. 北京:商务印书馆, 1980.

马建忠. 马氏文通[M]. 北京:商务印书馆, 1983.

马庆株. 自主动词和非自主动词[C]. 汉语动词和动词性结构, 北京:北京语言学院出版社,1992:13-44.

孟琮,郑怀德.汉语动词用法词典[M].北京:商务印书馆,1999.

缪锦安.汉语的语义结构和补语形式[M].上海:上海教育出版社,1990.

牛顺心.汉语中致使范畴的结构类型研究[D].上海:上海师范大学,2004.

牛顺心.动词上致使标记的产生及其对分析型致使结构的影响[J].语言科学,2007(3):50-66.

牛顺心.普通话中致使词的三个语沄化阶段[J].社会科学家,2007(3):206-209.

牛顺心.从类型学参项看普通话中分析型致使结构的句法类型及其语义表现[J].语言研究,2008(1):60-68.

潘文娱.对把字句的进一步探讨[J].语言教学与研究,1978(3):56-68.

彭睿.操控范畴和现代汉语兼语式[J].现代中国语研究,2007(9):25-37.

彭睿,孙朝奋.现代汉语兼语式的"形式-功能"对应[R].第17届北美汉语语言学年会会议论文,2005.

彭利贞.论使役语义的语法表现层次[J].杭州大学学报,1996(4):101-106,119.

彭利贞.论使役语义的语形表现[J].语文研究,1997(1):17-23.

邵敬敏."致使把字句"和"省隐被字句"及其语用解释[J].汉语学习,2005(4):11-18.

沈家煊.不对称和标记论[D].南昌:江西教育出版社,1999.

沈家煊.如何处置"处置式"——试论把字句的主观性[J].中国语文,2002(5):387-399.

沈家煊.现代汉语的功能、语用、认知研究[M].北京:商务印书馆,2005.

施春宏.汉语动结句的句法语义研究[M].北京:北京语言大学出版社,2008.

石毓智.肯定和否定的对称与不对称[M].中国台湾:台湾学生书局,1992.

石毓智.语法的认知语义基础[M].南昌:江西教育出版社,2000.

石毓智.汉语语法化的历程:形态句法发展的动因和机制[M].北京:北京大学出版社,2001.

石毓智.现代汉语语法系统的建立——动补结构的产生及其影响[M].北

京:北京语言大学出版社,2001.

孙朝奋. 主观化理论与现代汉语"把"字句研究[C]. 当代语言学理论和汉语研究,2008:375-393.

孙红玲. 致使性重动句的量变图式[J]. 世界汉语教学,2004(4):37-42.

孙红玲. 现代汉语重动句研究[D]. 北京:北京语言大学,2005.

孙宏开. 独龙语简志[M]. 北京:民族出版社,1982.

孙宏开. 论藏缅语动词的使动语法范畴[J]. 民族语文,1998(6):1-11.

谭景春. 使令动词和使令句[C]. 中国语文杂志社. 语法研究和探索(七),1995:129-138.

谭景春. 致使动词及其相关句型[C]. 中国语文杂志社. 语法研究和探索(八),1997:184-196.

唐翠菊. 现代汉语重动句的分类[J]. 世界汉语教学,2001(1):80-86.

宛新政. 现代汉语致使句研究[D]. 上海:复旦大学,2004.

宛新政. 试论现代汉语使动句的句法、语义和语用特征[J]. 阜阳师范学院学报(社科版),2005(1):27-31,102.

宛新政. 现代汉语致使句研究[M]. 杭州:浙江大学出版社,2005.

万莹. 显性单纯致使句兼语式质疑[J]. 中南民族学院学报(人文社会科学版),2001(4):103-104,113.

王力. 中国现代语法[M]. 北京:商务印书馆,1985.

王力. 汉语史稿[M]. 北京:中华书局,1996.

王力. 汉语语法史[M]. 北京:商务印书馆,2000.

王红旗. "把"字句的意义究竟是什么[J]. 语文研究,2003(2):35-40.

王玲玲. 致使型套合结构[C]. 面临新世纪挑战的现代汉语语法研究,1999:224-248.

温锁林. 汉语句子的信息安排及其句法后果——以"复动句"、"周遍句"为例[R]. 新时期语法学者学术研讨会(国际)论文,1996。

吴福祥. 汉语能性述补结构"V得/不C"的语法化[J]. 中国语文,2002(1):29-40.

吴竞存,梁伯枢. 现代汉语句法结构与分析[M]. 北京:语文出版社,1992.

项开喜. 汉语重动句式的功能研究[J]. 中国语文,1997(4):206-267.

项开喜. 使因动词的"反及物化"及其句法成果[R]. 第十二次现代汉语语法学术讨论会论文,2002.

项开喜. 汉语使成表达研究[D]. 北京:中国社会科学院研究生院,2006.

邢 欣. 致使动词的配价[C]. 现代汉语配价语法研究,1995:129-216.

熊学亮,梁晓波. 致使结构的原型研究[J]. 江西师范大学学报(哲学社会科学版),2003(6):106-111.

熊学亮,梁晓波. 论典型致使结构的英汉表达异同[J]. 外语教学与研究,2004(2):90-96.

熊学亮,王志军. 被动句式的原型研究[J]. 外语研究,2002(1):19-23.

熊学亮,王志军. 被动句认知解读一二[J]. 外语教学与研究,2003(5):195-199.

熊仲儒. 现代汉语的致使句式[D]. 北京:北京语言文化大学,2003.

熊仲儒. 现代汉语中的致使句式[M]. 合肥:安徽大学出版社,2004.

熊仲儒. 致使的语音实现及其句法蕴含[J]. 安徽师范大学学报(人文社会科学版),2005(6):724-728.

邢欣. 致使动词的配价[C]. 沈阳,郑定欧主编. 现代汉语配价语法研究,北京:北京大学出版社,1995.

邢欣. 现代汉语兼语式[M]. 北京:北京广播学院出版社,2004.

徐盛桓. 结构与边界——英语谓补句语法化研究[J]. 外国语,2005(1):14-22.

徐通锵. 历史语言学[M]. 北京:商务印书馆,1991.

徐通锵. 自动和使动——汉语语义句法的两种基本句式及其历史演变[J]. 世界汉语教学,1998(1):11-21.

徐燕青. "使"字句与"把"字句的异同考察[J]. 世界汉语教学,1999(4):52-58.

薛凤生. "把"字句和"被"字句的结构意义——真的表示"处置"和"被动"?[C]. 功能主义与汉语语法,1994:34-59.

杨子,熊学亮. "我等得你心急"类"V得"句的识解[J]. 汉语学习,2008(4):51-58.

杨将领. 独龙语动词的使动范畴[J]. 民族语文,2001(4):18-27.

杨将领. 藏缅语使动范畴的分析形式[J]. 民族语文.2003(3):29-39.

杨树达. 高等国文法[M]. 北京:商务印书馆,1984.

叶向阳. "把"字句的致使性解释[J]. 世界汉语教学,2004(2):25-39.

蚁 坤. 汉语被动句的句法语义特征和使用条件[D]. 北京:北京语言文化大学,2000.

袁毓林．述结式的结构和意义的不平衡性——从表达功能和历史来源的角度看北京．现代中国语研究,2000(1):7-12.

袁毓林．述结式配价的控制—还原分析[J]．中国语文,2001(5):399-410.

袁毓林．述结式的论元选择及其句法配置[J]．纪念王力先生百年诞辰学术论文集,2002:30-42.

岳俊发．"得"字句的产生和演变[J]．语言研究,1984(2):10-30.

张　璐．现代汉语"得"字补语句研究[D]．北京:北京大学,2003.

张伯江．施事角色的语用属性[J]．中国语文,2002(6):483-494.

张旺熹．汉语特殊句法的语义研究[M]．北京:北京语言文化大学出版社,1999.

张旺熹．"把"字句的位移图式[J]．语言教学与研究,2001(3):1-10.

张豫峰．试析动宾式离合词构成的致使语态句[J]．汉语学习,2006(6):19-24.

张豫峰．"化"尾动词构成的致使语态句分析[J]．复旦学报(社会科学版),2007(4):105-110.

张豫峰．关于现代汉语致使态的思考[J]．汉语学习,2007(6):25-30.

张豫峰．现代汉语致使语态句分析[J]．中州学刊,2008(2):246-248.

张豫峰,郑　薇．现代汉语表致使态的使成句分析[J]．汉语学习,2008(4):31-37.

张跃伟．非规约性使动构式意义建构的认知阐释[J]．外语与外语教学,2007(9):14-20.

赵丹静．Givón 的语义控制参数在汉语单纯致使动词中的应用分析[J]．语言理论研究,2009(2):19-21.

赵元任．汉语口语语法[M]．北京:商务印书馆,2001.

赵长才．结构助词"得"的来源与"V 得 C"述补结构的形成[J]．中国语文,2002(2):123-129.

周　红．汉语和英语的致使句[J]．烟台师范学院学报,2003(1):105-110.

周　红．现代汉语致使范畴研究[D]．上海:华东师范大学,2004.

周　红．现代汉语致使范畴研究[M]．上海:复旦大学出版社,2005.

周　红．致使表达的现实性与虚拟性及其功能特征[J]．阜阳师范学院学报(社会科学版),2006(3):72-75.

周　红. 次第致使和组元致使的认知语义差别与功能特征[J]. 云南师范大学学报(对外汉语教学与研究版), 2007(2):7-12.

周　红. "把"字句、"被"字句与致使力的传递[J]. 齐齐哈尔大学学报(哲学社会科学版), 2008(3):6-10.

朱德熙. 语法讲义[M]. 北京:商务印书馆, 1982.

朱其智. "V/A 得 OC"结构中的"得"具有致使义[J]. 汉语学习, 2009(3):17-22.

朱文旭, 方　虹. 彝语使动范畴后缀词素研究[J]. 中央民族大学学报(社科版), 1999(3):93-101.

朱文旭, 王成有, 方　虹. 彝语使动范畴前缀词素研究[J]. 民族语文, 1998(6):36-41.

邹洪民. 致使义"把"字句的语义语用分析[J]. 语言与翻译, 2001(1):18-20.

[日]太田辰夫. 中国语历史文法[M]. 蒋绍愚, 徐昌华译, 北京:北京大学出版社, 1987.

Adele E. Goldberg. Patient arguments of causative verbs can be omitted: the role of information structure in argument distribution [J]. Language Sciences, 2001(23):503-524.

Aissen, Judith. The syntax of causative constructions [M]. New York: Garland Press, 1979.

Avery D, Andrews. The major functions of the noun phrase[C]. Language typology and syntactic description, Vol 1: clause structure. Second edition, edited by Timothy Shopen, 2007:132-223.

Brisson, C. The licensing of unexpressed objects in English verbs[C]. Papers from the 30th Regional Meeting of the Chicago Linguistic Society (CLS), Vol. 1: The Main Session, 1994:90-102.

Browne, W. Verbs and unspecified NP deletion [J]. Linguistic Inquiry, 1971(2):259-260.

Chinfa Lien. A typological study of causatives in Taiwan Southern Min[C]. Chinese Linguistics, University of Southern California1, 1995:1-24.

Clark, H. H. & E. V. Clark. Psychology and language [M]. New York: Harcourt Brace Jovanovich, INC, 1997.

Comrie, Bernard and Polinsky, Maria. Causatives and transitivity [M]. John Benjamins: Amsterdam and Philadelphia, 1993.

Comrie, Bernard. Language universals and linguistic typology [M]. Chicago Press, 1981.

Comrie, Bernard. The syntax of causative constructions: cross-language similarities and divergencies [C]. Syntax and Semantics 6: The Grammar of Causative Constructions. New York: Academic Press, 1976:261-312.

Comrie, Bernard. Language universals and linguistic typology (2nd edition) [M]. Oxford: Blackwell, 1989.

Cote, S. A. Grammatical and discourse properties of null arguments in English [M]. university of pennsylvania dissertation, 1996.

Croft, William. Typology and universals [M]. New York: Cambridge University Press, 1990.

Croft, William. Cognitive linguistics [M]. New York: Cambridge University Press, 2004.

Cruse D. A. Some thought on agentivity [J]. Journal of Linguistics, 1973(9).

Crystal, David. A dictionary of linguistics and phonetics [J]. Oxford: Blackwell Publishers Ltd, 2003.

Dixon, R. M. W. A typology of causatives: form, syntax and meaning [C]. Changing Valency: Case Studies in Transitivity. Cambridge: Cambridge University Press, 2000:30-83.

Dixon, R. M. W. &Aikhenvald. Changing valency: case studies in transitivity [M]. Cambridge: Cambridge University Press, 2000.

Dowty, David R. Word meaning and montague grammar [M]. Reidel Pub. Co. ,1979.

Dowty, David R. Thematic proto-roles and argument selection [J]. Language, 1991(67):547-619.

Fauconnier, G. & Turner, M. Blending as a central process of grammar [C]. E. Conceptual Structure, Discourse and Language. Stanford: CSLI Publications, 1996:1-23.

Fauconnier, Gilles. Mark Turner. The way we think: conceptual blending and the mind's hidden complexities [M]. New York: Basic Books, 2002.

Frawley, W. Linguistic semantics [M]. New Jersey: Lawrence Erlbaum Associates, 1992.

Givón, Talmy. Syntax: A functional-typological introduction [M]. V. 1, V. 2,

John Benjamins: Amsterdam and Philadelphia, 1984.

Givón, Talmy. Syntax: a functional-typological introduction [M]. V. II, John Benjamins: Amsterdam and Philadelphia, 1990.

Givón, Talmy. The binding hierarchy and the typology of complements [J]. Studies in Language, 1980(4):333-377.

Givón, Talmy. Iconicity, isomorphism, and non-arbitrary coding in syntax [C]. Iconicity in syntax, Amsterdam: J. Benjamins. 1985:187-219.

Givón, Talmy. Isomorphism in the grammatical code: cognitive and biological considerations [J]. Studies in Language, 1991, 15(1):85-114.

Givón, Talmy. Syntax: an introduction [M]. V.1, V.2, Amsterdam/Philadelphia: John Benjamins Publishing Company, 2001.

Goddard, C. Semantic analysis a practical introduction [M]. Oxford: Oxford University Press, 1998.

Goldberg, A. E. Constructions: a construction grammar approach to argument structure [M]. Chicago: University of Chicago Press, 1995.

Goldberg, A. E. Patient arguments of causative verbs can be omitted: the role of information structure in argument distribution [J]. Language Sciences, 2001(23):503-524.

Grimshaw, J. and Vikner, S. Obligatory adjuncts and the structure of events [C]. in Reuland, E., Abra-ham, W. (Eds.), Knowledge and Language II: Lexical and Conceptual Structure. Kluwer Academic Publishers, Dordrecht, 1993:143-155.

Gu, Yang. The syntax of resultative and causative compounds in Chinese [D]. USA: Cornell University, 1992.

Gu, Yang. On defining causativity and the significance of discourse information [J]. Text, 1997(17):435-455.

Haiman, J. Natural syntax [M]. Cambridge: Cambridge University Press, 1985.

Haiman, J. Iconicity in syntax [M]. Amsterdam: J. Benjamins, 1985.

Haiman, John. The iconicity of grammar: isomorphism and motivation [J]. Language, 1980(56):515-540.

Haiman, John. Iconic and economic motivation [J]. Language, 1983(59):781-819.

Hammink, Julianne E. Verb incorporation in Guarani causative constructions

[D]. USA Texas: The University of Texas at El Paso, 2006.

Hiromi Onaozuka. Remarks on causative verbs and object deletion in English [J]. Language Sciences, 2007(29):538-553.

Huang, Shuang-fan. Mandarin causatives [J]. Journal of Chinese Linguistics, 1974(2):354-369.

Huang, Shuping. & Su, Lily I-Wen. Iconicity as evidenced in saisiyat linguistic coding of causative events [J]. Oceanic Linguistics, 2005(44):341-356.

Huang C.-T. J. (黄正德) Logical relations in Chinese and the theory of grammar[D]. United States: MIT, 1982.

Huang C.-T. J. (黄正德) Wo pao de kuai and Chinese phrase structure [J]. Language, 1988(64):274-311.

Jackendoff, R. Semantics and cognition [M]. Cambridge, Massachusetts: The MIT Press, 1986.

Jackendoff, R. Semantic structure [M]. Cambridge, Massachusetts: The MIT Press, 1990.

James H-Y, Tai. Temporal sequence and Chinese word order [J]. Typological studies in language, 1985(6):49-72.

Johnson. M. The body in the mind: The bodily basis of meaning, imagination and reason [M]. Chicago: University of Chicago Press, 1987.

Lakoff, G. Irregularity in syntax [M]. New York: Holt, Rinhard & Winston, 1970.

Lakoff, G & M. Johnson. Metaphors we Live by [M]. Chicago: University of Chicago Press, 1980.

Lakoff, George. Women, fire, and dangerous things: what categories reveal about the mind [M]. Chicago: University of Chicago Press, 1987.

Langacker, Ronald W. Foundations of cognitive grammar. Volume. 1: Theoretical prerequisites [M]. Stanford: Stanford University Press, 1987. Volume 2: Typology and process in concept structuring [M]. Cambridge: MIT Press, 1987.

Li, C. Thompson, S. Mandarin Chinese: a functional reference grammar [M]. USA: University of California Press, Berkeley, CA, 1981.

Li, C. N. and Thompson, S. A. Development of the causative in mandarin Chinese: interaction of diachronic processes in syntax [C]. Syntax and Semantics 6: The Grammar of causative constructions, New York: Academic Press, 1976: 477-492.

Li Yafei. Cross-componential causativity:the thematic hierarchy and causativity

[J]. Natural Language and Linguistic Theory, 1995(13):255-82.

Li Yafei. On V-V compounds in Chinese [J]. Natural Language and Linguistic Theory, 1995(13):177-207.

Mangione, Louis Stephen. Syntax, semantics and pragmatics of causative, passive and "BA" constructions in Mandarin [D]. USA: Cornell University, 1982.

Masayoshi Shibatani and Prashant Pardeshi. The causative continuum [C]. reprinted from the grammar of causation and interpersonal manipulation, Edited by Masayoshi Shibatani, Rice University/Kobe University, John Benjamins Publishing Company, 2002: 85-126.

Maura Velazquez-Castillo. Guarani causative construction[C]. reprinted from The grammar of causation and interpersonal manipulation, Edited by Masayoshi Shibatani, Rice University/Kobe University, John Benjamins Publishing Company, 2002:507-534.

Miller, G. A. & Johnson-Laird P. N. Language and perception [M]. Cambridge, Massachusetts: The Belknap Press of Harvard University Press, 1976.

Moreno, Juan. Carlos. "Make" and the semantic origins of causativity: a typological study [C]. Causatives and Transtivity, Edited by Comrie, B. and Polinsky, M., Amsterdam/Philadelphia: John Benjamins Publishing Company, 1993:63-92.

Noonan, Michael Paul. Complementation[C]. Language typology and syntactic description, vol. 2: complex constructions, edited by Timothy Shopen. Cambridge (UK): Cambridge University Press, 2007:136-137.

Peng, Rui. The development of Chinese pivotal constructions-the perspective of grammaticalization [D]. USA: Stanford University. 2006.

Phillip Wolff. Direct causation in the linguistic coding and individuation of causal events [C]. Cognition, 2003(88):1-48.

Rappaport Hovav, M. Levin, B. Building verb meanings [C]. in: Butt, M. Geuder. (Eds.), The projection of arguments: Lexical and Compositional Factors. CSLI Publications, Stanford, 1998:97-143.

Resnik, P. S. Selection and Information: A class-based approach to lexical Relationships [D]. USA: University of Pennsylvania. 1993.

Ricardo Maldonado & E. Fernando Nava L. Tarascan causatives and event complexity [C]. reprinted from The grammar of causation and interpersonal manipulation, Edited by Masayoshi Shibatani, Rice University/Kobe University, John Benjamins Publishing Company, 2001: 157-196.

Rice, S. Unlikely lexical entries [C]. In: Jaisser, S. A. A. and Singmaster, H. (Eds), Proceedings of the 14th Annual Berkeley Linguistics Society. Berkeley Linguistics Society, Berkeley, 1988:202-212.

Scott Delancey. An interpretation of split ergativity and related patterns [J]. Language, 1981(57):626-657.

Shibatani, Masayoshi. A linguistic study of causative constructions [D]. USA: University of California, Berkeley, 1973.

Shibatani, M. The grammar of causative constructions: a conspectus [C]. Syntax and Semantics 6: The Grammar of Causative Constructions. New York: Academic Press, 1976: 1-40.

Sim, Weishun. On the nature of causative morphemes in Mandarin [R]. Singapore: National University of Singapore, 1998.

Son, Minjeong. Causation and syntactic decomposition of events [D]. USA Delaware: University of Delaware, 2006.

Song, Hongkyu. Causatives and resultatives in Korean [D]. USA Wisconsin: The University of Wisconsin-Madison, 2005.

Song, J. J. Causatives and causation: a universal-typological perspective [D]. London: Longman Linguistics Library, 1996.

Song, J. J. Toward a typology of causative constructions [C]. LINCOM Europa, 2001: 253-279.

Talmy, Leonard. Semantic causative types [C]. in Shibatani(ed), syntax and semantics 6: The grammar of causative constructions. New York: Academic Press, 1976:43-116.

Talmy, Leonard. Force dynamics in language and cognition. Cognitive Science, 1988, 12(1): 49-100.

Talmy, Leonard. The windowing of attention in language [C]. In Shibatani, M. and Thompson S. (ed.), Grammatical Constructions. USA: Oxford University Press, 1996:245-287.

Talmy, Leonard. Toward a cognitive semantics [C]. Volume 1: Concept Structuring Systems, 2000.

Verónica Vázquez Soto. Some constraints on Cora causative constructions [C]. reprinted from The grammar of causation and interpersonal manipulation, Edited by

Masayoshi Shibatani, UK: John Benjamins Publishing Company, 2001:197-244.

Vinka, Erling Mikael. Causativization in North Sami [D]. Canada: McGill University, 2003.

Wittgenstein, L. Philosophical investigations [M]. trans. by G. E. M. Anscombe. New York: Macmillan, 1953.